大 学 问

始 于 问 而 终 于 明

守望学术的视界

在机器的边界思考

许煜 著

广西师范大学出版社
·桂林·

在机器的边界思考
ZAI JIQI DE BIANJIE SIKAO

图书在版编目（CIP）数据

在机器的边界思考 / 许煜著. -- 桂林 : 广西师范大学出版社, 2025. 2（2025.5 重印）. -- ISBN 978-7-5598-7574-7

Ⅰ．B1

中国国家版本馆 CIP 数据核字第 2024GC1630 号

广西师范大学出版社出版发行

(广西桂林市五里店路 9 号　　邮政编码：541004)
　网址：http://www.bbtpress.com
出版人：黄轩庄
全国新华书店经销
广西广大印务有限责任公司印刷
（桂林市临桂区秧塘工业园西城大道北侧广西师范大学出版社集团有限公司创意产业园内　　邮政编码：541199）
开本：880 mm ×1 240 mm　　1/32
印张：11.125　　　字数：230 千
2025 年 2 月第 1 版　　2025 年 5 月第 2 次印刷
印数：5 001~7 000 册　　定价：68.00 元

如发现印装质量问题，影响阅读，请与出版社发行部门联系调换。

献给我的父母

前　言

这本书收录了我过去十年的部分文章。这些论文涵盖了德国经典哲学、法国当代哲学、现象学、认识论和美学等的研究。它们虽然路径不一，但是都围绕着一个共同的主题：技术。今天人工智能、太空技术的发展日新月异，它们所带来的震撼无法立即被消化。我们生活在一连串的震撼之中，不知所措。在这一技术时代，哲学何为？艺术何为？这本小书（或者任何一本书）没有妄想给这个时代一个确切的诊断和答案；它能够做的是梳理出几个重要的问题，并帮助阐释清楚。哲学的工作并不在于提出新的理论，而是对问题的梳理和阐释（elaboration）。这本书分为三个部分。第一部分集中于哲学史，特别是个体化的概念和认识论。这部分为第二和第三部分的理论基础做准备。第二部分则围绕我提出的技术概念以及技术多样性的主张展开。第三部分则聚焦技术和艺术的关系。这些论文都跟我的几本专著紧密相关。这些专著已经有中文译本,有兴趣的读者可以参考。

我在香港大学修读计算机工程的时候对人工智能最为着迷。也是人工智能的问题(如智能与世界的关系),将我带进了现象学领域。我之后到英国继续念书,原本是想要准备一篇关于海德格尔的博士论文。然而与贝尔纳·斯蒂格勒的相遇改变了我的研究兴趣。跟随着他和德里达的足迹,我进入了一个新的、未知的研究领域,即哲学/哲学史和技术的关系。我写完博士论文之后,辗转到巴黎继续我的研究。在法国期间,我有机会更深入地研究西蒙东的著作,并参加了很多学术讨论;我也花了好几年时间翻译西蒙东的《论技术物的存在模式》一书。之后我受邀到德国从事教研,并在任教的吕讷堡大学取得了哲学教授的资格(*Habilitation*)——旧欧洲学术系统的最高学位。这本书中的大部分文章都是在德国期间所写,既是法德哲学的对话,也是中西哲学个体化的尝试。

我想借这个机会感谢西南政法大学的韩晓强老师的引介,以及广西师范大学出版社的梁鑫磊老师的支持和信任。我也要感谢各期刊的编辑、译者同意出版这些论文的中文译稿。最后我要感谢蒋雨航和李仁杰的协助。雨航是我在中国美术学院担任客座教授时的硕士生,现于伦敦金斯顿大学的现代欧洲哲学中心就读,他翻译了书中的好几篇文章;仁杰是我在香港城市大学任教时的硕士生，现于澳门大学跟随王庆节老师读博士。李仁杰在文集的准备过程中承担了核心的编译工作，若没有他的帮助，这本文集难以出现。

许煜

2024年冬

荷兰鹿特丹

目　录

第一部分　哲学

节奏与技术:论海德格尔对兰波的评论　3

个体化的视差:西蒙东与谢林　43

利奥塔,在我们之后　76

自动化之后的哲学　100

第二部分　技术

一个宇宙技术事件:致敬唐·伊德和贝尔纳·斯蒂格勒　125

论宇宙技术:人类世中技术与自然的关系重建　155

机器与生态学　187

迈向行星思维　216

第三部分　艺术

展览与感知化："非物质"展的再语境化　233
不可运算与不可计算　253
想象力与无限：人工想象力的批判　270
论艺术体验的多样性　291

参考文献　316

第一部分　哲　学

节奏与技术:论海德格尔对兰波的评论[①]

1972年海德格尔(Heidegger)给法国作家罗杰·穆尼埃(Roger Munier)写了一封信,信中提及了由勒内·夏尔(René Char)作序的亚瑟·兰波(Arthur Rimbaud)的诗集。这封信后来被收录于《从思的经验而来》(*Aus der Erfahrung des Denkens*, GA13)中,名为《兰波未死》("Rimbaud vivant")。这可能是海德格尔第一次在谈论一个诗人时没有借助他的诗作。该诗集中有两封信给海德格尔留下了深刻的印象,并促成他写了这篇小文章,作为他与夏尔通信的回应和总结。海德格尔在开

[①] 此篇文章的英文原稿见 HUI Y. Rhythm and technics: on Heidegger's commentary on Rimbaud[J]. Research in Phenomenology 2017, 47(1): 60-84,中文译者为朱俊(中国美术学院艺术现象学研究所、云南艺术学院美术学院),并刊于《艺术史与艺术哲学》第一辑(商务印书馆,2020年),此文集收录的版本由李仁杰订正。在此,我想要感谢 Pieter Lemmens 为本文初稿提出的建议。

篇便问道：如今成为一个有生命力(lebendig)的诗人到底意味着什么？他立即回答道，诗人必须与未知的到来有着某种联系，这种联系包括去定义现代化之后(现代科学和技术的发展之后)诗人和艺术家所扮演的角色。

关于兰波的故事能追溯到 1955 年海德格尔与夏尔在巴黎梅尼蒙当(Ménilmontant)的相遇，以及夏尔对兰波长久以来的兴趣。① 让·博弗雷(Jean Beaufret)向海德格尔提到夏尔说过的话："诗没有回忆，诗总是渴望走向未来——走向未知。"那天晚上回到家后，海德格尔告诉博弗雷："夏尔说得很恰当。这是思与诗的区别。诗总是朝向着未来，而思的本质是回忆。但诗仍是思不可或缺的条件。"② 在海德格尔的评论中，对于思而言，诗是至关重要且不可或缺的，它们仿佛是一个进程的两个部分，在其中它们相辅相成：诗向前指向未来，思向后指向过去，指向回忆。但这个区分却有些模棱两可，因为在某种程度上，在结构/怡合(Gefüge)③ 上这似乎是完全模糊的。例如，

---

① BEAUFRET J. In Frankreich[M]//NESKE G, KETTERING E. Martin Heidegger im Gespräch. Pfullingen: Neske, 1988: 247-252.
② BEAUFRET J. In Frankreich[M]//NESKE G, KETTERING E. Martin Heidegger im Gespräch. Pfullingen: Neske, 1988: 247-252: "Das Gedicht hat kein Andenken. Von mir verlangt man, immer weiter ins Voraus—ins Unbekannte—zu gehen." "Treffend, was Char sagte. Das ist der ganze Unterschied zwischen Denken und Dichten. Das Dichten geht immer weiter ins Voraus, das Denken aber ist seinem Wesen gemäß An-Denken; und dennoch bleibt das Dichten für es unerlässliche Bedingung."
③ Gefüge 常译为"结构"，但它的本意也有接缝的意思，我们在这里用了一个比较少见的词来翻译，即"怡合"。

海德格尔在 1941—1942 学年冬季学期关于荷尔德林的诗《追忆》("Andenken")以及 1942 年关于《伊斯特河》("Der Ister")的课程上,指出"追忆"也属于诗,并且是"归家式"的(becoming homely),正因为如此,它"能够打破对存在的遗忘"。①

论及海德格尔与诗人诸如荷尔德林(Hölderlin)、里尔克(Rilke)、格奥尔格·特拉克尔(Georg Trakl)、斯特凡·格奥尔格(Stefan George)等的关系时,思与诗的关系已被广泛地探讨;思与技术的关系也为大量哲学家所分析,其中,鲁道夫·伯默(Rudolf Boehm)在 1960 年的《思想与技术:论海德格尔难题的几点初步想法》("Pensée et technique. Notes préliminaires pour une question touchant la problématique heideggerienne")中就试图揭示技术对于思考存在(Being)问题至关重要。② 然而,除了一些试图理解海德格尔所说的"泰然任之"(*Gelassenheit*)的论述,诗与技术的关系似乎仍未获得充分的阐释。我们是否有可能思考技术与诗歌间的一种生产性关系,而不仅仅是局限于像"数字诗歌"这样完全不能触及技术本质的新文学流派?我们将着手处理以下问题:在这样一种关系

---

① GOSETTI-FERENCEI J A. Heidegger, Hölderlin, and the subject of poetic language: toward a new poetics of Dasein[M]. New York: Fordham University Press, 1994: 233.
② BOEHM R. Pensée et technique. Notes préliminaires pour une question touchant la problématique heideggerienne[J]. Revue Internationale de Philosophie, 1960, 52 (2): 194-220.

5

能够被建立的地方,思会是中介吗?如果是,我们如何能够处理这个问题?如果不是,那么其动态将会是怎样的?本文提议通过重构海德格尔对兰波的评论来思考诗歌、技术以及思之间的沟通。

然而在本文,我们会略过海德格尔和夏尔的与兰波相关的通信的细节,如1966年夏尔邀请海德格尔参加于艾克斯大学(University of Aix-en-Provence)和勒托尔(Le Thor)举办的研讨会,同年,夏尔发表了《对海德格尔问题的诘问》("Réponses interrogatives à une question de Martin Heidegger"),该论文聚焦于兰波的一首诗歌,我们将在下一节分析。文学学者安妮-玛丽·福捷(Anne-Marie Fortier)在其《勒内·夏尔和兰波隐喻》(*René Char et la métaphore Rimbaud*)中对海德格尔与夏尔间的通信进行了精彩分析,尤其是第五章《岸边的阴影》("L'ombre sur la rive")。① 但本文无意重复这一分析。对本文而言,中心论点是**节奏**问题,节奏在这里不是特指音乐,我们在后文将会看到,它指在运动中出现的关系。② 因此,本文将聚焦节奏问题,追溯并建构它在海德格尔思想"转向"(*Kehre*)以后的位置。这在很大程度上受到了法国哲学家雅克·加勒里(Jacque

---

① FORTIER A M. René Char et la métaphore Rimbaud[M]. Montréal: Les presses de l'université de Montréal, 1999: 195-234.
② 实际上,海德格尔似乎并不是音乐方面的专家,他的传记作者阿尔弗雷德·登克尔(Alfred Denker)告知本书作者,海德格尔最喜欢的作曲家是莫扎特,他的林中小屋里有一台专供自己在傍晚和学生一起听音乐的留声机。

Garelli)的启发,他在《节奏与世界:同一与差异的背面》(*Rythmes et mondes:au revers de l'identite et de l'alterite*)一书中通过吉尔贝·西蒙东(Gilbert Simondon)的个体化(individuation)概念来阅读海德格尔。这种阅读在两个方面上对我们的探寻具有建设性和相关性的意义。首先,它允许我们把海德格尔的节奏概念解读为一个动态的过程,转而又为理解技术与存在的关系提供一个新的视角。其次,西蒙东是二十世纪最重要的技术思想家,他的《论技术物的存在模式》(*Du mode d'existence des objets techniques*)既是关于技术起源的最具独创性的研究之一,也是对集置(Gestell,或译为"座架")问题的一个间接回应。通过西蒙东来阅读海德格尔是希望将后者对技术的还原性的思考带到一个新的领域,在对技术的理解上给出新的启示,并暗示一种不同于泰然任之的处理技术的方式。

§1 对诗人的吁请

海德格尔对兰波的思考集中于兰波在 1871 年 5 月 15 日写给好友保罗·德梅尼(Paul Demeny)的信件(现被称为《预言者书信》["Lettres du voyant"])中的两句话:

> 在希腊……诗歌与竖琴的节奏与行动相应。
> ([E] n Grèce...vers et lyres rhythment l'Action.)
> 诗歌将不再伴随着行动,它将会超前!
> (La Poésie ne rhythmera plus l'action; elle sera en avant!)

表面上看,节奏功能上的这种变化与技术发展的问题相对应,也与诗人的任务相关,海德格尔在其关于荷尔德林、里尔克、特拉克尔、格奥尔格的手稿中已经充分地进行了讨论。在现代科学和技术发展中,对于存在的遗忘(Seinsvergessenheit)达到了顶点,产生了一种连根拔起的状态(Entwurzelung),一种欧洲文化与其希腊源头的分离,一种对于古希腊存在意义的遗忘。这一连根拔起事件与黑夜的贫困时代相伴,其间存在的撤离导致一种对"痛苦、死亡和爱的无蔽(unconcealedness)"①的无视。在《诗人何为?》("Wozu Dichter?", GA5)中,海德格尔用诗性的语调写作,预测着由技术导致的无尽的寒冬:"技术的本质只有缓慢地显现出来。这一天是世界的黑夜,被重新安排成仅仅是技术性的白天。这一天是最短的一天,它威胁着一个无尽的寒冬。"②里尔克以及随后出现在文章结尾处的荷尔德林也加入进来,两位诗人替

---

① HEIDEGGER M. Poetry, language, thought [M]. Trans. HOFSTADTER A. San Francisco: Harper, 2001: 95.
② HEIDEGGER M. Poetry, language, thought [M]. Trans. HOFSTADTER A. San Francisco: Harper, 2001: 115.

海德格尔提出了一种非对象性、非计算性的思,以之作为脱离黑暗寒冬的途径。然而,对哲学家采用诗的方式的通常性解读可能使我们无法探寻某些更为微妙、更为复杂的东西,即诗歌中的节奏概念以及它对于技术思维的深层含义。诗是关键性的,因为对海德格尔而言,所有的艺术类型本质上都是诗:"诗关涉艺术,在艺术中,本质性的决定力量是诗。"①那么首先我们要问:海德格尔所说的节奏是什么?节奏与诗的关系、与存在问题的关系是什么?

　　回顾兰波的信,海德格尔问:"超前"(en avant 或 im Voraus)究竟指的是什么?"超前"涉及时间吗?意味着之前发生过的事情?还是说它也涉及某些非时间性的事物,也就是说诗在所有行动中的在前或优先性?海德格尔在回忆录中对博弗雷所说的话的意思是:"超前"对诗歌来说至关重要,是它将诗与思区别开来。"超前"的第二层含义也意味着,诗是思的条件,因为诗已经先于思了,因而是一切行动的基础。在这里,兰波在《预言者书信》中使用了将来时态,"它将会超前";而第一句"在希腊……诗歌与竖琴的节奏与行动相应"表明,在古代,节奏与行动之间存在着一种同步性。这里的将来时态既是一种预言,又是一种对诗之责任的认可。对于海德

---

① HEIDEGGER M. GA 76. Leitgedanken zur Entstehung der Metaphysik, der neuzeitlichen Wissenschaft und der modernen Technik [M]. Frankfurt am Main: Klostermann, 2009: 385: "Das Eine betrifft die Kunst. In ihr ist die wesentlich bestimmende Macht das Dichterische."

格尔而言,诗与行动的脱节似乎是必然的而非意外的事件。诗是作为一种吁请的语言,吁请无法接近之物(die Nähe des Unzugangbaren)。通过询问对于古希腊而言节奏的真正含义是什么,海德格尔重新诠释节奏的词源。他引用了古希腊抒情诗人阿尔基罗库斯(Archilochos)的诗句:"然而,要认识到,一种关系维系着人(lerne kennen aber, ein wiegeartetes Ver-Hältnis [die] Menschen halt)。"①

节奏是将人维持在诸关系之中的东西。我们在这里注意到海德格尔用意味"关系"的德文词语 Ver-Hältnis 替换了希腊文词语 ρυθμός(节奏)。Ver-Hältnis 来自动词 verhalten：去行动,去表现;在 ver 与 halten 之间添加的连字符给出了另一种含义,正如 halten 意味着抓住、保持,前缀 ver-意味着行动。另一个在海德格尔的文本中常常被译作"关系"的词语 Bezug,被他称为里尔克的基本词。Bezug 并不是简单地意味着"参照",即由主体指派给客体的关系,它在里尔克的诗中有着更加重要的含义,即"将某物从某处带来,去保护它,使之到来"②。然而,Bezug 与 Verhältnis 有着某些相似性。在 1946 年关于 Bezug 的文本中,海德格尔关注着敞开(the Open)的问题,Bezug 是作为"牵引的力量"被使用的;而在 Ver-Hältnis 的语境中,重点是

---

① HEIDEGGER M. GA 40. Einführung in die Metaphysik (Summer Semester 1935) [M]. Frankfurt am Main: Klostermann, 1983: 227.
② HEIDEGGER M. Poetry, language, thought [M]. Trans. HOFSTADTER A. San Francisco: Harper, 2001: 102.

一个更具动态的过程,或结构的创造。他进一步追问:"未来诗人之所说,是否会建构于此关系的怡合之上,并且同时为人在大地上准备一个新的栖居之所?"①我们稍后将会讨论 *Gefüge* 一词以及其他源于词根 *Fuge* 的单词,例如 *Fügung*, *Verfügen*, *Einfügung*, *sich fügen* 等,但我们首先要发问:为什么海德格尔在这里故意选择将希腊文词语 ῥυθμός 译作"关系"?如果节奏和关系是可以互换的,那么又是什么允许它们可以相互转换呢?对于考察海德格尔思想中节奏的含义来说,这似乎成了一个关键点。这些内容构成了我将在下一节阐述的节奏的"个体化"问题。这个概念借用自法国哲学家西蒙东。西蒙东并不是诗人,他不写诗并且很少提及海德格尔。更确切地说,正是加勒里,一位诗人和现象学家,在西蒙东和海德格尔之间充当了桥梁的角色。与西蒙东思想的相遇启发了加勒里,他撰写了关于诗与现象学的重要著作《节奏与世界》,同时他也为西蒙东的主论文《以形式与信息的概念重新思考个体化》(*L'individuation à la lumière des notions de forme et d'information*)撰写了序言。

---

① HEIDEGGER M. GA 13. Aus der Erfahrung des Denkens (1910-1976) [M]. Frankfurt am Main: Klostermann, 1983: 227: "[W]ird das Sagen des kommenden Dichters am Gefüge dieses Verhältnisses bauen und so dem menschen den neuen Aufenthalt auf der Erde bereiten?"

§2 节奏与个体化

在进一步分析之前,我们需要解决关于词语"节奏"的一些词源学问题,以便厘清诗歌中节奏和韵律学的关系。法国语言学家埃米尔·本维尼斯特(Émile Benveniste)在《一般语言学的疑难》(*Problems in General Linguistics*)中提出,大部分词典所给出的"节奏"的词源都是错误的,它们从代表着"流动"的希腊文动词 ρεῖν 中得出"节奏"的起源,并因此将"节奏"解释为"波浪的规则运动"。本维尼斯特认为,尽管我们能够在动词"流动"与"节奏"间获得一种模糊的关联,但这种关联是错误的。相反,通过分析希腊词语 ῥυθμός 在留基波(Leucippus)、德谟克里特(Democritus)、希罗多德(Herodotus)、柏拉图(Plato)以及亚里士多德(Aristotle)的著作中的使用,他表明:"节奏"原初意为"形式"。希腊文词语 ῥυθμός "被理解为整体中各部分特别的排列、独特的形式"[1]。例如,在亚里士多德《形而上学》(*Metaphysics*)中,他认为"事物通过 ῥυθμός, διαθίγη, τροπη 有所区分; ῥυθμός 是形式,

---

[1] BENVENISTE E. Problems in general linguistics[M]. Miami: Miami University Press, 1973: 283.

διαθιγη 是秩序，τροπή 是位置"①。表示有规律的运动的节奏概念，在五世纪时通过再一次专门化而被固定下来。这可能使我们的探究变得更复杂，因为问题将变成：海德格尔讨论的"关系"是否与形式相关？如果韵律学被看成形式，且如果我们想回归古代的概念，我们是否能将节奏与韵律学等同起来？另一方面，海德格尔对于形质论（hylomorphism）的批判展示出他不能容忍将节奏等同于形式的态度。当我们参照海德格尔在《论技术问题》（"Die Frage nach der Technik"）中对亚里士多德《形而上学》四因说的分析时，这将变得清晰起来：

(1) 质料因，质料，例如用于制造银制圣杯的物质；(2) 形式因，形式，由质料所构成的形状；(3) 目的因，目的，例如与由形式质料所决定的圣杯相关的圣餐礼；(4) 动力因，在这个例子中指最终完成了实际圣杯制作的银匠。②

这种带出呈现即希腊语中 ποίησις（生产），或德语中 hervorbringen（能够把……产出／带出来）的本质。海德格尔继

---

① BENVENISTE E. Problems in general linguistics[M]. Miami: Miami University Press, 1973: 282.
② HEIDEGGER M. GA 5. Holzwege (1935–1946)[M]. Frankfurt am Main: Klostermann, 1977: 6.

续说道:"产出/带出(bringing forth)只有在从遮蔽状态进入无蔽状态时才能发生,这种到来基于并且自由地运作在我们所称的解蔽(revealing)中。希腊人使用 ἀλήθεια(常被译为'真理')一词来表示解蔽。"①甚至在四因说中,我们已经发现了形质论的原则:形式与质料相分离,质料作为存在的第一因。形式被赋于质料之上以生产出同一性(identity)。在之前银制圣杯的例子中,视觉和触觉都在制造的过程中起作用,工匠将对象带向在场,但却是以强制实施的形式(将预先存在的理念/形式强加于惰性质料之上),抽象思维先于制造过程。这种转变就是海德格尔所说的对存在的遗忘,即蔽合。如果我们依据形质论理解事物,这将阻碍我们对于事物的终极因、对于希腊文词语 τέχνη(技艺)真正含义的探究,而这个词在古希腊也指艺术。

但现在如果节奏并不完全指形式,那么,它与韵律学的关系将会怎样?形式必须与节奏区分开来——至少时间维度显然予以节奏一种动态,将它与形式这个词区分开来,尽管我们不能拒绝承认它们两者间的密切关系。这里我想提出一个未被词源学争论束缚的论点来解决这个问题:节奏给出形式,它赋形(informs)。实际上,这个概念已经被加勒里在《节奏与世界》中采用。加勒里将存在者与个体化对立起来,因为存在者

---

① HEIDEGGER M. GA 5. Holzwege (1935–1946) [M]. Frankfurt am Main: Klostermann, 1977: 6.

是已然被个体化了的事物。他认为海德格尔对存在者与存在的理解忽略了至关重要的存在的个体化问题。因此,此在(*Dasein*)的理论总是从已经被给予的某物开始,从我们已经"在其中"的世界和时间开始。加勒里从其同时代的现象学研究者——晚期的梅洛-庞蒂(Merleau-Ponty)、马克·里希尔(Marc Richir)和西蒙东那里获得思想资源。加勒里追随西蒙东,提出了把时空理解为一个个体化过程的观点,这既不来自日常实在的(ontic)也不来自存有论的(ontological),而是来自他所说的"原实在的"(proto-ontic)。proto-源于希腊文词语protos,意为"第一次""最前面""最早的形式"。原实在的是尚未个体化的东西,它是先验的,并脱离了时间。[①] 前个体现实(pre-individual reality)是一个被西蒙东用来描述一种个体化之前充满着潜能的状态的术语,即还没有被个体化的原实在。当能量条件、物质条件、信息条件这三种条件满足时,个体化就会发生。相较于海德格尔,西蒙东提出他的这一理论,是因为他更关注当代量子力学研究,而海德格尔只是把当代物理学当作纯粹客观主义、还原唯物主义的思想而已。

节奏的个体化意味着什么?为什么我们一定要弄清楚这点?因为如果不能辨析节奏与形式之间的差异,那么节奏概念仍会模糊不清。如果我们阅读主要的词典和百科全书,我

[①] GARELLI J. Rhythmes et mondes: au revers de l'identité et de l'altérité[M]. Grenoble: Jérôme Millon, 1991: 18.

们会发现它们总是将节奏指涉为规律的或周期性的重复,以这种方式来理解节奏,就已经假定了节奏就是形式,也就是说,某物**已经被个体化了**。个体化理论能够被初步理解为一种操作,首先存在的是前个体化状态,其中充满着潜能与张力;当能量条件、物质条件以及(通常是非内在的)信息条件这三种条件得到满足时,个体化进程就会被触发。① 这个个体化进程会一直持续到一个亚稳态(metastable)出现,意味着此时张力已经被消除。例如,我们能够设想一种过饱和的溶液,当它以某种方式(可能是意外的方式)被加热时,它便开始结晶。结晶过程中,离子间的张力因为新的化学键的形成被消除。同时结晶的过程会释放热量,这维持着液体中转导式的操作,直到液体被个体化,并呈现为一个亚稳态的系统。亚稳态并不意味着所有潜能都被耗尽,即溶液到达平衡(equilibrium);相反,它意味着被个体化了的溶液仍带着前个体现实中的潜能,并且当某些条件满足时,进一步的个体化就有可能发生。如果我们更扼要地解释个体化这一过程,我们能够说,个体化是对张力的解决,并且随之会产生结构的转换。② 加勒里进一步指出,节奏的个体化要求两个维度,一个是时间化(temporalization),另一个他称之为世界化(worldification)——

---

① SIMONDON G. L'individuation à la lumière des notions de forme et d'information[M]. Grenoble: Jérôme Millon, 2005: 79.

② SIMONDON G. L'individuation à la lumière des notions de forme et d'information[M]. Grenoble: Jérôme Millon, 2005: 85-97.

法语中的 *mondification* 或德语中的 *Verweltlichung*。

这种理解诗歌中节奏个体化的方式也可以在保尔·瓦莱里(Paul Valéry)的作品中得到回应。我们可以通过亨利·梅肖尼克(Henri Meschonnic)的《节奏批判：语言的历史人类学》(*Critique du rythme: anthropologie historique du langage*)解读瓦莱里。瓦莱里对诗歌节奏的理解与加勒里从能量的角度思考节奏的个体化有着出人意料的共鸣。瓦莱里非常怀疑词语"节奏"的用法，他说："我读到或者找到了二十种节奏的定义，但是我不能采用它们中的任何一种。"① 相反，瓦莱里引申出了他自己的定义，我引述为"节奏(能量转换中的行动的集合或交替)是一次单独的释放"。② 瓦莱里将节奏视为充满能量的系统的转换，使行动处于交替或集合中。这种充满潜能的状态是将要到来的亚稳态系统的前个体现实。我们能够再次读到"当一个行动只取决于它的开始——并保持着某种初始关系时，这个行动便被置于节奏状态"③。节奏不是我们写诗时所依赖的韵律。正如瓦莱里更为准确地定义道："节奏是那种或多或少隐藏着的运动，通过这种运动，尚未发生的事物已经

---

① MESCHONNIC H. Critique du rythme: anthropologie historique du langage [M]. Lagrasse: Verdier, 1982: 173.
② MESCHONNIC H. Critique du rythme [M]// VALÉRY P. Cahiers 1: Poétique et poésie. Paris: Gallimard, 1975: 1277.
③ MESCHONNIC H. Critique du rythme [M]// VALÉRY P. Cahiers 1: Poétique et poésie. Paris: Gallimard, 1975: 1277.

存在,或者事物在其自身中完全展现。这就是所谓节奏。"①节奏总是在形式的掩饰下隐藏和表达自己,尤其是在诗歌的韵律中。

基于对节奏的这种理解,加勒里批评海德格尔不但无法提出个体化问题,而且在其存在理论中赋予了已个体化之物优先的位置。首先,在1951年的《物》("Das Ding")中,海德格尔提出根据四方域(Geviert)来理解物,即天空、大地、人、神。但是,在加勒里看来,这四方域已经是被个体化了的符号,也就是说,海德格尔是从已经被个体化了的符号来解释存在。加勒里转而用个体化理论替代存有论,从原实在的开始来描述个体发生。其次,"世界化"是为了解决问题而生成的亚稳态系统,而相对地,他认为海德格尔想给予同一性与统一性特殊地位。② 在引用海德格尔关于手与词语的关系的观点时(GA54,第五节),加勒里批评道:"海德格尔所设想的手、词语与世界中的存在者之间的关系是极其不足的,因为一个作为充满存在能量潜力的结构的能量系统的构成,完全被当代本体论学者忽视了。"他继续道:

---

① MESCHONNIC H. Critique du rythme [M]// VALÉRY P. Cahiers 1: Poétique et poésie. Paris: Gallimard, 1975: 1300.
② GARELLI J. Rythmes et mondes: au revers de l'identité et de l'altérité[M]. Grenoble: Jérôme Millon, 1991: 384.

节奏与技术:论海德格尔对兰波的评论

在 1942 至 1943 年关于巴门尼德(Parmenides)的课程中,海德格尔说,当存在似乎未被遮蔽时,当人对存在表现为处于未被遮蔽的状态中时,只有手。像词语一样,手保持着存在与人的关系(*Bezug*),并由此产生了人与存在物的关系(*Verhältnis*)。①

依据海德格尔手稿中的这些涉及书写的原句及海德格尔所言,两个决断已经产生:一个是关于存在和词语与人的关系(*Bezug*)的决断;另一个是关于人与存在者的行为关系(*Verhältnis*)的决断。加勒里继续评论道:

文本和作品当中的声音以及显要节奏的时间化和世界化(*Verweltlichung*)过程尚未得到仔细的和足够的澄清。现在,由于没有进一步澄清个体化的问题,海德格尔立即进入对作品的符号化解释,使之建基于四方域理论,而忽视了节奏在个体化阶段形成亚稳态系统的过程中的能量

---

① GARELLI J. Rythmes et mondes: au revers de l'identité et de l'altérité[M]. Grenoble: Jérôme Millon, 1991: 308. 事实上,加勒里对于海德格尔的巴门尼德课程观点的引用只是一种概述,并没有这样确切的语句存在。最接近的一个语句如下:"在手写中存在之于人之关联,即词语,铭刻于存在者自身之中。处理手写的起源与方式,本身已是一个关于存在和词语与人之关联的决断,并因此是一个关于人与存在者的行为关系,以及人与物居于无蔽之中或逃离遮蔽的方式的决断。"见 HEIDEGGER M. GA 54. Parmenides (Winter semester 1942/43) [M]. Frankfurt am Main: Klostermann, 1982 : 125/85。

扩张。

我同意加勒里对节奏及个体化的分析，不过我想偏离此种对海德格尔的解读，而相反地指出这种个体化概念尽管在海德格尔的文本中并未明确出现过，但仍是有迹可循且能够重构的，这能引导我们处理关于节奏和技术的问题。在我们之前的分析中，*Bezug* 和 *Verhältnis* 并非已经被个体化了的事物，正如我将在下一节提出的，它们对于海德格尔所称的结构/怡合而言至关重要，如同我们在《兰波未死》中看到的，它们定义了诗人的任务。这里我想对海德格尔的思想进行一次与加勒里和西蒙东的个体化理论相兼容的解读，同时，在这个理论系列中来辨析技术的位置。

§3 张力与回响

与其局限于海德格尔的《物》，我们不如回溯他 1936 至 1949 年间更早的文本。我们可以看到，张力的问题在海德格尔的思想中并没有被忽视，而它直接关系到对于存在的连接或怡合（*Fuge des Seyns*）的理解。下列段落中，我主要参照海德格尔 1936 至 1949 年间的文本。在《论艺术的问题》（"Zur Frage nach der Kunst"，GA74）中，我们能够看到张力位于艺术作品的核心。海德格尔没有使用词语"张力"(tension),而是采用了 *Auseinandersetzung*,意为"争执、对峙"。行动的问题必须从场所(place)出发来着手处理,这向我们展示了此在与空间之间的争执/对峙。海德格尔说:"显然,它与空间的关系非同寻常,这在某种意义上被理解为一种与空间的争执/对峙。"① *Auseinandersetzung*(争执、对峙)究竟是什么?我们可以立即将这一概念与胡塞尔(Husserl)的 *Ineinander*(彼此融会)或 *Ineinandersetzung*(交融)概念相比较,因为 *Auseinandersetzung* 不是统一,而是差异。在《技术与艺术》("Technik und Kunst",GA76)中,我们再次读到关于 *Auseinandersetzung* 的问题:"用技术手段呈现技术过程并不等同于,也永远不会是艺术与技术的对峙。那么,究竟什么是 *Auseinandersetzung*?谁与之对峙,并通过谁与之对峙?"②

如果说争执/对峙是可取的,并且可以与前个体中的张力相媲美的话,那么,这不正是构成诗作与非诗作之间作品差异的节奏的可能性吗?在《技术与艺术》的第二条笔记中,海德

---

① HEIDEGGER M. GA 74. Zum Wesen der Sprache und Zur Frage nach der Kunst[M]. Frankfurt am Main: Klostermann, 2010: 191: "Dies liegt offenbar daran, daß sie eine ausgezeichnete Beziehung zum Raum hat, daß sie sich in gewisser Weise als eine Auseinandersetzung mit dem Raum versteht."
② HEIDEGGER M. GA 76. Leitgedanken zur Entstehung der Metaphysik, der neuzeitlichen Wissenschaft und der modernen Technik [M]. Frankfurt am Main: Klostermann, 2009: 376: "[M] it technische gesteigerten Mitteln technische Vorgänge darstellen ist noch keine und wird nie eine Auseinandersetzung der Kunst mit der Technik. Was heißt überhaupt Auseinandersetzung, wer begegnet wen."

格尔比较了艺术(Kunst)和技术(Technik),追问道:"在集置的时代,艺术是什么,要如何存在?"他回应道,艺术必须艺术地做出决断,以至"答案就存在于并仅存在于这样的艺术中,在其自身的事发或事件(Ereignis)中"①。艺术品作为被实现出来之物(Werk als Gewirktes),它驱使事物工作,海德格尔继续说道:"但是,另一种意思是,产出的作品处于无蔽之中,让存在呈现在眼前(Vor-liegen-lassen)。"②现在,艺术问题回到了语言问题或逻各斯(λόγος)。正如海德格尔在其关于赫拉克利特(Heraclitus)的讨论中所揭示的,逻各斯的本质是:让其一起呈现在眼前(das bei-sammen-vor-liegen-Lassen)。

如果对于节奏的呈现而言,争执/对峙是其成为可能的条件,那么,这个呈现本身是什么?而它又意味着什么?在对兰波的评论结尾,海德格尔参照了特拉克尔的"沉寂"(Geschwiegen)的概念,将其当作对未知的揭示。他说:"这种沉寂是另一种纯粹的中断(Verstummen)的沉默。它的不再言

---

① HEIDEGGER M. GA 76. Leitgedanken zur Entstehung der Metaphysik, der neuzeitlichen Wissenschaft und der modernen Technik [M]. Frankfurt am Main: Klostermann, 2009: 378: "[I]n solcher Kunst und in ihr allein die Antwort liegt—auf sie selber—innerhalb des (Ereignisses)."

② HEIDEGGER M. GA 76. Leitgedanken zur Entstehung der Metaphysik, der neuzeitlichen Wissenschaft und der modernen Technik [M]. Frankfurt am Main: Klostermann, 2009: 378: "[A]ber je die andere Bedeutung auch gemeint, doch Werk von Hervor-bringen in der Unverborgenheit stellen, Vor-liegen-lassen."

说是一种已经在说。"①沉寂,或者沉静,不能在"缄口不言"中找,而是要在语言中、在逻各斯自身中寻找。沉寂的观点在海德格尔对荷尔德林的阐释中体现得非常突出,尤其是当提及荷尔德林《面包与美酒》("Brot und Wein")的一个具体诗节时:

为什么古老而神圣的剧院也沉寂了,
(Warum schweigen auch sie, die alten heiligen Theatre,)
为什么现在不舞蹈庆祝,不歌颂欢乐?
(Warum freuet sich den nicht der geweihlte Tanz?)②

舞蹈是一种伴随着音乐的有节奏的活动。现在的问题是:沉寂如何能被理解为既是语言也是节奏?我想回到海德格尔1958年的文本《词语》("Das Wort")中对格奥尔格诗文的解读。海德格尔在谈到一篇关于沉静的诗时,将节奏定义为:"节奏确实不意味着变动或流动。节奏是寂静的,它连接

---

① HEIDEGGER M. GA 40. Einführung in die Metaphysik (Summer semester 1935) [M]. Frankfurt am Main: Klostermann, 1983: 227: "[D]ieses schweigen ist ein Anderes als das bloße Verstummen. Sein Nicht-mehr sprechen ist ein Gesagt haben."
② HÖLDERLIN F. Poems and fragments [M]. Trans. HAMBUEGER M. London: Carcanet, 2004.

着歌唱与舞蹈的行动,并由此让我们休息。节奏馈赠寂静。"①他继续写道:"在歌曲中我们听到,当我们注意到连接(*Fuge*)时,结构/怡合(*Gefüge*)就会显现自身。"②现在,节奏成为一种作为机缘搭配(*Fügung*)的结构(*Fuge*)的个体化。*Fügung* 和 *Fuge* 在这里意味着什么呢？诗歌产生节奏,并带来一种"提前"——一种沉寂,它揭示出与存在彼此结合的"机缘搭配",即作为 ἀλήθεια(真理)的无蔽。早在 1935 年,在《形而上学导论》(*Introduction to Metaphysics*, GA40)中,海德格尔就索福克勒斯的《安提戈涅》(*Antigone*)做了阐释,也尝试解决巴门尼德与赫拉克利特在哲学上的对立,即关于存在的思想家与关于生成的思想家之间的对峙,正如伯姆(Boehm)所指明的,在这种阐释中最引人注目的是海德格尔试图表明"形而上学的本质与技术的本质相同"。③海德格尔在他所引用的第一个诗节指出,人类是最诡异的(希腊文:τὸ δεινότατον,德译:*das Unheimlichste des Unheimlichen*,或译诡异中最诡异的)。按

---

① HEIDEGGER M. GA 12. Unterwegs zur Sprache (1950–1959) [M]. Frankfurt am Main: Klostermann, 1985: 217: "Rhythmus, ῥυθμός, heißt indes nicht Fluß und Fließen. Der Rhythmus ist das Ruhende, das die Be-wegung des Tanzens und Singens fügt und so in sich beruhen lässt. Der Rhythmus verleiht die Ruhe."
② HEIDEGGER M. GA 12. Unterwegs zur Sprache (1950–1959) [M]. Frankfurt am Main: Klostermann, 1985: 217: "[I]m gehörten Lied zeigt sich die Fügung wen wir auf eine Fuge achten."
③ BOEHM R. Pensée et technique. Notes préliminaires pour une question touchant la problématique heideggerienne[J]. Revue Internationale de Philosophie, 1960, 52 (2): 195.

照海德格尔的看法,对于古希腊人而言,δεινόν(诡异者)穿过对立于存在的冲突(Aus-einander-setzungen des Seins),存在与生成的张力在这里成为根本性要素。诡异者有两个意思:暴力和威临一切的或骇人的。第一部分是暴力(Gewalttätigkeit),或暴力行动(Gewalt-tätigkeit),它构成了作为τέχνη(技艺)的人类本质。人类就是跨越界线的**此在**,在这样的行动中,此在不再有家,变得无家可归(un-heimisch),因而成为诡异者。① 这种暴力与 τέχνη 相关联,后者既不是艺术也不是技术,而是知识。不过,它是一种导致行动的"知":

> 我们用合式(Fug)来翻译这个词(dikē)。这里我们首先从合缝(Fuge)与榫合(Gefüge)的意义上来领会合式;然后,我们再把这个合式领会为机缘搭配(Fügung),即威临一切者行使其存在力道的谕令;最后,合式被领会为严丝合缝般的榫合(fügende Gefüge),而这一榫合则强逼出适合(Einfügung)与顺从(sich fügen)。②

Fuge 的语词游戏及其派生含义如 Gefüge, Fügung, fügende

---

① HEIDEGGER M. GA 13. Aus der Erfahrung des Denkens (1910–1976)[M]. Frankfurt am Main: Klostermann, 1983: 160.
② HEIDEGGER M. GA 40. Einführung in die Metaphysik (Summer Semester 1935)[M]. Frankfurt am Main: Klostermann, 1983: 183. 海德格尔.形而上学导论[M].王庆节,译.北京:商务印书馆,2017:193–194.

Gefüge, *Verfügung*, *sich fügen* 在翻译中完全丢失。δίκη 这个在法律和道德层面上通常被翻译为"正义"的词，对海德格尔而言首先是一种合缝、一种榫合/恰合，然后指向某物的机缘搭配。那么是谁在指导呢？德语中 *glückliche Fügung* 常译为"幸运的巧合"，但它并非完全偶然的，而是由一种外在力量所致。最终我们看到一种强制的力量，被强迫者只能屈从，从而成为恰合结构的一部分。用 *Fug* 替代 *Gerechtigkeit*，这对于海德格尔而言是另一种打开存在问题的尝试，据古希腊人所说，"与δίκη（正义）相比，拉丁文 *iustitia*（公平、正义）有着完全不同的本质基础，δίκη 源于 ἀλήθεια（无蔽、真理）"①。δίκη 是威临一切的合式（fittingness）。τέχνη（技艺）的暴力行动和存在的威临一切（*Übergewältigend*）间的对抗是必然的，因为"历史性的人类此在意味着：其存在被设定为一种裂隙——那存在的过度暴力（*Übergewalt*）显现时所冲破的裂隙，使得裂隙本身在与存在的碰撞中粉碎"②。在这个暴力的戏剧性事件中，人对

---

① BAMBACH C. Thinking the poetic measure of justice Hölderlin-Heidegger-Celan[M]. New York: SUNY Press, 2013: 134; HEIDEGGER M. GA 52. Hölderlins hymne "Andenken" (Winter semester 1941/42) [M]. Frankfurt am Main: Klostermann, 1982: 59.
② BAMBACH C. Thinking the poetic measure of justice Hölderlin-Heidegger-Celan[M]. New York: SUNY Press, 2013: 174; HEIDEGGER M. GA 40, Einführung in die Metaphysik (Summer semester 1935) [M]. Frankfurt am Main: Klostermann, 1983: 172: "Da-sein des geschichtlichen Menschen heißt: Gesetzt-sein als die Bresche, in die die Übergewalt des Seins erscheinend hereinbricht, damit diese Bresche selbst am Sein zerbricht."

存在的突袭来自存在以及 φύσις（自然）的统治引起的急迫。为什么会出现这种急迫？因为存在的过度暴力变得威临一切和骇人，从而引发了恐惧和焦虑。在海德格尔看来，τέχνη（技艺）和 δίκη（dikē，正义）间的这种 Auseinandersetzung（对峙）能够被理解为巴门尼德所说的"存在作为一个整体"，而它也完全符合赫拉克利特的学说，"但需要看清楚，分—合—对峙本质上就是聚合到一起；而合式本质上则是相互对应的东西"①。

以嵌合作为对 δίκη（dikē）的理解，再次在 1946 年的《阿那克西曼德之箴言》（"Der Spruch des Anaximander"，GA5）中被采用。在那里，海德格尔反对尼采和古典学者赫尔曼·狄尔斯（Hermann Diels）将 δίκη 译为 βuβe（审判）或 Strafe（惩罚），并认为应该将 δίκη 译为 Fug（嵌合，合式），秩序安排（ordering）和严丝合缝的秩序（fugend-fügende Fug）。② ἀδικία 则译为 Un-fug（脱节，断裂，失序）。朝向敞开的作为暴力的 τέχνη 在该文本中却未被提及。我们或许可以这样猜测，这个文本正好是在第二次世界大战之后所写，而当时海德格尔正因为曾加入纳粹而受到公开的遣责，不得不隐匿这种暴力的必要性。在《阿那克西曼德之箴言》最后部分，海德格尔问道："还有救吗？当且唯当有危险时，才有救。当存在自身被推向

---

① 海德格尔.形而上学导论[M].王庆节，译.北京：商务印书馆，2017：193—194.
② HEIDEGGER M. GA 5. Holzwege (1935-1946)[M]. Frankfurt am Main: Klostermann, 1977: 357/43.

最极端的程度,当源于存在的遗忘产生逆转的时候,危险就会出现。"①关于危险的问题,海德格尔随后在1953年的《论技术问题》中进行了详细阐述,他提到古代技术的概念完全被现代技术概念给遮蔽了。现代技术由巨大的暴力构成,并使自身远离了存在问题,且使得每一件事物都变成了持存物(*Bestand*),现代技术的本质变成了集置。对海德格尔来说,这种危险是对存在的遗忘的最高表现,它标志着西方形而上学之终结,其中存在已经被完全抽离,而诸存在者都被视作持存物:

> 原子时代正在到来的技术革命浪潮是如此令人心醉神迷、头晕目眩。终有一天,计算之思将作为唯一的思之方式被接受和实践。②

然而,危险是一个新的开端的必要条件,也成为一种拯救力量出现的条件,正如海德格尔引用的荷尔德林诗所示:"急难所在,亦生救渡(*Wo aber Gefahr ist, wachst Das Rettende auch*)。"如果不是一种诗意的栖留与思的话,那么,这种拯救

---

① HEIDEGGER M. GA 5. Holzwege (1935 – 1946) [M]. Frankfurt am Main: Klostermann, 1977: 357/43.
② DREYFUS H. Heidegger on gaining a free relation to technology[M]//DREYFUS H, WRATHALL M. Heidegger reexamined, Vol. 3: art, poetry, and technology. New York: Routledge, 2003: 165.

的力量是什么?《阿那克西曼德之箴言》的最后一句肯定地回答道:"那么,思必须在存在之谜上作诗。这使得思考的曙光靠近待思之物。"①海德格尔这时的说法显然是指向技术与诗之间的某种关系,然而,在关于诗成为唯一的拯救力量的论述中,诗是某种不同于技术的东西吗? 或者,技术也能参与到诗意的**思**中,构成一种新的生活形式吗? 更确切地说,是**技术性的**吗? 让我们回到《形而上学导论》中去发现是否有一种海德格尔想寻回的、由希腊语词 αλήθεια 构成的原初技术性(technicity)。仅仅有共鸣还不够,因为节奏必须"超前",共鸣只是启动一种节奏,是使作品成为作品、使大地成为大地的开始。在过度暴力(存在)以及暴力(技术)的交互作用中,一个作为 δίκη 的宇宙秩序被施加,作为思与存在的结合,如巴门尼德诗所示,这两种力量被综合。被综合之物不是辩证法中的"三"或者是对 δίκη 的颠覆,②而是一种使 ἀδικία(*Un-fug*,脱节)必须认可 δίκη(*Fug*,合式),两者聚拢(being-togetherness)的境况。在这种争执中所展现的节奏不产生共

---

① HEIDEGGER M. GA 5. Holzwege (1935-1946) [M]. Frankfurt am Main: Klostermann, 1977: 373.
② BAMBACH C. Thinking the poetic measure of justice Hölderlin-Heidegger-Celan[M]. New York: SUNY Press, 2013: 162: "Dike is the name for this temporal ordering. Beings rebel, however, against this ordering and cling to their own 'sheer perdurance' opposing the jointure of being itself. And yet this ontic rebellion against the ontological order of dike, one that sets things 'out of joint' (aus den Fugen) in a way that renders beings adikias does not constitute an overturning of dike. On the contrary, Dike holds sway in and through whatever is adikias."

鸣,而是冲突,由暴力带出了一种对存在之所(*Da*)无尽的揭示。这种对峙有时也可描述为世界与大地的争执,海德格尔把它与艺术作品的本源联系起来。

在《哲学论稿》(*Beiträge zur Philosophie*,GA65)中,与 *Fuge* 相关的节奏问题变得明朗起来。对于任何可能的事发而言,回响(*Anklang*)与传送(*Zuspiel*)成为基本要素。海德格尔建议去理解这本书旨在阐述的内容,即古希腊初期思想的接缝(joint)或连接/关节(juncture)(*Fuge des anfängliches Denkens*)。海德格尔描述了关于这个任务的三重运动(如下所列)。这里,我们再次看到一个序列,榫合/怡合(*Gefüge*)—支配/占有(*Verfügung*)—机缘搭配(*Fügung*),为此在的顺从(*sich fügen*)做准备。海德格尔命名了六种连接,依次为回响(*Anklang*)、传送(*Zuspiel*)、跳跃(*Sprung*)、建基(*Gründung*)、将来者(*Zukünftigen*),以及最后之神(*Der letzte Gott*),而我们能在它们之间找到一种隐匿的交织。① 回响与传送是"土壤与旷野",它们为纵身飞跃/跳离(*Absprung*)做准备,在跳跃中敞开遮蔽状态而为此在的建基做准备。我们可以根据加勒里和西蒙东的量子跃迁的概念来理解这种跳跃,因为它作为阈值,导致个体化的存在及其环境结构的转变。回响与传送为这种跃迁做准备,直到 *Auseinandersetzung* 的张力或强度到达某个特定

---

① HEIDEGGER M. GA 65. Beiträge zur Philosophie (Vom Ereignis) (1936–1938) [M]. Frankfurt am Main: Klostermann, 1989: 82.

的点。在这一过程中,一种新的结构将产生。正如海德格尔所言,这些连接形成了统一体,它彰显或区分将来者。这个事件召唤着此在站立在最后之神的暗示面前,在神秘力量的面前。海德格尔在《哲学论稿》结束部分写出"连接——遵从于召唤的安排,建基**此在**"①。他继续写道:

1. 在这种创建中严密的榫合(*Gefüge*)并没有松动,就好像有争议(在哲学上总是有争论)是不可能的:在其建基于本质的彻底的发育成熟中来理解存在的真理。

2. 这里的处置(*Verfügung*)只允许一个个体穿过一种通路,同时放弃审视其他也许更重要的道路的可能性。

3. 这种尝试必须清晰地意识到,榫合/怡合(*Gefüge*)与处置(*Verfügung*)仍然是存在本身,是其真理暗示与抽离的一种机缘搭配(*Fügung*),是对其真理的隐示和抽离,那是某些不可预见之事。②

我们能看到,海德格尔在《哲学论稿》(1936—1938)中所

---

① HEIDEGGER M. GA 65. Beiträge zur Philosophie (Vom Ereignis) (1936-1938) [M]. Frankfurt am Main: Klostermann, 1989: 82.

② HEIDEGGER M. GA 65. Beiträge zur Philosophie (Vom Ereignis) (1936-1938) [M]. Frankfurt am Main: Klostermann, 1989: 81. 我的英译对现有的两种译本做了些调整,参见 Parvis Emad and Kenneth Maly (Bloomington: Indianna University Press, 1999); Richard Rojcewicz and Daniela Vallega-Neu (Bloomington: Indiana University Press, 2012)。

处理的和《形而上学导论》(1936)相一致,在《哲学论稿》中 Fuge 变成了思考的主要对象,而《形而上学导论》中所描述的暴力变成了"居有事件"(the event of appropriation)的部分。在《形而上学导论》中,海德格尔声称 τέχνη 不是艺术,并且既不是技能也不是现代意义上的技术,而是另一种"知"(Wissen)。① 这种对知识的重视,策略上允许他将 ἀλήθεια(无蔽、真理)与 λέγειν(言说)、λόγος(逻各斯)联系在一起。然而,我们在论及行为/行事的意义(海德格尔在暴力行动中也强调了这一点)时便遇到了一种模糊性:在什么意义上能够有一种没有行为而只有语言的行动?在海德格尔的思想中,能够找到的仅有的可能性是**泰然任之**,让存在者保持原样来为神秘之开启做准备。泰然任之是使自身处于做与不做之间,是无为与无欲的思与行动。然而,在这种无为中,Gewalttätigkeit(暴力行动)消失了,因为这里既没有暴力(Gewalt),也没有行动(Tätigkeit)。哲学家休伯特·德莱福斯(Hubert Dreyfus)参照日本文化将海德格尔泰然任之的例子用于当代技术:

> 在这里我们再次将眼光放到日本。在当代日本,一种传统的、非技术性的对存在的理解仍然与最先进的高

---

① HEIDEGGER M. GA 13. Aus der Erfahrung des Denkens (1910–1976)[M]. Frankfurt am Main: Klostermann, 1983: 122.

科技生产与消费并存。电视与家中的神像共用一个架子,就像发泡塑料杯与陶瓷杯并存。这样我们能够看到,一个人能够拥有技术而不需要对存在进行技术性的理解,因此,很显然,对存在的技术性理解能够与技术设备相分离。①

作为一个东方人,我不太确定是否真的是这样,特别是当面临消费主义时,我们传统的"神秘力量"不见了——就在电视旁边消失了。事实上年轻一代完全沉浸在技术物中,并且被数字技术的加速吞没。相反,我们必须找到一种新的策略。从根本上说,"泰然任之"是一种处理技术物的策略,只是对海德格尔来说,这是一种通过回到语言来处理问题的极佳策略,因为那是他的专长。那是一种"非技术性的或非强制的态度",②它至少没有意图控制什么,假如不是有意识地要逃离技术的话。语言体现了人类与存在关系的历史。对海德格尔而

---

① DREYFUS H. Heidegger on gaining a free relation to technology[M]//DREYFUS H, WRATHALL M. Heidegger reexamined, Vol. 3: art, poetry, and technology. New York: Routledge, 2003: 167.
② ROJCEWICZ R. The gods and technology: a reading of Heidegger[M]. Albany: SUNY Press, 2006: 151: "For Heidegger, will involve distancing ourselves from technology, detaching ourselves from it, not by opposing it (which is not a detachment) but precisely by extricating ourselves from a passionate, uncompromising, antithetical attitude toward it. That is to say, if we are to be free, we will need to find (or, rather, we will need to be given or be shown the way to) a nontechnological or nonimpositional attitude toward the very attitude of imposition."

言,现代技术的发展是一种使欧洲人远离希腊源头、远离存在问题的过程。希腊意义上的存在的转变,以及其与来自罗马时期(直到今天)的语言的关系的演变,就是遗忘存在的历史。对海德格尔来说,信息学的出现凭借形式逻辑和数学化正在逐步边缘化语言的可能性,并因此加剧了对存在的遗忘。在《兰波未死》的结尾,海德格尔提出了他的忧虑:"语言学与信息学即将对语言造成的摧毁是否不仅会侵蚀诗的优先性,甚至还会侵蚀诗自身特有的可能性?"①海德格尔继续说道:"当我们询问自身这个问题时,兰波仍然重要,如果诗人和思者仍然留心'让自己成为对未知的先知'的必要性……兰波诗所说的东西,我们是否足够清晰地听到了它的沉寂(*Geschwiegen*)?"②

§4 节奏与技术

回到兰波就是回到节奏问题,让存在存在。海德格尔的

---

① HEIDEGGER M. GA 13. Aus der Erfahrung des Denkens (1910-1976)[M]. Frankfurt am Main: Klostermann, 1983: 227: "[O]der wird mit der drohenden Zerstörung der Sprache durch Linguistik und Informatik nicht nur ein Vorrang der Dichtung, sondern diese selbst in ihrer Möglichkeit untergraben?"

② HEIDEGGER M. GA 13. Aus der Erfahrung des Denkens (1910-1976)[M]. Frankfurt am Main: Klostermann, 1983: 227; RIMBAUD A. Rimbaud complete: poetry and prose[M]. Translated and edited by MASON W. New York: Modern Library, 2003: 369.

新颖之处在于看到了节奏引向沉寂的可能性——这是对"暴力"一词的替代,在那里存在于与存在者的结合中揭示自身,即存在的疏朗(Lichtung)。让我们再次引用海德格尔向阿尔基罗库斯借用的节奏定义,"然而,要认识到,一种关系维系着人"。诗歌准备了恰合(Gefüge),由作品中的节奏所带出的关系(Verhältnis)抵达了 fügende Gefüge——一种持存的强制力。这些关系驱使我们退后并让沉寂显现。加勒里引用了兰波的诗歌《永恒》("L'éternité"),以之作为海德格尔的四方域的反面,我们可以把这种沉寂和接缝看作海德格尔所提出的 δίκη。

> 再次找到的是
> (Elle est retrouvée.)
> 什么?——永恒。
> (Quoi?—L'éternité.)
> 是大海的离去
> (C'est la mer allée)
> 与阳光同逝。
> (Avec le soleil.)

《永恒》展示了一个海洋随着阳光而远去的场景。在这个寻找行动的过程中,我们得到了一种非同一般的宁静作为答案。诗的节奏导向就在我们眼前的**未知**,它超越了所有的规

35

则与人类的**正义**。它也强制此在顺从于一个运动结构,即随着阳光运动。在疏朗或事发中,海德格尔可以说理解了由节奏所引向的揭示,其中历史的此在不仅展示了人类的历史,而且展示了存在的历史。在这里我们不能再引用海德格尔的论述,因为他没有讨论兰波的诗。在诗的节奏中,我们能够发现一种转换,它打开了一个世界,呈现给我们新的结构和力量。我们能够从没有侵犯性的暴力的角度来理解它吗? 要详细阐述这一点,我们需要回到海德格尔在《词语》中对格奥尔格诗歌的分析,这首诗最后的诗节吸引了海德格尔:

> 所以我放弃了,而且忧伤地看见:
> (*so lernt ich traurig den verzicht:*)
> 词语破碎处,无物存在。
> (*Kein ding sei wo das wort gebricht.*)

要学会这种放弃,诗人非常悲痛:在词语破碎的地方,无物存在。他这样说意味着什么? 这仅仅是意味着,当词语与事物间直接的对应关系破裂时,事物就不复存在吗? 海德格尔立即拒绝道:"绝非这样简单。"为什么诗人认识到这一点后很悲伤? *Gebricht*,源于 *gebrechen*,意为缺少某物。海德格尔说,这个词意味着"错失"(*fehlen*)。如果这个词漏掉了与之相对应的事物的话,还有能被保持的关系吗? 还是不再有任何关系(Ver-Hältnis)？诗人是忧伤的，因为词语必定要支配物，词语是物的基础，这已成为一种规定。语义学与事物间的关系，是形式逻辑也是λόγος(逻各斯)的核心。但是，海德格尔是想揭示λόγος的另一层含义，它不是那些制约理性的规则，而是处于λέγειν(言说)中。λέγειν，即摆出/摆在面前并聚集，它与今天的含义并不相同，但它源于言说。当这个词语没有与这个事物相对应时，也就是其自身敞开之时，这个词语便不再支配这个事物，这个词语让事物作为事物存在(das Wort ein Ding als Ding sein läßt)。海德格尔参照了古德语词 Bedingen，一个歌德也用过的词。如果在其逻辑意义中，词与物的关系是 Bedingung(条件)，词语建基事物，那么就 Bedingnis 而言，这个词语不会建基这个事物，而是让这个事物作为事物本身而显现。如果我们现在将 fehlen(错失)理解为一个要去触发即将到来的转变的信息，那么在这个转变中，我们注意到，诗歌节奏通过打破最普遍最熟悉的惯例，释放出对诡异的压抑(正如谢林[Schelling]所说)。① 在古希腊，语言的节奏与音乐的节奏是被分开的，仅有的重叠是在诗句中，希腊时代的**此在**吟唱着它们。诗歌将成为 en avant(超前)的，因为作为词语与事物间的和谐的节奏不再被保持。诗歌使节奏处

---

① 参照弗洛伊德《论诡异》(The Uncanny)，其中他提及了谢林的神话哲学 (Philosophie der Mythologie)，谢林将荷马史诗看作对神话的诡异的压抑，见 VIDLER A. The architectural uncanny[M]. Cambridge: MIT Press, 1994: 26-27。

于一种不同的方式中,当我们想抓住它时,它总是在前面,而我们最终处于沉寂之中,处于诡异之中。节奏的个体化以产生连接(*Fugen*)开始,它产生了由这位重要诗人调制的结构(*Fügungen*),一种是嵌入的(*einfügen*),一种是顺从的(*sich fügen*)。

现代技术能够担得起诗歌揭示诡异的任务,并为 *Fuge*(接缝)—*Fügung*(机缘搭配)—*Einfügung*(嵌进)做准备吗?海德格尔在《兰波未死》中向诗人提出了这个问题:"未来诗人之所说,是否会建构于此关系的恰合之上,并且同时为人在大地上准备一个新的栖居之所?"①这个问题似乎也适用于现代技术,然而,海德格尔无法给出一个清晰的答案,因为语言才是他的战场。1969 年,在德国电视二台(ZDF)为祝贺海德格尔 80 岁生日而制作的节目中,作为对原子弹和现代技术危机的回应,海德格尔在与理查德·威瑟(Richard Wisser)的对谈中说道:

> 我在技术里看到,也就是从其本质意义上,人类被一种力量(*Macht*)控制,这股力量改变了他,而面对这股力量时他不再自由——某种东西宣告了它的存在,那是存在(Being)与人类之间的一种关系(*Bezug*)。某一天,本

---

① HEIDEGGER M. GA 13. Aus der Erfahrung des Denkens (1910–1976) [M]. Frankfurt am Main: Klostermann, 1983: 227: "[W]ird das Sagen des kommenden Dichters am Gefüge dieses Verhältnisses bauen und so dem Menschen den neuen Aufenthalt auf der Erde bereiten?"

来隐匿于技术本质中的这种关系可能会得到揭示。这会发生吗？我不知道！然而,我在技术的本质里看到神秘的所在(*Geheimnis*),我称之为"事发/事件"(*Ereignis*,event)——根据你的推论,不是要对技术进行抵制或谴责,而是要去理解技术的本质和技术世界。对我而言,只要人们在哲学上仍然逗留在主客关系中,这种去蔽就不会发生。这意味着:我们不能从一个马克思主义的视角来理解技术的本质。①

使这个事件能够发生的条件是未知的。然而,这种未知授权于诗与哲学,没有它们,一切都将沦为科学,或成为上文最后一句提到的马克思的政治经济学。与诗相比,技术在调节节奏方面更有力量,然而,在海德格尔看来,这里也隐藏着一个巨大的危险。法国人类学家、古生物学家安德烈·勒罗伊-古汉(André Leroi-Gourhan)在其著作《话语与姿势》(*Speech and Gesture*)的下半部中致力于研究节奏问题。他将节奏看成一种给予我们诸如时间、空间这样的概念的力量,以及在人群中产生某种姿态与习惯的力量。根据勒罗伊-古汉的看法,技术的节奏"将野性的自然转变为人化(hominization)

---

① BEAUFRET J, WISSER R. Martin Heidegger im Gespräch mit Richard Wisser[M]// NESKE G, KETTERING E. Martin Heidegger im Gespräch. Pfullingen: Neske, 1988: 25.

的器具"①。然而,这种技术的节奏在自动化时代被改变了,它变成了一种同步的力量,逐步去除了所有的自由与想象。他哀叹道:"今天,个体都被一种节奏性渗透和制约,这种节奏性几乎已经到达了总体机械性(与人化相反)的阶段。形象主义(figuralism)的危机是机械主义统治下的必然结果。"②像同时代的海德格尔一样,勒罗伊-古汉也看到了现代技术的危机,不过他是从考古学和人类学的视角出发,而海德格尔则是从存有-历史的(onto-historical)视角出发。这种有关技术节奏之危险的观点,我们也可以在西蒙东的《论技术物的存在模式》中找到:

> 工业动力阶段,状况发生了深刻改变……工人处于由机器**节奏**进行度量的网络之中,处于一系列使主体被置于外部的运动之中,一个完全的"技术去文化作用"的阶段出现了,同时失去了对一个具有鲜明个性和舒适尺度的组合的归属感。③

我们能看到,在西蒙东的描述中,节奏实际上仅仅被描述

---

① LEROI-GOURHAN A. Speech and gesture[M]. Cambridge: MIT Press, 1993: 310.
② LEROI-GOURHAN A. Speech and gesture[M]. Cambridge: MIT Press, 1993: 311.
③ STIEGLER B. Technics and time, vol. 2: disorientation [M]. Stanford: Stanford University Press, 2009: 75; SIMONDON G. L'individuation à la lumière des notions de forme et d'information[M]. Grenoble: Jérôme Millon, 2005: 59.

为一种纯粹的模式重复,正如我们仍在某些智能手机工厂中看到的那样。但也正是这种和技术趋势及与之相伴的偶然性密切相关的新可能性,要求对节奏和技术进行重新评估,因为人们认为技术程序不再能够提供一种节奏的多样化,进而有机与无机的共鸣不再是人化而是自动化。① 在这种转变中,勒罗伊-古汉等人注意到,对技术的节奏问题的关注从形而上学转向了政治和实用主义。

现代技术的拯救力量似乎并不来自那些关于无处不在的计算或智能物的论述,这些论述旨在调控一个完全自动化的和上手(ready-to-hand)的环境。也许我们可以效仿谢林,称其为"对诡异的压抑"(suppression of the uncanny)。如果海德格尔对于现代技术的巨大神秘性(Geheimnis)的想象及其去蔽的可能性能够实施,那么,节奏问题将成为切入点。这不是为了使技术转向诗,因为技术已不再是古希腊意义上的 ποίησις(生产),而是在技术的能力及灵活性中为一种机缘搭配做准备,即为一种允许由自身的诡异带来的未知做准备。从西蒙东个体化观点上审视节奏问题,并试图在海德格尔"转向"之后的著作中重构这样一种理解,我们的目的是表明节奏的个体化对于思考一种新的技术进程,甚至是新的本质至关重要。考虑到这一点,我们将不得不接受一个简单的现实:技术**不能**

---

① 然而,这里的"人化"对勒罗伊-古汉而言,不意味着一种人道主义或人类中心主义,而是指进化是记忆与器官外化的过程,在此期间,人与技术的新关系就产生了。

以泰然任之的方式来**思考**,因为那样它就不再是技术,而是其他的某些东西——一种自我毁灭的行为。并且对于技术的延续而言,它必须把节奏视为其自身、任何神秘的存在以及此在的一种可能性。海德格尔所提供的不是一种解决方案,而是一种吁请,正如他在《兰波未死》中吁请诗人那样,我们将其改述为对技术专家的吁请:未来技术人员之所做,是否会建构于此关系的怡合之上,并且同时为人在大地上准备一个新的栖居之所?

(本文译者:朱俊;校对:李仁杰)

个体化的视差：西蒙东与谢林

"没有真正的对立。"这是谢林和西蒙东在个体化（individuation）问题上所认可的第一原理。也即，两者都视对立为解决问题的动力，是向更高的组织秩序跃升的驱力（在这一点上，我们观察到"三"的显现。通过不断克服对立，一个存在者以亚稳态形式个体化并揭示其同一性），即在没有稳定平衡的情况下保持一致性。这个观点不一定是黑格尔式的辩证法，而更像是一种个体化模型，其中存在统一与差异。它是统一的，因为它始终是个体化的一个实例。它是有差异的，因为它既区别于自我，也区别于他者。然而，西蒙东和谢林的区别在于对"三"的本质的认识，这篇文章的任务就是要阐明这一区别。

为什么将西蒙东和谢林联系在一起？只因前者以《论技

术物的存在模式》(*Du mode d'existence des objets techniques*)而闻名英语世界,后者以自然哲学而著称？诚然,在法国,西蒙东被当作自然哲学家来解读,尤其是在对《以形式与信息的概念重新思考个体化》一书的讨论中。① 但我们在此关注的重点并不是西蒙东思想中是否有自然哲学的问题。相反,我们的目标是呈现西蒙东和谢林的个体化概念之间的视差(parallax)。② 所谓视差,是指在两种不同的视角或透镜下观察同一主体所产生的差异,从而使人更全面地理解问题中的主体。这种视差源自两种不同的认识论透镜,而这两种情况都完全受到当时自然科学的影响;此外,这个视差随后被重新塑造为两种不同的形而上学语域,这两种语域不仅采用科学术语,在居有它的同时还对其进行转换。接下来,我打算提取这两个时期最具代表性的两个要素:谢林的力(force)概念,以及西蒙东的信息(information)概念。

通过"视差"的概念来解读两位哲学家,我们可以理解形而上学思维的方法。这种思维方法不被认识论限制,而是将认识论作为支点,把自然科学中关于存在的问题,转变为对存在基底(ground)的追问。在某种意义上,我们可以说这也是思

---

① 特别是 Jean-Hugues Barthélémy 的《思考个体化:西蒙东和自然哲学》(*Penser l'individuation: Simondon et la philosophie de la nature*)和 Pierre Montebello 的最新著作《宇宙形而上学:人类的终结》(*Métaphysiques cosmomorphes: la fin du monde humain*)。
② 在此,作者想要感谢 Louis Morelle,他就这一主题进行了多次长时间的讨论。

维自身的个体化,是同时面对自身和他者的个体化。这里的关键在于让两位思想家联系又分开的岔口:形式的概念。在谢林那里,有机形式扮演着个体化原则的角色,并且变形(metamorphosis)是力量统一性的综合表达。在西蒙东那里,人们发现一种个体化的原则,其既基于他对亚里士多德形质论(hylomorphism)的批判,也基于对格式塔心理学中形式概念的重新诠释,而这就带入了信息这一新的概念。

事实上,西蒙东在《以形式与信息的概念重新思考个体化》附录《个体概念的历史》("Histoire de la notion d'individu")中简要地阐述了谢林的个体化概念。在这篇文章中,西蒙东正确地观察到谢林个体化理论的基本公理,即"生命体由一组对立面,以及一种高于对立面的力构成"[1]。然而,这篇评论仅有两页篇幅,西蒙东试图在这短短的两页内,总结谢林的多部作品。当然,在西蒙东列出的众多提出个体化定义的哲学家中,谢林只是其中之一。不过,通过参考吉尔·德勒兹(Gilles Deleuze)的《差异与重复》(*Difference and Repetition*),尤其是关于愚蠢(bêtise)的部分的讨论,我们能够加强二者之间的联系。正如德里达(Derrida)在他关于"先验愚蠢"的研讨班(seminar on Transcendental Stupidity)上指出的那样,如果不先理解谢林的基底概念,即同时作为原初基底(Urgrund)和无基底

---

[1] SIMONDON G. L'individuation à la lumière des notions de forme et d'information[M]. Grenoble: Millon, 2005: 516.

(*Ungrund*),就不能理解德勒兹关于愚蠢个体化的主张。德勒兹的确在脚注中引用谢林的《自由论文》(*Freiheitsschrift*)。德里达则引用《差异与重复》中的一段话,来推进此观点:

> 在所有形式下行动的个体化与一种在它的作用下并被它带走的纯粹基底不可分割。描述这一基底,以及由这一基底激起的恐惧和诱惑,具有一定难度。撼动基底是最危险的工作,但在一种迟钝的意志的种种昏沉环节中,它亦是最具诱惑力的工作。因为这一基底虽然伴随着个体上升到了表面,但却并不具有某种**形式**(form)或**形象**(figure)……尽管它是未规定的东西,但仍然环抱着规定,就像大地之于鞋子。①

德里达坚持认为这一段与谢林的基底概念有关,这是对的。不过需要注意的是,德勒兹也提到西蒙东的个体化理论,以及西蒙东从格式塔心理学中借用的"背景-图形隐喻"(ground-figure metaphor)。《差异与重复》整体上受到西蒙东的影响,而当我们考虑到谢林并没有使用"图形"这个词来谈

---

① DELEUZE G. Difference and repetition[M]. Trans. PATTON P. New York: Columbia UP, 1994: 152; DERRIDA J. The Transcendental "Stupidity"("Bêtise") of man and the becoming-animal according to Deleuze[M]//SCHWAD G. Derrida, Deleuze, psychoanalysis. New York: Columbia UP, 2007: 50; 德勒兹. 差异与重复[M]. 安靖,张东岳,译. 上海:华东师范大学出版社,2019: 263. 加粗文字由本书作者标注。

论基底时,西蒙东对这段话的影响则变得更加明显。因此,正是通过德里达对德勒兹的阅读,我们重新发现谢林和西蒙东的相遇。在下文中,我试图在自然科学背景下,勾勒出谢林和西蒙东的个体化的中心原则,这也将澄清"三"的概念。本文分为三部分:前两部分将分别探讨谢林和西蒙东的个体化理论,我们将在最后部分中得出结论。

§1 谢林的个体化:个体化作为对立的承载者

首先值得注意的是,德里达在上述讨论中使用的德语词 *Vereinzelung*,直译为"独特化"(singularization)或"原子化"(atomization)。这个词语本身并不是谢林在《自由论文》中使用的,而是海德格尔在他的关于谢林的讲座——"谢林:人类自由的本质"("Schelling: Vom Wesen der menschlichen Freiheit")中使用的,在该书中我们可以找到"现实之恶的个体化过程"("Der Vorgang der Vereinzelung des wirklichen Bösen")这一部分。当然,当德里达提到谢林时,他很可能是指海德格尔口中的谢林。谢林在其他书中也使用了 *Vereinzelung* 这个术语,例如在《论世界灵魂》(*Von der Weltseele*)中,他用它来描述原始形式(*Urformen*)的具体化。① 但这绝对不等同于西蒙东从发生论(genesis)意义上理解的个体化。我的讨论仅限于被谢林称为 *Individualisierung*(英译：individualization)的概念。对于谢林而言，*Individualisierung* 既代表个体化，又代表个化。而西蒙东将个体化(individuation)与个化(individualization)区分开来。后者被理解为身体专门化和心理图式化。因此，当我们谈论谢林的个体化时，我们指的是德语的 *Individualisierung*；而讨论西蒙东的个体化时，我们指的是法语的 *individuation*。

在《自然哲学体系初步纲要》(*First Outline of a System of the Philosophy of Nature*)中，个体化概念被认为是"自然哲学的最高问题"和"首要问题"。② 研究谢林早期作品的评论者已经注意到他在对个体化的看法上的变化。例如，赛维尔·蒂耶特(Xavier Tilliette)在《谢林哲学与个体化问题》("La philosophie de Schelling et le problème de l'individuation")中指出，个体化已经从生物哲学的问题转变为先验哲学的问题。在转向先验哲学的过程中，谢林对个体性(individuality)施加三重限制：(1)共同智能世界的限制；(2)其他智能的限制；

---

① SCHELLING F W J. Von der Weltseele. Eine Hypothese der höheren Physik zur Erklärung des allgemeinen Organismus[M]. Hamburg: Tredition, 2011: 30.
② WHISTLER D. Schelling on individuation[J]. Continental and Comparative Philosophy, 2016, 8.3: 3.

(3)个体本身的限制。① 另一方面,丹尼尔·惠斯勒(Daniel Whistler)也展示了谢林的个体化概念从早期的自然哲学到《对我的哲学体系的阐述》(*Darstellung meines Systems der Philosophie*)中的变化。在这转变中,谢林拒绝斯宾诺莎(Spinoza)的个体化原则:"*omnis determinatio est negatio*(一切规定都是否定)。"相反,谢林将规定视为一种肯定形式。我们并不是要协调蒂耶特和惠斯勒竞相提出的观点,也不是要详细阐述他们解释的差异。我们只是想表明,要在谢林的著作中概括出一套连贯的个体化理论,存在很大的难度。诚如上述两者所言,在谢林的思想体系中,他对个体化的理解似乎确实发生了转变,但这种转变是模糊的。鉴于此疑难,我们的探讨范围限于谢林的早期作品,即从他对柏拉图的《蒂迈欧篇》(*Timaeus*)的评注(1794)到《自然哲学体系初步纲要》(1799)。我们仍然可以在蒂耶特和惠斯勒的评论中找到一个原理,即无限蕴含于有限之中,并构成个体化的一般过程。我们想专注于这点,并展示谢林如何使这种主张与他那个时代的科学发现相一致。更准确地说,谢林如何能够**利用**自然科学的发现来提出这一主张,并同时使其作为哲学个体化的出发点?

在布鲁斯·马修斯(Bruce Matthews)的《谢林的有机哲学:生命作为自由图式》(*Schelling's Organic Form of Philosophy*:

---

① TILLIETTE X. La philosophie de Schelling et le problème de l'individuation [M] // MAYAUD P J. Le problème de l'individuation. Paris: Vrin, 1991: 129.

Life as the Schema of Freedom）中，他通过回顾谢林的早期著作，如对《蒂迈欧篇》的评注和《论一般哲学形式的可能性》（*Über die Möglichkeit einer Form der Philosophie überhaupt*）等，来阐明谢林的个体化模型。回顾早期文本，可以很容易地识别出柏拉图、康德（Kant）和费希特（Fichte）的影响。例如，在《蒂迈欧篇》的评注中，谢林提出，世界灵魂是个体化的概念模型，而个体化又须理解为基于康德关系范畴中的交互作用（*Wechselwirkung*）和共同体（*Gemeinschaft*）的循环（确切地说是递归）形式。灵魂是以循环形式回归自身的无限运动，而这种形式只能作为有限的存在来呈现和把握。在谢林的《蒂迈欧篇》评注中，他还提到苏格拉底在《菲力帕斯篇》（*Philebus*）中对这一形式的描述：

> 这一形式是众神赐予人类的礼物，最初是由普罗米修斯通过最纯净的火所给予。因此，古人（比我们更伟大，更接近于众神）留下这个故事，一切事物曾从统一性和多样性（众多性）中涌现，因为它在自身内部统一无限定（*apeiron*，普遍性）和有限（*peras*，统一性）：因此，我们也应根据事物的安排，预设并寻找每一客体的理念……是

众神教导我们这样思考、学习和教学的。①

正是在这一点上,无限与有限之间的矛盾浮现出来,而从这一矛盾中出现了存在的动力。正如恩斯特·布洛赫(Ernst Bloch)在他对费希特和谢林物质概念的评论中所言,一块石头"在浪漫主义者眼中,也把自己演绎为生命过程(Lebensprozess)的衍生物"②。这种有机形式的概念与费希特的先验哲学有着暧昧的关系。一方面,它与费希特的绝对自我保持距离,并在自然中找到更普遍的形式;另一方面,它继承作为存在绝对开端的无条件,即自我设定(Selbstsetzend)的主体。只有在此条件下,即存在能够自我设定,才能保证其作为绝对的基底。有机形式的自我设定,在某种程度上脱离物质,同时又作为物质本身构造的原则。这一无限蕴含于有限之中的公理存在于谢林的所有早期自然哲学著作中,也存在于《艺术哲学》(Philosophie der Kunst)中,天才能够在有限(peras)中刻画无限(apeiron),从而带来了崇高的体验。稍后我们将看到,在西蒙东个体化理论中,无限具有不同功能。

谢林以类似方式阅读康德《判断力批判》(Critique of Judgment)中的第64节和第65节。在这两节中,康德以树的

---

① SCHELLING F W J. Timaeus. 1794[M]. Stuttgart: Frommann-Holzboog, 1994: 36; MATTHEWS B. Schelling's organic form of philosophy: life as the schema of freedom [M]. Albany: SUNY Press, 2012: 23.

② BLOCH E. Die Lehren von der Materie[M]. Frankfurt am Main: Suhrkamp, 1978: 88.

部分/整体关系为例,从交互作用和共同体的角度论述生物的有机形式。在《自然哲学的理念》(*Ideas for a Philosophy of Nature*)中,谢林提到康德的这一段落,更具体地提到有机体中绝对个体性的概念:"其部分只能通过整体成为可能,整体不是通过集合而是通过交互成为可能。"①部分和整体的统一是通过理念而非物质实现的。理念作为"三",包含两个潜在对立的实体。自然可以被视作一个整体,后来的《论世界灵魂》称之为普遍有机体(*allgemeiner Organismus*)。这是由两个对立概念组成的整体:一方面是机械性(mechanism),它是"一系列因果关系的倒退";另一方面是合目的性(purposiveness),它"独立于机械性、因果关系的同时性"。② 两者相互对立,但通过理念而得以统一,自然呈现出循环形式,就像柏拉图描述的世界灵魂:

> 如果我们将这两个极端(机械性和目的性)结合起来,我们就会产生整体合目的性的理念;**自然变成一个回归到自身的循环,一个自我封闭的系统**。因果关系的序列完全停止,代之以手段和目的的交互作用;个体没有整

---

① SCHELLING F W J. Ideas for a philosophy of nature[M]. Trans. HARRIS E E, HEATH P. Cambridge: Cambridge UP, 1989: 31-32.
② SCHELLING F W J. Von der Weltseele. Eine Hypothese der höheren Physik zur Erklärung des allgemeinen Organismus[M]. Hamburg: Tredition, 2011: 40-41.

体就不能成为现实,整体没有个体也不能成为现实。①

通过此"三",其在此是理念的形式,统一并包含这两个极端,我们发现自然和精神之间的同构性(isomorphism)。这种同构性体现在《自然哲学的理念》中的著名陈述中:"自然是可见的精神,精神是不可见的自然。"②精神和自然之间的关系不是一元论的,它们共享一个普遍的个体化模型。现在必须提出的问题是:这个组织力从何而来?对于早年的谢林而言,将上帝视为创造的答案似乎太容易,他在早期写给黑格尔(Hegel)的一封信中将自己认定为一位斯宾诺莎主义者。似乎在早期,谢林对斯宾诺莎的亲近和对宗教的疏远,使其萌发了自然哲学及后来的思辨物理学的思想。本文的主张是,这种组织力源自力的概念。同样地,稍后我们将在西蒙东那里看到,谢林个体化思想中的组织力则是来自信息的概念。

---

① SCHELLING F W J. Von der Weltseele. Eine Hypothese der höheren Physik zur Erklärung des allgemeinen Organismus[M]. Hamburg: Tredition, 2011: 40-41. 加粗文字由本书作者标注。
② SCHELLING F W J. Ideas for a philosophy of nature[M]. Trans. HARRIS E E, HEATH P. Cambridge: Cambridge UP, 1989: 43.

§2 个体化中力的概念

谢林的力作为形而上学的范畴被提出,这在很大程度上归功于牛顿(Newton)物理学以及磁力学、电力学和化学的新发现。谢林对这些科学发现领域十分着迷,它们的共同点在于能够分析力的相互作用。接下来,我将范围限制在谢林在阅读康德时对力的讨论,以及他对法国-瑞士物理学家乔治-路易·勒·萨奇(Georges-Louis Le Sage)的批判。在《自然科学的形而上学基础》(*Metaphysical Foundations of Natural Science*)中,康德将物质定义为"空间中的运动物"(*das Bewegliche im Raum*)。就像笛卡尔(Descartes)对海绵的比喻,物质是占据空间的"广延"(*res extensa*)。在笛卡尔的表述中,物质与广延物等同起来;在宇宙中没有虚空,因为空的空间不存在。康德表述的不同在于,他赋予物质某种笛卡尔那里没有的动力。康德将物质理解为运动的存在,它占据空间不是由于它的实存,而是由于其中的动力:

> 解释1:物质是可移动的,因为它填满了一个空间。填满一个空间是为了抵抗每一个试图通过其运动穿透某个空间的可移动物体。一个未被填满的空间是一个空虚

的空间。①

命题1:物质充满一个空间并非通过其单纯的实存,而是通过一种特殊的动力。②

在《自然科学的形而上学基础》的第三部分,康德继续提供"物质的动力说明",将两种力(斥力和引力)归因于物质。费希特从康德那里借用这两种力,并将它们转化为主体的机制:扩张力,即我(Schrankenlose, Ich),以及收缩力,即非我(Schrankende, Nicht-ich)。③ 谢林则采取第三种路径,他将康德和费希特并列,并在自然和精神的同一(identification)中重新定位这两种力。

事实上,谢林从康德那里借鉴的两种力催生了一种既不能被描述为肯定也不能被描述为否定的动力学。与康德一样,谢林将物质视为引力和斥力的组合;然而,与康德及其他机械主义者,尤其是勒·萨奇(著有《关于机械化学的论文》[Essay on Mechanistic Chemistry, 1758])不同,谢林怀疑物质是否可以先于力而被预先设定。在《自然哲学的理念》中,他声

---

① KANT I. Metaphysical foundations of natural science [M]. Trans. FRIEDMAN M. Cambridge: Cambridge UP, 2004: 33;伊曼努尔·康德. 自然科学的形而上学基础[M]. 邓晓芒,译. 北京:生活·读书·新知三联书店,1988:49.
② KANT I. Metaphysical foundations of natural science [M]. Trans. FRIEDMAN M. Cambridge: Cambridge UP, 2004: 34;伊曼努尔·康德. 自然科学的形而上学基础[M]. 邓晓芒,译. 北京:生活·读书·新知三联书店,1988:51.
③ BLOCH E. Die Lehren von der Materie[M]. Frankfurt am Main: Suhrkamp, 1978: 90.

称"物质不是别的……只是直观中的原始综合(对立力量)的产物"①。而勒·萨奇的原子论将物质看作可分的粒子,②谢林则提出何为可分的终点。对谢林而言,假定粒子的存在仅仅是理解自然的常识性方法,而非哲学的方式。谢林的反提议是思辨性的:他拒绝将单个粒子的存在当作物质基础,而是坚持一种将自然看作力的发生论。当两种力互相抵消,达到平衡时,则只剩下死物质。③ 这引出一个问题:如果在死物质中不再存在活跃和不平衡的力,那么如何解释我们面前这种对象的实存?答案肯定是:这种死物质不存在于可见自然中,因为它不可能存在。这也是谢林对牛顿关于引力的解释的批评点:牛顿的引力仅仅是吸引力,但谢林则反驳说,仅仅使用吸引力而不用排斥力是一种"科学虚构",它将"现象本身简化为法则,但并不打算解释它"④。然而,只有肯定性和否定性两种力同样不够,谢林接着引入第三种力:重力(Schwerkraft)。重力将这两种对立的力包容统一,并将理念带入现实:

---

① SCHELLING F W J. Ideas for a philosophy of nature[M]. Trans. HARRIS E E, HEATH P. Cambridge: Cambridge UP, 1989: 189.
② SCHELLING F W J. Ideas for a philosophy of nature[M]. Trans. HARRIS E E, HEATH P. Cambridge: Cambridge UP, 1989: 163.
③ SCHELLING F W J. Ideas for a philosophy of nature[M]. Trans. HARRIS E E, HEATH P. Cambridge: Cambridge UP, 1989: 148.
④ BORGMANN A. Broken symmetries: the romantic search for a moral cosmology [M]// KOMPRIDIS N. Philosophical romanticism. London: Routledge, 2006: 252.

如果康德的扩张力和吸引力(他把我们在此之前称为"阻滞力"的东西命名为"吸引力")只代表原初对立,那么他无法仅用两种力量构造物质,他仍然需要第三种力量来解决对立。对我们而言,这个力可以在普遍的无差别(indifference)中,或在重力中寻找。①

重力是统一性的力,但它不仅仅是众多综合力量中的一种,而且是绝对同一性的表象,是物质和理念之间的无差别。② 因此,我们需要记住,这种无差别不是所有力的抵消,也不是虚空;相反,它是普遍性在特殊性(如沙子)或特殊性在普遍性(如液体)中的完全凝聚。在重力中表现的绝对同一性不涉及存在,而是涉及存在基底本身。在《对我的哲学体系的阐述》中,这一点变得更加清晰,特别是在重力和光的关系中:前者是逃逸(*entflieht*)进夜晚的黑色基底、曙光乍现之处的夜晚。③

这种力的物理学和形而上学的范式在有机体的概念中也能找到。生命的出现不能仅通过化学作用解释,尽管正是化

---

① SCHELLING F W J. Ideas for a philosophy of nature[M]. Trans. HARRIS E E, HEATH P. Cambridge: Cambridge UP, 1989: 189.
② TOSCANO A. The theatre of production: philosophy and individuation between Kant and Deleuze[M]. London: Palgrave Macmillan, 2006: 119.
③ SCHELLING F W J. Sämmtliche Werke[M]. Ed. SCHELLING K F A. Stuttgart: Cotta, 1856-61, IV: 163.

学作用产生有机自然所必需的无机自然。谢林承认化学作用是唯一可把握的规定性形式(*bestimmte Form*)。① 在讨论生命原则时，谢林正面回应约翰·弗里德里希·布鲁门巴赫(Johann Friedrich Blumenbach)的构形驱力(*Bildungstrieb*)概念——当然这也是康德第三批判中的关键概念。② 谢林对构形驱力的批评是，它**本身**不能作为生命的本因。谢林认为构形驱力"只是自然一切形态中，自由与合法则性(*Gesetzmäßigkeit*)每一次原初统一的表达(*Ausdruck*)，而不是统一本身的解释基底(*Erklärungsgrund*)"③。让我们重申以上的论点：如果谢林拒绝构形驱力，那是因为生命需要两种力以及一种能持留矛盾且力求浑然无别的"三"。自然还有许多基本原则是个体化过程的基础。它们不是物质性的原则，而是可以用两种对立的趋势来假设的抽象原则，即作为肯定原则的统一，以及作为否定原则的差异。在《论世界灵魂》中，谢林指出布朗关于动物应激性(*tierische Erregbarkeit*)和激动潜能(*erregende Potenzen*)的理论对应于生命的肯定性和否定性原则。

---

① SCHELLING F W J. Sämmtliche Werke[M]. Ed. SCHELLING K F A. Stuttgart: Cotta, 1856-61, Ⅱ: 498.
② LENOIR T. Kant, Blumenbach, and vital materialism in German biology[J]. ISIS, 1980, 71.256: 79.
③ SCHELLING F W J. Von der Weltseele. Eine Hypothese der höheren Physik zur Erklärung des allgemeinen Organismus[M]. Hamburg: Tradition, 2011: 178.

在《自然哲学体系初步纲要》中,谢林对"三"的概念运用最为明显。两种对立的力产生一个包容它们的"三"。最清晰的例子是漩涡。想象一下生产性力量就像流动的溪流,当它遇到障碍物(例如石头)时,它会受到阻碍,产生漩涡。然而,这不是一个稳定的漩涡,因为漩涡不断根据时间轴和水流中的力量而变化:

> 自然的每一原初产物,每一有机体,都是这样的漩涡。漩涡并非静止不动,而是不断变形——每时每刻都是再生产。因此,自然任何产物都并非固定,而是通过整个自然的力在每一瞬间重新产生。(我们并没有看到自然产物的存在,只是看到它们不断被再生产。)自然作为整体,共同创造着每一产物。①

漩涡的视觉例子展示自然的无限性生成,以及它在有限存在者中的显现,并将它们置于系统中,在此系统中,这种有限存在者为自然的力(无论是诞生之力还是腐堕之力)所携带。自然生产性的力并非同质的,而是由多种基本的质(qualities)或作用力(actants)组成。② 作用力根据不同程度的

---

① SCHELLING F W J. First outline of a system of the philosophy of nature[M]. Trans. PETERSON K R. Albany: SUNY Press, 2004: 18.

② SCHELLING F W J. First outline of a system of the philosophy of nature[M]. Trans. PETERSON K R. Albany: SUNY Press, 2004: 24.

构成力,不断规定着各种事物的变形过程,如水晶、树叶、人类。换句话说,自然的凝聚力并不是单向行进,而始终是由多个作用力平衡的复合力,就如普罗透斯(Proteus)般:

> 普罗透斯把所有的质都纳入自己的**循环**之中,逐渐同化它们,因为它们可能是无限多样的。而且,历经无数次尝试,他将寻求一种比例,在这种比例中,自然所有作用力都可以在一个集体的产物中实现普遍统一。①

对立的性的发展是从简单有机体到复杂有机体的个体化运动的表现。谢林写道:"急剧个体化的时刻,实际上是完整的性发育的第一时刻,是产物的完全差异。"②蒂耶特指出,在谢林的一些边注(可能写于1799年之后)中,对立的性的发展是自然所厌恶的,同时也是自然不可避免的命运。③ 在这里,我们看到"迈向个体化的最后一步"④中的矛盾。这个矛盾不

---

① SCHELLING F W J. First outline of a system of the philosophy of nature[M]. Trans. PETERSON K R. Albany: SUNY Press, 2004: 38. 加粗文字由本书作者标注。
② SCHELLING F W J. First outline of a system of the philosophy of nature[M]. Trans. PETERSON K R. Albany: SUNY Press, 2004: 40.
③ TILLIETTE X. La philosophie de Schelling et le problème de l'individuation[M]// MAYAUD P J. Le problème de l'individuation. Paris: Vrin, 1991: 127; SCHELLING F W J. Sämmtliche Werke[M]. Ed. SCHELLING K F A. Stuttgart: Cotta, 1856-61, Ⅲ: 325n.
④ TILLIETTE X. La philosophie de Schelling et le problème de l'individuation[M]// MAYAUD P J. Le problème de l'individuation. Paris: Vrin, 1991: 126.

存在于个体中,而是存在于种类之中,个体只是种类的工具。个体消失,而种类仍然存在。① 在《哲学自然体系初步纲要》的引言中,谢林说:

> 自然是最懒惰的动物,它诅咒分离,因为分离强加给活动必要性。自然活动起来,只为摆脱这种强迫。对立面必须永远回避,以便永远找寻对方;永远找寻,以便永远找不到对方。只有在这种矛盾中,自然的一切活动才有基底。②

以上内容旨在阐述谢林个体化理论的基本公理。它主要基于两种看似对立的力量之间的矛盾,产生既是容器又是统一者的"三"。个体化通过这两种力的发展而实现:承载这种对立的力标志着它的个体性。个体化通过动力形式,不断产生自然生产性的力,来维持张力和对立。然而,有限性中的无限性、必然性中的偶然性,以及复多性中的统一性,并不会导

---

① TILLIETTE X. La philosophie de Schelling et le problème de l'individuation [M]// MAYAUD P J. Le problème de l'individuation. Paris: Vrin, 1991: 138; SCHELLING F W J. Sämmtliche Werke[M]. Ed. SCHELLING K F A. Stuttgart: Cotta, 1856-61, III: 53-54.
② SCHELLING F W J. First outline of a system of the philosophy of nature[M]. Trans. PETERSON K R. Albany: SUNY Press, 2004: 231. 详见 TILLIETTE X. La philosophie de Schelling et le problème de l'individuation[M]//MAYAUD P J. Le problème de l'individuation. Paris: Vrin, 1991: 127。

致静止的存在。自然不会止步于统一性,而是不断回归自身,破坏或重建现有的亚稳态。

有了谢林的个体化概念,我们现在可以回到德里达对于先验愚蠢的讨论。如我们所见,谢林和西蒙东的个体化理论在此交汇。德里达对谢林的引用,来自德勒兹在《差异与重复》的《思想的形象》("The Image of Thought")章节中对谢林的引用。在这里,德勒兹写道:"谢林对恶(愚蠢和残暴)的讨论很精彩,恶的来源在于它好像基底一样变得独立,而整个恶的历史都跟随此原则。"①基底变得独立意味着什么?这意味着它脱离了形式。德里达引用德勒兹的说法:"动物却凭借自身的明确形式提防着这一基底。"②并且质疑了这个似乎凭空出现的"模糊"和"不清晰"的句子背后的深意。德里达问道:"难道我们不能说人也有明确的形式,在'某种程度上'警告他免受基底的影响,也就是说,抵抗愚蠢吗?"③德里达在这里将愚蠢和基底等同起来是有问题的,因为德勒兹在《差异与重复》的接下来的句子中(德里达当然读过但没有引用),已经提

---

① DELEUZE G. Difference and repetition[M]. Trans. PATTON P. New York: Columbia UP, 1994: 321;德勒兹.差异与重复[M].安靖,张东岳,译.上海:华东师范大学出版社,2019: 264.

② DELEUZE G. Difference and repetition[M]. Trans. PATTON P. New York: Columbia UP, 1994: 152;德勒兹.差异与重复[M].安靖,张东岳,译.上海:华东师范大学出版社,2019: 263.

③ DERRIDA J. The Transcendental "Stupidity" ("Bêtise") of man and the becoming-animal according to Deleuze[M]//SCHWAD G. Derrida, Deleuze, psychoanalysis. New York: Columbia UP, 2007: 51.

供了否定的答案:"愚蠢既不是基底也不是个体,而是一种关系,个体化在这种关系中使基底上升,而又不能给予基底以形式。"①这意味着基底和形式之间的关系颠倒了,基底不能再赋予形式,思维不能再个体化。它将自己"去个体化"(dis-individuates)。但是,如果不讨论西蒙东的个体化理论,就不能理解这一点。

§3 西蒙东的个体化:个体化作为张力关系的化解

西蒙东的个体化理论较谢林的有更宽泛的意义,因为除了阐述物理和生命的个体化,西蒙东还提出心理个体化理论。这种个体化理论的延伸,起源于西蒙东对卡尔·古斯塔夫·荣格(Carl Gustav Jung)的个体化理论的解读,以及对新兴社会心理学领域,尤其是库尔特·勒温(Kurt Lewin)和雅各布·莫雷诺(Jacob Moreno)的研究的解读。② 当然,我们无法将谢林与西蒙东在心理和集体个体化方面进行比较,但仍然可以从西蒙东的理论中提取可与谢林相对比的原理。与谢林一样,

---

① DELEUZE G. Difference and repetition[M]. Trans. PATTON P. New York: Columbia UP, 1994: 152;德勒兹.差异与重复[M].安靖,张东岳,译.上海:华东师范大学出版社,2019: 263.

② GUCHET X. Pour un humanisme technologique in culture, technique et société dans la philosophie de Gilbert Simondon[M]. Paris: PUF, 2010: 47.

西蒙东的个体化理论必然要求张力。然而,这些张力并不一定是对立的,而是源于个体**内部**以及个体**与**其环境之间的不兼容性。

正如我在本文开头已经提到的,对西蒙东和谢林而言,在个体化过程中,"三"的角色存在差异。在谢林那里,"三"充当对立力量和原则之间张力关系的"动态容器"。而在西蒙东那里,"三"似乎化解了这些张力关系,也就是说,它不承载张力关系,而是张力关系释放的结果。在这一解决过程中产生了所谓亚稳态。我在整篇文章中一直使用的"亚稳态"一词源自西蒙东,它指明个体化是连续的过程。在这个过程中,个体的出现被视为达到过渡状态的反映,而不仅是简单平衡。平衡意味着死亡,因为存在者已耗尽其潜能。因此,西蒙东认为古代思想家不能充分描述个体化,因为他们只知道一种平衡的形式,即稳定的平衡,而非亚稳态平衡。① 相反,"亚稳态"描述一种过渡状态,在此过程中,个体作为产物呈现给我们。但当个体受到外部信息或内部能量激发时,个体化会进一步发生。从个体化到亚稳态,再从亚稳态到进一步个体化的过程,是由量子力学的动力化模型决定的。

量子力学为二十世纪开辟了通往新形而上学的道路,这在加斯东·巴什拉(Gaston Bachelard)的著作中得到证明。通

---

① SIMONDON G. L'individuation à la lumière des notions de forme et d'information[M]. Grenoble: Millon, 2005: 25.

过对巴什拉的阅读,西蒙东发展出了区别于基于经典力学和有机体理论的个体化模型的新的个体化理论。在量子力学中,能量是离散的而非连续的。当电子从一个能级移动到另一个能级时,它会获得固定数量的能量,否则它将无法保持在同一能级。当电子的能量增加,例如被光子撞击,它则会被激发,移动到另一能级。西蒙东认为,个体化过程就像产生量子跃迁的过程。然而,在个体化过程中,存在者不仅是发生简单的能级变化,而且历经一种引向个体化不同阶段的转变:结构的破坏、重组和达到新的亚稳态。

就像谢林所描述的"能生产的自然",指明自然的无限生产力,对于西蒙东来说,自然先于(a priori)个体化,为个体提供前个体(pre-individual)现实。个体化总是从前个体开始,即个体作为潜能被赋予和承载的现实。个体化从未耗尽这种前个体现实;相反,它在个体化的存在者中得以保留,并成为未来个体化的首要条件。西蒙东声称从伊奥尼亚自然哲学家那里,特别是从阿纳克西曼德(Anaximander)的无限定(*apeiron*)概念中学到这一点。在之前对谢林的讨论中,我已经讨论过这种**无限定**如何铭刻于有限(*peras*)之中,以及两者如何构成个体的动力。然而,在西蒙东的叙述中,无限定以潜能而非运动的形式成为所有个体化的条件。它不仅是统一,也不仅仅

是同一,①不如说,它是隐秘的剩余(the hidden excess):

> 个体所承载的前个体现实可以被称为自然,因此在"自然"一词中重新发现前苏格拉底哲学家所赋予的意义:在伊奥尼亚物理学家于自然中发现个体化之前,所有存在者种类的起源。自然是可能的现实,是无限定(ἄπειρον)的一个种类,所有个体化形式在其中出现,阿纳克西曼德认为:自然并不是人的对立面,而是存在的第一阶段,第二阶段是个体与环境的对立。②

前个体是赋予形式的背景的一部分。提供能量的不是形式,而是携带形式的背景。背景是**虚拟性**、**潜能性**和**力**的系统,而形式则是**现实性**的系统。③ 当背景和图形的关系受到颠覆或变异时,愚蠢(bêtise)就会作为形式的丧失而出现,因为背景无法产生它。这种背景与形式的关系,可以在结晶过程中观察到,这是西蒙东常用的个体化例证。当加热过饱和溶液时,溶液开始结晶,在离子被构造成晶核时,它们释放出的能量延伸到其他部分,触发更多的结晶。这里我们看到两种现

---

① SIMONDON G. L'individuation à la lumière des notions de forme et d'information[M]. Grenoble: Millon, 2005: 25.
② SIMONDON G. L'individuation à la lumière des notions de forme et d'information[M]. Grenoble: Millon, 2005: 297.
③ SIMONDON G. Du mode d'existence des objets techniques[M]. Paris: Aubier, 2012: 72.

象:首先,扩增过程,即由于结晶过程中释放的能量,晶核传播加速;其次,离子之间产生张力,结晶化成为解决张力的手段,以达到亚稳态。

转导(transduction)是一种物理、生物、心理和社会的操作,通过这种操作,一种活动逐渐深入领域的内部,同时将这种在特定领域的传播结构背景化:构成结构的每个区域都成为后续区域的规范,其结果是,一种修改就像这种同时的结构化操作一样逐渐扩展开来。晶体,从一个微小的晶核开始向水中各个方向生长延伸,这为转导操作提供最简单的图像——每个已经形成的分子层都成为正在形成的分子层的构建基础,结果是产生一个不断扩增的网状结构。转导操作是行进中的个体化过程。[1]

与谢林所描述的以力的概念化为基础的磁力、电力和化学反应的例子不同,西蒙东在量子力学和心理学中发现更微妙的范畴,这些范畴在微观层面上通过张力起作用。正如我们已经看到的,在谢林的时代,物质被认为是动态的力的产物,而在西蒙东的时代,物质被理解为能量和信息的存在。因此,在后者,力不再是一个解释性范畴。那么,尚待回答的问

---

[1] SIMONDON G. L'individuation à la lumière des notions de forme et d'information[M]. Grenoble: Millon, 2005: 32-33.

题是:信息的概念从何而来,它在个体化过程中起到什么作用?

§4 个体化中的信息概念

西蒙东的信息概念根植于早期的控制论(与克劳德·香农[Claude Shannon]、诺伯特·维纳[Norbert Wiener]等人相关),其中信息与概率或更一般的可计算实体相关联。西蒙东旨在重新概念化信息这种概念,以此来解释个体化。在他看来,古代哲学的个体化模型是不充分的,如实体论(substantialism)和形质论等都是不充分的,甚至成为理解个体化的障碍。新范式不仅质疑先前的科学范式,还质疑古代哲学模型。西蒙东提出了一系列对亚里士多德式形质论中将形式当作个体化源头的批判:

> 过于基本的技术范式应从两方面拯救纯粹形式概念:首先是在古代文化中,**形质论图式**对形式的简化运用。其次是在现代文化中,从信息的**技术性理论**中,拯救信息作为概念的意义。①

---

① SIMONDON G. L'individuation à la lumière des notions de forme et d'information[M]. Grenoble: Millon, 2005: 35.

因此，西蒙东看到从形质论到格式塔心理学，再到信息论的转变中未完成的进程。形质论的理论方法将个体视为形式和物质的组合，如用模造砖一般。这种构想无法思考真正的发生论，因此无法协调存在和生成。并不是物质和形式的统一带出砖块，而是砖块通过一种比形式或物质概念更复杂的操作而得以个体化。形质论之所以不能解释个体化，首先在于形式是**已经个体化**了的存在，其次在于黏土在工匠的准备过程中**已经预先成形**。形式和物质可被理解为力的博弈双方，但这也无法解释个体化。相反，应将个体化理解为信息操作，其中涉及复杂的信息过程，例如黏土的性质、工人的双手、黏土和模具壁之间的信息过程等。所有这些信息过程在高温条件下产生"内部共振"，从而催生了砖块的个体化。

在经典的形质论和信息论之间，还有着对格式塔心理学形式概念的重构。在西蒙东那里，格式塔概念通过"好形式"（德语：*Prägnanz*，法语：*bonne forme*；在中文里常被译为"简单形"）的概念解释个体化。好形式是看似最稳定的形式，也是达到最大平衡的形式。格式塔理论相比形质论有进展，但它仍然不足以充分解释个体化，因为它总以个体化停止的平衡状态为前提。"好形式"概念以稳定的结构和平衡为前提，而不考虑结构和平衡形成前的张力关系。西蒙东以视网膜成像为例说道，在感知到统一的图像前，视网膜图像和与之相容的图像之间存在需要解决的 disparations(差异)。① 这些表现为差异的张力最终会被化解。因此,形式与信息之间的关系可以作如下表达:

> 信息既不是形式,也不是形式的集合;它是形式的可变性,是相对于某一形式的变化所带来的贡献。②

这使我们能够理解为何西蒙东的主论文取了《以形式与信息的概念重新思考个体化》这个标题。这里阐述的是寻求一种格式塔心理学和控制论的信息论所未能提供的个体化理论。西蒙东将个体化定义为三个条件得到满足的结果:能量条件、物质条件和非内在的信息条件。③ 信息条件能够化解物质条件和能量条件之间的张力。我们可以考虑之前提到的结晶的简单例子:它不是惰性物质(在任何情况下实际都不存在)和任意形式相遇的结果,而是通过逐层的结构化而在整个环境中扩展的结果,并因此来化解分子的相对构型与更高阶能量条件之间的张力。形质论不能理解这一过程。西蒙东

---

① 西蒙东使用 disparation(差异)一词描述个体化内部的不兼容性,如视网膜图像一般。与西蒙东的其他评论者(安德里亚·巴尔丁[Andrea Bardin]、阿尔贝托·托斯卡诺[Alberto Toscano])一样,我将 disparation 保留为未翻译的词语。
② SIMONDON G. Du mode d'existence des objets techniques[M]. Paris: Aubier, 2012: 190.
③ SIMONDON G. L'individuation à la lumière des notions de forme et d'information[M]. Grenoble: Millon, 2005: 79.

写道：

> 能否借助信息论来丰富和纠正格式塔理论的形式概念？能否借助香农、费希尔（Fischer）、哈特利（Hartley）和诺伯特·维纳的理论？所有这些奠定信息论基础的作者，他们的共同点在于，以信息对应概率的倒数。①

西蒙东想说明的是，首先，对上述控制论者而言，信息是一种源自通信技术的概念，它描述了发射方与接收方之间的关系。信息的传输取决于信道的可靠性。其次，信息是一种可以用对数来衡量的量，即它是可量化的。与西蒙东所断言的相反，维纳所定义的信息和香农定义的信息具有相反的符号。对维纳而言，信息是组织程度的衡量标准，与熵（衡量无序的程度）相对立，即信息是负熵的。而对于香农来说，信息是不确定程度的衡量标准，通常通过冗余来降低不确定性。② 换言之，西蒙东想要发展出一种更一般、更根本的信息论，从而能够解释个体在最具异质状态（heterogeneous regimes）中的生成过程：

---

① SIMONDON G. L'individuation à la lumière des notions de forme et d'information[M]. Grenoble: Millon, 2005: 548.
② 这一差异导致当代信息研究存在两种不同观点，正如朱塞佩·隆戈（Giuseppe Longo）等人所示：一方面，香农-布里昂（Shannon-Brillouin）强调信息的传输；而另一方面，图灵-科尔莫戈罗夫-柴廷（Turing-Kolmogorov-Chaitin）则专注于程序化。

我们无法不加修改地接受社会心理学领域的信息论,因为在这个领域中,它应该可以指定一些允许将最佳的形式规定为拥有最高程度信息的形式,而这不能由负熵图式,或仅仅由概率研究做到。换句话说,需要将一个非概率项引入信息理论。也许我们(这是我提出的论点的出发点)可以谈论信息的**质量**,或者信息的**张力**。①

个体与其外部环境的关系是双重的:它是被生产的自然(nature natured)、个体化的产物,同时也是能生产的自然(nature naturing)。② 这是因为个体化的存在并没有耗尽其前个体现实;相反,它始终包含着前个体化的现实,并因此永远具有进一步个体化的潜能。此观点与谢林的观点一致,说明两位哲学家在某种程度上体现出斯宾诺莎主义(Spinozism)。西蒙东的模型与谢林的模型相似的地方在于,既抵制二元论,同时又拒绝为了一个整全的解释而诉诸任何极端论或还原论。谢林试图调和观念主义(idealism)和现实主义(realism),而西蒙东则拒绝先验(transcendental)和内在(immanent)的解

---

① SIMONDON G. L'individuation à la lumière des notions de forme et d'information[M]. Grenoble: Millon, 2005: 549.
② SIMONDON G. L'individuation à la lumière des notions de forme et d'information[M]. Grenoble: Millon, 2005: 263.

释，转而提出了德勒兹后来所谓先验经验主义(transcendental empiricism)。① 先验与内在的二元论建立在身心分离为两种完全不同的活动的基础上，确切地说，是在心灵的精神化(spiritualization of mind)和身体的心理化(psychosomatization of body)基础上。这里我们必须再次留意西蒙东的理论中个化和个体化之间的区别。个化涉及身体专门化和心理图式化，这是连续的，且通常会随着时间的推移缓慢发生。个体化只能是以量子跃迁的形式，当积累足够的能量突破阈值时才会发生。

对西蒙东而言，性(sexuality)的个化所起的作用与谢林所思考的不同。如上文所言，"急剧个体化的时刻，实际上是完整的性发育的第一时刻"。谢林没有超越对变形(metamorphosis)的关注，而西蒙东则通过他对个化和个体化的区别进一步深入个体发育，这正是因为他受到荣格精神分析的影响。性不是被呈现为与自然矛盾的一方，而是成为自然的一部分：

> 一些内在结构和身心(psychosomatic)动力构成自然(前个体阶段)与个体之间的中介。性就是这样的(结构)。从某种意义上说，人们可以说，个体被性化的事实

---

① SIMONDON G. L'individuation à la lumière des notions de forme et d'information[M]. Grenoble: Millon, 2005: 263.

构成了个体化的一部分。事实上，如果个体的身心差异不存在，性就不可能存在。然而，性不属于个体，它不是个体的财产，它需要成为一对才能获得意义。①

性是个化和个体化之间的中介。对个体而言，性是前个体的身心内在性。也就是说，性既是个化的产物，也是前个体性与个体化存在之间的**通路**。正是因为有这种关于性的概念，西蒙东才能进一步发展荣格的精神分析，以描述谢林无法触及的第三种类型的个体化，即心理和集体的个体化（psychic and collective individuation）。

§5 总结

早期谢林和西蒙东所发现的个体化方法彼此呼应。两者都采用类似的原理，这种原理描述了在张力和对立的基础上，期望"三"能够持留和肯定同一。在这种广义上可被称为辩证法的形式中，张力的表达方式、承载亚稳态的形式以及"三"的本质都体现两者哲学思考的独特性。在谢林那里，这种独特性对应了递归的力，在西蒙东那里，则是信息和反馈。

---

① SIMONDON G. L'individuation à la lumière des notions de forme et d'information[M]. Grenoble: Millon, 2005: 299.

因此,在谢林和西蒙东那里,存在着个体化的视差。这种视差说明了他们的形而上学思考在多大程度上重新居有他们时代的科学发现。对两位思想家的著作并行阅读有助于形成真正的"跨学科性",这不完全是"科学史"的,而是一种哲学思考。这种思考在外部科学领域寻求新的盟友,并根据其不断变化的境域,不断使自身进行个体化。为了阐明今天的自然哲学,我们的任务是以新的认识论透镜,来处理个体化问题以及自然的概念。

(本文译者:蒋雨航)

利奥塔,在我们之后①

我之所以在 2019 年举办一次题为"后现代状况 40 年之后"("Postmoderns and After?—40 years after The Postmodern Condition")的研讨会,以及在 2014 年举办"非物质展 30 年之后"的研讨会(研讨会的内容结集出版为《非物质展 30 年之后:艺术、科学和理论》②),原因不在于我想借这些周年纪念的机会来举办学术活动,而是我深深地相信,我们必须重读让-弗朗索瓦·利奥塔(Jean-François Lyotard)的作品来思考我们今天的状况。这一重读必须超越当前对后现代概念的种种误

---

① 我要感谢中国美术学院举办这场研讨会,感谢各位讲者的参与,感谢各位译者以及编辑宫林林的协力,我也要感谢利奥塔的遗孀 Dolorès Lyotard 慷慨地让我们出版两篇利奥塔的文章。本文原刊于《新美术》2020 年第 6 期。
② HUI Y, BROECKMANN A. 30 Years after Les Immatériaux: art, science and theory [M]. Lüneburg: Meson Press, 2015.

解,以及积极地连结利奥塔的后现代批判与我们当今的技术状况。利奥塔对中国读者来说并不是一个陌生的名字,因为他与流行词语"后现代"紧密相关。"后现代"一词在欧洲、北美和中国有不同的语境和含义,但也正是这些文化和历史的差异增加了这一概念的复杂性。这次研讨会想重新呈现一个不仅与我们息息相关,而且对理解我们的当代境况至关重要的利奥塔。所以,我们对利奥塔的阅读不是回顾性的,相反,利奥塔仍在我们尚未抵达之处。

我们应该从哪里开始?关于利奥塔的传记资料,读者可以从其他途径阅读,我在此不赘述。我在这里想集中解读一下后现代这一概念,并朝着一个不常规的、不为大多数的利奥塔研究者所分享的方向发展。在中国,人们对利奥塔的后现代概念存在一定的困惑和误解,或许这主要是文化背景的差异导致的。因为在欧洲语境下,后现代是相对于现代而言的,而现代性在欧洲过去一百多年都是需要被克服的;而在中国,起码在过去的几十年,现代性问题不曾是个真正的哲学问题,而是一个理想的目标。在利奥塔的论述中,后现代与现代之间的关系不说是敌对的,至少也是充满了张力。但相比起利奥塔,中国读者更受北美地区对"后现代"一词的理解的影响,例如弗雷德里克·詹明信(Fredric Jameson)、苏珊·桑塔格(Susan Sontag)等人的著作(如后者的《"坎普"笔记》[*Notes on "Camp"*])。这部分地掩盖了利奥塔本人关于后现代的论述以及他关于历史转型的天才式的观点。这次研讨会是在利奥塔的书问世四十周年之际举行的，我们试图将他的后现代概念带回当下，并探索一些以前被忽略的重要主题。现在一提到后现代主义，众所周知的是，诸如马克思主义等宏大叙事的崩溃。为什么？也许我们可以从这里开始来展开解读。

§1 关于宏大叙事的神话

这仅仅是因为后现代主义是所有理念和理论崩溃的标志吗？还是因为后现代主义是对这样一种状况的描述，在其中，每一次理论尝试和每一次反抗都可以被颠覆性地转变为商品？例如美国理论家弗雷德里克·詹明信所说的"晚期资本主义"？[1] 如果我们以这种方式理解利奥塔，我们或许将永远无法理解他所说的后现代的意义。即使在《后现代状况》（*La condition postmoderne*）的第一页，在介绍"后现代"一词时，利奥塔也沿用了北美社会学中流行的使用方式：它被用来描述北美发达的工业城市。但是利奥塔的观点不仅是社会学上的，他也建构了现代和后现代概念的系谱学（genealogy），这是他哲学研究的基础。

---

[1] JAMESON F. Postmodernism, or, the cultural logic of late capitalism[M]. Durham: Duke University Press, 1991.

后现代主义描述了一种新的条件,我们称其为一种新的知识型(episteme,尽管利奥塔并未使用"知识型"一词),①在这种条件下,知识生产的形式发生了巨大变化。这些变化直接反映在知识本身上,因为知识与其生产的形式和手段是不可分离的。后现代的概念基于对科学和技术中发生的认识论(epistemology)断裂的观察和解释,这种断裂由此构成新的认识论。这种新的认识论反过来又限制了知识的话语本质和知识本身。②

理解世界及其历史的方式总是受到知识型或范式(paradigm,如科学社会学所称)的制约,这也意味着它的局限性。米歇尔·福柯(Michel Foucault)在他的《词与物》(Les mots et les choses)中指出,自十六世纪以来,西方的三个知识型可以概括为文艺复兴时期知识型、古典知识型和现代知识型。这些认识本身就是知识的可能性的条件(在康德的意义上来说)。哲学也不例外地受这种知识型的制约。因此,在早期的现代性中,我们看到机械论是理解存在和任何其他事物的理论基础,包括植物、动物、人类和上帝。机械论的批评者和拒绝者,特别是康德,以及后来的耶拿的浪漫主义者和后康德主

---

① DÉOTTE J L. Ce que je dois à Foucault[J]. Appareil, vol. 4, 2010. 见 http://journals.openedition.org/appareil/913,德奥特视利奥塔的后现代为福柯的三个知识型的后继。
② 我将知识型定义为知识产生的感知性条件,将认识论定义为理解科学对象的方法,见许煜.数码化时代科技和人文的契机[J].文化纵横,2017,5:20—27。

义者,提出了一种我们可以称之为有机论的新范式。① 有机论像一个新的透镜一样,人们通过它来重新看待宇宙、世界政治和世界历史。黑格尔可能是他那个时代最有系统性的有机论哲学家,他系统地提出了一种辩证法,该方法同时吸收了有机体的动力学,他称之为逻辑。在这一逻辑之下,进步不是由速度或数量来衡量,而是由走向绝对来衡量。

"绝对"(absolute)的德文是 *Unbedingte*,意为"无条件的"(unconditional),"不能被物化的"(*unbedingt*)。绝对是精神自我认识的最具体形式,也是历史走向的终点。关于黑格尔哲学及其在马克思思想中的延续,我们在这里没有办法好好地说清楚,但我们至少可以说马克思根据黑格尔的方法对资本主义进行了分析,并将辩证法投射到革命思想上,即通过将资产阶级与无产阶级相对立,并将其扬弃为第三者,即以后者专政的政党。这些是宏大叙事或历史主义的体现,它们是因某种知识型而成为可能的,并由后者承诺在实践上是可行的。

利奥塔在二十世纪五十年代非常热衷于抗争运动和革命运动,当时他在阿尔及利亚东部的一所中学任哲学老师,也是杂志《社会主义或野蛮》(*Socialisme ou barbarie*)编辑部的成员。后来,利奥塔同杂志决裂,并将自己从黑格尔-马克思主

---

① 关于从机械论到有机论的哲学史,见 HUI Y. Recursivity and contingency[M]. London: Rowman and Littlefield International, 2019;中译本见许煜.递归与偶然[M].苏子滢,译.上海:华东师范大学出版社,2020。

义中解放出来。利奥塔脱离马克思主义并不是一个信仰问题，而是他看到了马克思主义元叙事的局限。但到底是什么导致元叙事失效？可以肯定的是，它部分来自对元叙事所固有的趋势的反抗，这种趋势必然排除了其他叙事；但是，稍后我们将看到，利奥塔提出的象征着后现代的系统概念，与黑格尔哲学保持着亲密关系，但同时又不断地暴露出它的问题所在。这可以看作一种平行逻辑（para-logy），即多种并行不悖的逻辑，或者悖谬逻辑（paralogy），也即同时存在但互相抵触的命题，我们将在后面解释。

§2 作为后现代知识型的系统

使元叙事成为可能的是系统这一概念，但也正是这一概念使元叙事变得不可能。利奥塔从未如此明确地表达过，但我们可以尝试解释为何如此。系统的概念首先是十八和十九世纪哲学研究者的信条，无论是浪漫主义者、康德主义者，还是后康德观念论者。在这里，我们无法详细回顾这一历史，但是我们可以简要地介绍一下这个主题的重要性。如上所述，如果自十七世纪以来，机械论已成为主要的认识论，从而产生了笛卡尔的人的概念、百科全书主义者的进步概念、霍布斯的国家概念，那么到十八世纪末，因为自然科学特别是生物学

(它在十九世纪初期才被正式承认为一门科学学科)的发展，这种机械论观点在很大程度上受到了挑战。有机体的概念立即挑战了机械论解释，因为"动物的身体如何可能"这一问题不能完全由机械论的因果律来解释。康德后期的《判断力批判》(Critique of Judgement)就是在这种背景下诞生的，它直接影响了费希特、谢林、黑格尔和浪漫主义者。哲学不可能再停留在没有自由可言的机械论系统之上，相反，如果哲学要继续存在，它必须成为一个有机的系统。在这个系统中，理性的自主性（autonomy）或者说自我合法化（auto legitimation），可以得到充分彰显。理性的自主性是调节性的（regulative，相对于构成性的[constitutive]，即机械性的）。也就是说，这种自主性必须由启发式规则来进行调节。如果我们看看康德《纯粹理性批判》(Critique of Pure Reason)中关于人类认知能力极限的论述，特别是先天范畴在感知上的应用，会发现那很大程度上还是构成性的原则。直到《判断力批判》，康德才引入了一种有机的操作来揭示审美判断和目的论判断的复杂性。上述两种判断的核心模式是反思性判断（reflective judgement），它必须与规定性判断（determinative judgement）区分开来。与规定性判断不同，反思性判断的规则不将普遍法则应用于特殊个体，它从特殊性开始，然后递归式地到达普遍性。在《递归与偶然》(Recursivity and Contingency)中，我试图重构康德、谢林和黑格尔思考控制论的这段历史，并探讨这种有机思维如何在对自然和技术的概念化中变得具体。用利奥塔自己的话来说,这种自我合法化的逻辑是悖谬式的(paralogy),这一术语本身具有多种含义:

> 首先,在哲学语言中,悖谬逻辑是指谬误的推论(或谬论)以及推理上的错误。[1] 如果说谬误是自我合法化的逻辑,那将是一种悖谬逻辑。悖谬逻辑在这里是指差异,或更确切地说是矛盾,因此它需要反身性作为自我纠正的尝试,以回到自身来解决看似矛盾的问题。如果说悖谬逻辑能够自我合法化,那是因为它类似于反思性判断,而不是规定性判断。
>
> 其次,从生物学上来说,paralogy 意为旁系同源物,它是指因基因重复而产生的两个特征之间的关系。利奥塔在《后现代状况》中提到 paralogy 和 homology(同源)这两个词时,还不清楚他这些术语包含着多少生物学上的意义。[2] 利奥塔将 homology 和 paralogy 对立(但如果他认真对待生物学,他可能会认识到 paralogy 与 homology 是同源的,即来自同一祖先),并由此将专家的 homology 和发明者的 paralogy 对立,将共识(consensus)和异议

---

[1] BLACKBURN S. The Oxford dictionary of philosophy[M]. Oxford: Oxford University Press, 2008: 267-268.

[2] FITCH W. M. Distinguishing Homologous from Analogous Proteins[J]. Systematic Biology, 1970, 19 (2): 99-113.

(dissensus)对立。

在这里,我们可以从悖论和异议的角度来概括 paralogy 一词的含义。作为悖论,它充当系统自我合法化的驱动力,因为它暗示了一种基于差异化的非线性、反身性或递归形式的操作;作为异议,它会产生差异,因此也抵抗了系统的总体化趋势。

因此,问题在于确定是否有可能只基于逻辑悖论的合法化形式。我们必须将悖谬逻辑与创新区分开来:后者在系统的控制之下,或者至少被系统用来提高效率;前者在知识的语用学中发挥作用(通常直到后来其重要性才被认识到)。[1]

因此,我们必须认识到,宏大叙事的崩溃是对某一种特定类型的叙事的拒绝,这些叙事都是同源的(homological),例如基于共识的宏大叙事。这种拒绝不仅仅是规定性判断与反思性判断、机械论与有机论、恶与善之间的对立。利奥塔仔细研究了工业社会带来的新状况在历史、社会、政治和美学上所造成的转变,在何种程度上某些哲学框架可能不合法,以及为文

---

[1] LYOTARD J-F. The postmodern condition: a report on knowledge [M]. Trans. BENNINGTON G, MASSUMI B. Minneapolis: University of Minnesota Press, 1984: 61.

化和政治分析建立新的哲学框架的必要性。让我们重申一下以上提出的观点:首先,对元叙事的拒绝不是对黑格尔和马克思元叙事内部的系统动力的拒绝,这些元叙事的系统性只是以机械的方式被错误地理解了,也就是说它仅成为教条主义(dogmatism)。一个系统的发展需要偶然性,而人们所谓"进步"则是由必然性决定的,这种必然性不能被单一的逻辑(如宏大叙事的形式)完全把握。其次,系统这一概念后来的进一步发展和扩大,将支配进步的必然性变成偶然性。换句话说,驱动系统发展的逻辑必然性只是许多其他可能中的一种特殊情况。再次,系统不再仅仅是一个哲学问题,它通过现代科学和技术,已经渗透到城市生活的各个方面。因此,我们从概念上的系统转移到了法国社会学家雅克·埃吕尔(Jacques Ellul)所说的技术系统,[1]其表现在当前所广为论述的数字地球(Digital Earth)或人工地球(Artificial Earth)上,这也从根本上改变了对世界及其进程的理解。系统所倾向于依赖的自我合法化,其根据不再是权威,而是效能性。

效能性的概念已经取代了先前的真理标准。这是因为效能性本身是具有时间维度和弹性的标准。它拒绝根据预先建立的标准或普遍先验的机械论来证明合法性的方法。早期的现代性渴望秩序和规律性,这完美地体现在当时的机械论上。

---

[1] ELLUL J. The technological system[M]. London: Continuum, 1980.

例如,笛卡尔在阿姆斯特丹逗留期间,发现河流有规律地将城市划分为小方格,这让他印象深刻。后来,笛卡尔在评论巴黎的城市设计时,嘲笑它像出自小孩子手笔一样杂乱无章。① 相反,后现代来源于不同的知识型,后者不再将确定性和可靠性视为知识的必要基础,而是认识到知识自身的不稳定和不可靠性。因此,具反身性及弹性的效能性可以更好地把握科研和教育领域中科学学科知识的形成。

具有自我合法性和自我组织能力的系统是后现代的范例。这也是之前被视为历史进步指南的元叙事会失效的原因。当然,如果我们追根究底,那么我们也可以说黑格尔系统基于理性的自我合法化能力,这是后康德观念主义者所共有的一个认识,而利奥塔对此也非常了解:

> 黑格尔的《哲学科学百科全书》(*Enzyklopädie der philosophischen Wissenschaften im Grundrisse*, 1817—1827)试图实现这一总体计划,该计划已经以系统的形式出现在费希特和谢林的思想中。②

---

① LYOTARD J-F. After 6 months of work… [M]//HUI Y, BROECKMANN A. 30 Years after Les Immatériaux: art, science and theory. Lüneburg: Meson Press, 2015: 34-35.
② LYOTARD J-F. The postmodern condition: a report on knowledge [M]. Trans. BENNINGTON G, MASSUMI B. Minneapolis: University of Minnesota Press, 1984: 33-34.

利奥塔没有进一步明确建立黑格尔系统与控制论系统或尼克拉斯·卢曼（Niklas Luhmann）的系统理论之间的关系。在《后现代状况》以及其他著作中，利奥塔对卢曼的批评十分尖锐，他甚至说卢曼的系统理论具有犬儒主义色彩。但是，我们有理由相信，利奥塔意识到观念主义者的系统思想与最能体现后现代状况的卢曼系统理论之间的这种亲密联系。黑格尔系统的总体化能力和控制论（特别是被他称为第二阶的控制论的系统理论）的总体化倾向彼此接近，也是由于存在总体化危险，利奥塔倾向于康德的崇高而不是黑格尔的绝对。从黑格尔到哥特哈德·冈瑟（Gotthard Günther）①再到卢曼的这段思想史，我在《递归与偶然》中已做了详细阐述，在此不赘述。我只想加上一点，从黑格尔到卢曼的这段历史在某种程度上证实了海德格尔所说的西方形而上学在黑格尔思想中的终结，而控制论正是这种终结的实现。同时也是通过对卢曼的系统理论进行分析，利奥塔指出了效能性的核心作用：

> 效能性标准具有其"优点"。它从原则上排除了对形而上学话语的遵守；它要求放弃寓言；它要求头脑清醒，

---

① 冈瑟是黑格尔主义者，他早期在柏林完成了关于黑格尔的大逻辑的论文，"二战"期间逃到美国，对控制论产生了很大的兴趣，并认为控制论是黑格尔逻辑的自我完成，见 GÜNTHER G. Beiträge zur Grundlegung einer operationsfähigen Dialektik vol.1 [M]. Hamburg: Felix Meiner Verlag, 1976；另见许煜.递归与偶然[M].苏子滢,译.上海：华东师范大学出版社,2020,第三章《逻辑与偶然》。

意志坚定;它用交互作用(interaction)的计算代替了本质的定义。它使"玩家"不仅对他们提出的主张承担责任,而且对他们提出这些主张以使其可接受的规则负责任。①

黑格尔和卢曼的系统概念之间肯定存在意义上的差异,但更重要的差异是,在卢曼时代,系统不仅以方法论或逻辑的形式存在,而且以物质性的方式自我完成。这可以理解为冈瑟所说的黑格尔逻辑的外化(Entäusserung)。也就是说,系统的概念已逐渐在现代计算机中实现,这些计算机不再仅仅基于机械规则,而是在其操作中表现出一定的反身性,例如今天我们所熟知的人工智能和其他机器学习技术。利奥塔敏锐地观察到了这一点,而且他可能是同代人中最不含糊的一个:

> 我们终于可以理解社会的信息化如何影响这一问题。它可能成为控制和调节市场体系的"理想"工具,扩展到包括知识本身的领域,并且仅由效能性原则来支配。②

---

① LYOTARD J-F. The postmodern condition: a report on knowledge [M]. Trans. BENNINGTON G, MASSUMI B. Minneapolis: University of Minnesota Press, 1984: 62.
② LYOTARD J-F. The postmodern condition: a report on knowledge [M]. Trans. BENNINGTON G, MASSUMI B. Minneapolis: University of Minnesota Press, 1984: 67.

§3　后现代与热力学意识形态

利奥塔所看到的是系统的胜利,或更确切地说是某种特定模型的系统,即开放系统的胜利。这一系统同时是哲学上的和技术上的。经济学家们曾尝试以热力学来解释开放系统成功的必然性。1979 年《后现代状况》发表时,它的副标题是《关于知识的报告》,利奥塔可能尚未完全从全球的角度来阐发他的现代性系谱学的含义。如果我们只是简单地将后现代看作宏大叙事的崩溃,当成一种文学或者审美体裁,那么我们将无法理解这一点。我们可以说,后现代的中心思想都是开放系统作为知识型的胜利。从利奥塔的著作中,我们起码可以看到他比其他任何同代人都更能观察到这种物理-生物学模型及其在社会和政治分析中的应用,并将之发展成理解世界政治转型的主导性观点。在他 1990 年(《后现代状况》出版之后十一年)撰写的文章《墙、海湾和太阳》("Mur, le Golfe et le Soleil")中,这种后现代与开放系统之间的对应更加清晰:

鉴于开放系统拥有越来越多的自我控制能力,它很可能在全球的系统竞争中胜出。似乎没有什么能够阻止它,甚至无法以其他方式对其进行指导,只能促进其发展。诸如苏联与东欧共产主义社会的崩溃和海湾危机之类的事件,对该系统来说是机会,一方面在扩大其影响力的同时又防止它像官僚政权那样减少其"空白"的内部空间,另一方面改进了系统对其他能源的控制。此外,该系统还开始通过提高其调节生态系统的能力来确保其生存,从而缓和了对其他陆地系统的压制。[1]

开放系统已经渗透到所有领域,包括市场经济、自由民主意识形态、社会科学、天体物理学等。作为物种的人类正在与自己社会的熵化搏斗,来维持一个开放系统,任何封闭的系统制度都被视为通往奴隶之路,即自我毁灭。从某种意义上说,这是政治和研究的科学原理或指导纲领,或者我们可以称其为热力学意识形态。可以肯定的是,今天没有人愿意被说成操弄意识形态者,因为这是一个坏名声。尤尔根·哈贝马斯(Jürgen Habermas)将卢曼的系统理论贬低为意识形态,而今天在位于德国吕讷堡(Lüneburg)的卢曼祖宅的外墙上,我们可以找到一块丙烯酸胶板,上面强调卢曼发展了不含意识形态的(*idealogiefrei*)社会理论。[2] 在二十世纪八十年代,这种热

---

[1] LYOTARD J-F. Political writings [M]. Trans. READINGS B, GEIMAN K P. Minneapolis: University of Minnesota press, 1993: 123.
[2] 牌上写着:"In dem zugehörenden Anwe sen verbrachte der Soziologe Niklas Luhmann (geb. 1927) seine Kindheit und Jugend. Er entwickelte eine weltweit anerkannte, soziale Systeme übergreifend analysierende, ideologiefreie Gesellschaftstheorie."。

力学意识形态是在酝酿着欧洲统一的历史事件之后被认可的。这一观点在利奥塔的政治写作中得到了证实,尤其是关于柏林墙和海湾危机的政治文章,对于利奥塔来说,这意味着开放系统及其相对应的自由主义民主的胜利。

柏林墙的倒塌是二十世纪西方政治哲学危机终结的重大事件。但利奥塔不是自由主义者,更不是新自由主义者,他的目的是探索后现代的局限性以及对系统的抵抗。

利奥塔预见了无法解决的意识形态冲突,以及企图消除这种矛盾的共识的失败。也许有人会问,如果今天利奥塔还在世,他将如何评论中国的发展?在2008年的金融危机之后,西方国家似乎在理念上接受了撒切尔政府和里根政府在二十世纪八十年代提倡的新自由主义经济的终结。这是系统失灵的里程碑吗?我们对能否得出这一结论有所保留,因为根据我们前面的分析,系统不再只是一种意识形态,更进一步地,它通过技术发展完成了物质上的自我实现。今天我们所说的监控系统、信用系统都是一种非机械论式的操作系统,也是控制论的进一步实现。如果二十世纪八九十年代作为主流思想的"开放系统"告终,那么由数字经济及各种电子监控系统所武装的封闭系统会是唯一的出路吗?或者使这些数码技术系统"开放",如开放数据,就能解决问题吗?要如何回到"熵"的概念来发展新的政治,而又能避免重复热力学意识形态,同时又不陷入自以为是的封闭系统?

§4 系统悖谬逻辑中的艺术

在《哲学与绘画在其实验的时代》("La philosophie et la peinture a l'ere de leur experimentation")一文的开头,利奥塔拒绝了他拥有一个哲学系统和一个艺术批评系统的看法。这种反系统的姿态同时也反映了利奥塔对开放系统话语的批判立场。哲学家在发展对世界的新的理解时(无论那是存有论还是认识论),都很容易不知不觉地设下一个整体化的框架,而最后发现自己成为这一框架的敌人,但已无法逃逸,正如德勒兹所遭遇的一样,惊觉自己的哲学变成了敌人的武器:他以调控(modulation)为核心概念的过程哲学(process philosophy)与当代控制社会的操作雷同,更不用说以色列国防军通过对他和费利克斯·瓜塔里(Felix Guattari)的著作的阅读发展出轰炸巴勒斯坦的战术。利奥塔在描述一种后现代的知识型,特别是在论述系统的整体化概念之后,他有什么策略可以避开这种宿命?

利奥塔的策略是将系统视为语言游戏的一种可能,系统通过克服内在的矛盾和外来的冲突变得强大,但是如果我们生产出多种游戏规则,那么便直接地削弱了系统的整体化能力。利奥塔思想的显著性在于,他从不建立容易的对立,以方便自己选择良善和放弃邪恶,就好像所谓高墙与鸡蛋之间的选择。现在,我们可以通过系统的反系统或者反系统的系统,来尝试阐明利奥塔自己关于后现代系统的悖谬逻辑。利奥塔就现代性的问题与哈贝马斯发生争论,在几乎所有关于后现代的写作中,利奥塔都不忘揶揄哈贝马斯。哈贝马斯渴望建立一个透明的、沟通性的、无噪音的共识社会,这对他而言正是现代性之目的,也因为如此,哈贝马斯认为启蒙计划还没有结束。哈贝马斯的说法对利奥塔来说是不痛不痒的,后者在《后现代状况》中写道:

> 现代性的目标是否在于一种社会文化统一的构成,在其中,日常生活和思想的所有要素都将在一个有机的整体中占有一席之地?还是说,异类语言游戏(认知、伦理、政治)之间的关系属于与此不同的关联顺序?如果是这样,它是否能够在它们之间实现真正的综合?
> 第一个假设来自黑格尔带来的灵感,它并不挑战辩证性总体化经验的观念。第二点更接近康德的《判断力批判》的精神。但必须像《判断力批判》一样,接受现代性施加于启蒙思想、历史和主体统一终结上的严格的重新

考虑。①

我们也可以从上述说法中得出结论:一、哈贝马斯仍然是一个现代性的思想家,他对于欧洲历史的理解仍然是黑格尔式的;二、虽然黑格尔的系统与康德的系统关系密切,利奥塔仍策略性地将黑格尔与康德对立起来。如果说哈贝马斯对现代性的辩护对利奥塔来说是个问题,那是因为它使整体化的系统合法化,这包括了开放式系统和封闭式系统;而对于利奥塔来说,尤其是在他对康德的《判断力批判》中"崇高的分析"的阅读中,他意识到崇高是一种反系统的可能性。"崇高"一词,康德用的是 *Erhabene*,而不是 *Sublime*。*Erhabenen* 作为动词时,意思是凸起,即无法被抚平。我们在这里不能详细阐述康德的崇高概念,只能简单地指出,对于康德而言,崇高是指认知系统(理解和想象力)经过漫长的启发式操作过程而无法得出确定概念的时刻,例如当我们接近金字塔的时候,因为它的宏大,我们无法把握它的整体以获得概念性认知。这个时候,理性必须干预,它暴力地中止了想象力,或者说暴力地使系统"宕机"。对利奥塔来说,崇高是系统无法吸收的,因为它是无法被表示的,从这个意义上我们能理解他针对施莱格兄弟

---

① LYOTARD J-F. The postmodern condition: a report on knowledge [M]. Trans. BENNINGTON G, MASSUMI B. Minneapolis: University of Minnesota Press, 1984: 72-73.

(Schelgel brothers)对德尼·狄德罗(Denis Diderot)的批评的评论：

> 他们(施莱格兄弟)知道问题不完全是(哈贝马斯的 *Diskurs*)共识的问题,而是观念的无法被表述、意想不到的力量的问题,事件作为一个未知短语的表征最初无法被接受,后来由于虚耗了所有尝试而被接受。①

这种无法表述的东西是系统所认识到的,但它也是系统无法完全掌握的,它像是达达主义者和超现实主义者在艺术领域所做的那样,将被视为必然的系统变得偶然,同时进行改造。利奥塔在《崇高之后,美学的状态》("Après le sublime, l'état de l'esthétique")中声称,"过去整个世纪,艺术的主要关注点并不是美,而是崇高"②,这导致了雅克·朗西埃(Jacques Rancière)声称,利奥塔虽然没有引用黑格尔,但跟随黑格尔将崇高的形式归功于象征艺术。③ 黑格尔所说的古典艺术和浪漫主义艺术相反,根据黑格尔的划分,艺术的三个阶段分别是

---

① LYOTARD J-F. Political writings [M]. Trans. READINGS B, GEIMAN K P. Minneapolis: University of Minnesota press, 1993: 27.
② LYOTARD J-F. The inhuman: reflections on time [M]. Trans. BENNINGTON G, BOWLBY R. Stanford: Stanford University Press, 1991: 135.
③ RANCÈRE J. The sublime from Lyotard to Schiller Two readings of Kant and their political significance[J]. Radical Philosophy, 2004, 7/8: 126.

象征艺术、古典艺术和浪漫主义艺术。黑格尔把金字塔当作象征艺术的一个例子,但是通过将黑格尔的金字塔和康德的金字塔等同,来间接地将利奥塔与黑格尔划一,看起来并非有力的论据。利奥塔问,如果不被牺牲为道德的表达,那艺术还可以是什么? 这就是那些不可呈现者(*Undarstellbar*)构成了先锋派的核心思想的原因,例如在音色和色调中,以及在绘画中,"一种无限性,在这种被符号身份决定的范畴中引入了和谐的非决定性",或巴内特·纽曼(Barnett Newman)绘画中的"此时此地"①。不可呈现者激活理性与想象力之间的对抗并最终催生不可再现者(*Unvorstellbar*)。

利奥塔的美学著作引人入胜,有时甚至催生了与哲学的张力,这种张力同时阻止了它成为哲学的脚注或插图,并在哲学中引入了实践的维度。利奥塔写了不少论艺术家及其作品的著作,利奥塔的艺术和哲学思想在他1985年策划的在蓬皮杜中心举办的名为"非物质"("Les Immatériaux")的展览中达到了高峰。毫不夸张地说,这是第一个后现代展览(拙作将描述这个展览的更多内容)。或者更准确地说,该展览是一次示威、彰显(如两名策展人一再强调的 manifestation 一词所意味的),是要展示一种后现代知识型,以及唤醒一种新的感知性,展示信息社会的不确定性、不安全感。

---

① RANCÈRE J. The sublime from Lyotard to Schiller Two readings of Kant and their political significance[J]. Radical Philosophy, 2004, 7/8: 141.

利奥塔并没有拒绝摧毁人类这一概念,也没有抗拒人类生存方式所必须面对的不安全感和不确定性,而是希望以此为契机颠覆现代性,从某种意义上讲,他甚至加速了几乎所有现代概念的过时,就好像他将康德式的崇高加入展览的布置以及每个站点上。对康德而言,崇高同时意味着震惊,以及敬仰(Achtung),如人面对大自然灾难而感到自身无能为力一样。利奥塔对后现代的态度是既开放又批判。他引入了一种自由的意识形态,也就是异议,以及发明新游戏和新观众的必要性。这种对多样性的追求,即对差异的追求,也是开放系统热力学思想的议程,但是利奥塔拒绝将差异简单地归入一个单一的、整体化的系统,他探索那些不能被系统简化的、总是在逃避系统同化的行为,这不是逃避,而是在现有的游戏中发明新的行为以及新的游戏。这就是以多样性的必要性作为前提,在艺术问题上,我们可以理解利奥塔对西奥多·阿多诺(Theodor W. Adorno)的"异艺术"(*Kunstfremde*,或者说作为艺术的陌生者)概念和异电影的兴趣,还可以在技术问题上,理解我一直在尝试提出的技术多样性或多种宇宙技术的概念。①

利奥塔在1998年病逝,他无法看到二十一世纪的发展,其实二十一世纪的发展比以往任何时候都更能呼应他的后现

---

① HUI Y. On cosmotechnics: for a renewed relation between technology and nature in the Anthropocene[J]. Techné: Research in Philosophy and Technology, 2017, 2/3 (21): 319-341.

代论述，而且更需要我们与他一起思考。然而，"后现代"一词已成为人们一知半解的流行语，特别是在中国，它被一些思潮掩盖。如我们在文章的开头所说的，原因或许是现代或现代性在中国、北美和欧洲具有不同的含义，因为对发展中国家来说，现代化首先意味着进步。然而西方，特别是欧洲，因为经历过现代性的关键性时刻，尤其是价值和认识论的转变，在过去的一个世纪，一直都尝试着克服现代性。在东亚，这种超越现代性的意识很可能仅在第二次世界大战之前的日本出现过，但是它的结局是灾难性的。对于某些西方思想家来说，中国是一个有现代化但没有现代性的国家，即没有与欧洲相同的世界观、价值观转变的文化过程。那么，非欧洲国家如何在没有现代性的情况下谈论后现代性呢？那不是一个接近虚无的跳跃吗？在日本，后现代与宅男文化、村上隆（Takashi Murakami）的超平理论、科耶夫（Kojève）对黑格尔历史终结的解读联系在一起（这可能要归功于东浩纪［Azuma Hiroki］）。在中国，后现代通常与文学和电影的特定类别（如刘镇伟的《大话西游》）扯上关系。

我在其他地方指出，西方的现代性表现的是一种技术无意识（technological unconsciousness），如尼采在《快乐的科学》（*Die fröhliche Wissenschaft*）中所说的人类以为凭着技术就可以追求无限，当他们抛弃了家园，乘船到了海中间，才发现没有什么比无限更可怕；而后现代所呈现的是一种技术意识

(technological consciousness),它视新技术的出现为一个契机,一种新的存有论的可能性。然而,今天后现代的意义在对技术现代化、数字地球以及数字经济的追求中被遗忘,我们对技术的追求是技术意识的变相消失,也正因为如此,我们并没有超越利奥塔和他的后现代论述,相反,利奥塔仍然在我们尚未抵达之处。热力学意识形态在继续运作,为政治体制和太阳系的崩溃做准备,它或许以为自己比太阳系还要长久,却不知道这只是一场赌博。赌徒的思维是一个控制论式的正反馈,因为每次输了只会让他更期望下次会赢;而要离开这场赌局,我们比以往任何时候都更需要悖谬逻辑,需要技术和思想的悖谬逻辑。

自动化之后的哲学

因为哪怕是仅仅像动物的躯体这样的东西有可能,也是令人惊异的。

——康德,《证明上帝存在惟一可能的证据》

哲学之终结显示为一个科学技术世界以及相应于这个世界的社会秩序的可控制的设置的胜利。哲学之终结就意味着植根于西欧思想的世界文明之开端。

——海德格尔,《哲学的终结与思的任务》

可能人们还需要相当长的时间才能认识到,"有机体"和"有机的"就体现为现代性对于生长的领域即"自然"的机械技术性"胜利"。

——海德格尔,《思索 XII-X》

"自动化之后的哲学"首先要反思海德格尔所宣称的"哲学之终结"后哲学思考的可能性。"自动化之后的哲学"在此既是追问,也是律令,它旨在邀请我们思索这个时代哲学与自动化之间的关系。尤其在我们这个时代,前缀 auto- 总已意味着自我定位(auto-position)与自我治理(autonomy)。同时,它要求对自动化作为它自身的实存的条件进行深入反思。"之后"(after)一词意味着完成与结束,海德格尔在他 1964 年的论文《哲学的终结与思的任务》("The End of Philosophy and the Task of Thinking")中宣告这一终结,他在文中暗指,思考(*Denken*)而非哲学将作为另一开端(*anderer Anfang*)。他将西方哲学历史解读为技术科学思想的历史,并声称西方哲学的任务(开始于柏拉图和亚里士多德的雅典思想)已经在控制论中完成。海德格尔要寻找哲学终结之后的另一开端。

有趣的是,这门被称为控制论的"普遍系科"已然不复存在,因为它已经被计算机科学、生物信息学等学科吸收,而哲学系却继续存在。哲学的终结似乎尚未发生。今天,重提海德格尔之问,我们首先要探究 60 年前哲学终结之含义,其次则是哲学终结之后的任务和可能性。要讨论"自动化之后的哲学",我们首先必须厘清此问题的合法性,以及自动化的概念。之所以谈论合法性,是因为这个问题要求我们从西方哲学与自动化的关系出发,对西方哲学史进行非传统的解读。哲学与自动化之间的密切关系尚未得到揭示,也尚不明晰。

101

自动化与自治密切相关,因为后者可理解为理性的自我规定。自动化常常与孤立的自动机器并论,例如我们在查理·卓别林(Charlie Chaplin)的《摩登时代》(*Modern Times*, 1936)中所看到的机器。这也解释了为什么在西蒙东1958年的作品《论技术物的存在模式》中,自动化被视为技术完善的最低水平。更高层次的技术完善水平是反身性(reflexivity),他认为这与控制论和哲学相同。事实上,控制论之后,自动化与自治之间的关系即使不能说一致,也非常紧密。因此,我们的问题可能更接近于西蒙东的提问:在控制论之后,当机器同样具有反身性时,以反身性为特征的哲学将处于什么位置?[①]

此种追问的假设基于:现代哲学很大程度上可被看作将理性的自治建立在依照相互因果关系(reciprocal causalities)运作的有机体操作上的努力,控制论就是其中一种尝试。此种有机体哲学,同机械哲学及其工业主义的化身激烈对抗。在剑桥柏拉图学派(Cambridge Platonist School)的十七世纪哲学家和神学家,如本杰明·威奇科特(Benjamin Whichcote)、亨利·莫尔(Henry More)和拉尔夫·卡德沃思(Ralph Cudworth)[②]的思想中,我们已经看到了机械论和有机论的鲜明区别。这些思想家也影响了戈特弗里德·威廉·莱布尼茨

[①] SIMONDON G. Technical mentality[J]. Parrhesia 2009 (7): 18.
[②] CASSIRER E. The philosophy of the enlightenment[M]. Trans. KOELLN F C A. Ed. PETTEGROVE J P. Princeton: Princeton University Press, 1951: 82-83.

(Gottfried Wilhelm Leibniz)的有机论,这在他晚期的《单子论》(*Monadology*)中体现明显。这与斯宾诺莎的内在因果性(immanent causality)概念相一致,其思考脉络在康德、费希特、谢林和黑格尔那里也能找到痕迹。这种有机性思考一直持续到二十世纪,并在亨利·柏格森(Henri Bergson)、赫尔穆特·普莱斯纳(Helmuth Plessner)、阿弗烈·诺夫·怀特海(Alfred North Whitehead)和德勒兹等人那里以不同方式被阐述。① 哲学史学家可能对这种阅读提出异议,因为这似乎将他们归入"有机论者"范畴而简化了每位思想家的独特性。当然,这里不是要宣称上述哲学家都有意识地将有机论作为他自己思考轨迹的出发点。我们只是想说明,机械论和有机论之间的不可化约性在现代哲学及其理性的假设背后一直起作用,而且在十八世纪末工业革命之后,这变得越来越明显;并且,以有机体为模型的普遍认识论,已经为现代哲学以来的哲学奠定

---

① 李约瑟(Joseph Needham)详尽地列举了他所处时代的哲学成果:"从哲学角度看,这一趋势的最伟大代表无疑是怀特海,但它以各种方式贯穿于自然科学方法论和世界图景的所有现代研究中,其表述的可接受性也各不相同——物理学的众多显著发展、生物学的发展结束了机械论和生命论之间毫无结果的纷争,同时避免了早期 Ganzheit 学派的蒙昧主义,科勒的格式塔心理学;然后,在哲学层面上,劳埃德·摩根(Lloyd Morgan)和亚历山大(Alexander)、斯穆特(Smuts)的整体论,塞拉斯(Sellars)的现实主义,以及恩格斯、马克思及其后继者的辩证唯物主义(及其组织层次)。现在,如果往后追溯这条线,它将历经黑格尔、洛茨、谢林和赫尔德,一直到莱布尼茨(正如怀特海不断认识到的那样),然后它似乎消失了。"(参见 NEEDHAM J. Science and civilization in China, vol. 2[M]. Cambridge: Cambridge University Press, 1991: 291-292。)

了基础。

有机论哲学在康德以及后康德主义者那里最为显著,他们建立起机械论和有机论的二分法来作为克服笛卡尔二元论的尝试,也就是调和实在论和理念论。[1] 对这些思考者而言,从自然科学中受到有机体概念的影响是明显的。顺带一提,这是康德《判断力批判》的基础,并且它还存在于谢林的早期自然哲学以及他后续关于人类自由和艺术的著作中。此外,有机论也显著地塑造了黑格尔的辩证逻辑。这一趋势延续到二十世纪,不同学派更明确地致力于有机体问题:符号哲学、生命哲学、有机哲学和生物哲学等。

本文重申,机械论与有机论之间的不可化约性是现当代哲学的基础,此外,还体现于对资本主义"铁笼"、异化机械化劳动以及时下生命政治的批判中。一言以蔽之,机械论是早期现代欧洲思维进行**哲学思考的条件**。所谓哲学思考的条件,是指思维必须适应这种条件,并按照这种方式行进。在康德之后,[2]哲学要存在,就将不得不变得有机化。然而,我们的任务仍然是分析哲学与有机体之间的历史关系,并从自动化

---

[1] MENSCH J. Kant's organicism: epigenesis and the development of critical philosophy [M]. Chicago: University of Chicago Press, 2015; MATTHEWS B. Schelling's organic form of philosophy: life as the schema of freedom[M]. Albany: SUNY Press, 2012; Ng K. Hegel's concept of life: self-consciousness, freedom, logic[M]. Oxford: Oxford University Press, 2020.
[2] 我们可以像李约瑟那样把它推得更早,但在我看来,康德的《判断力批判》仍然是他那个时代最系统的有机论著作。

技术的角度追问这种哲学思考的条件。在下文中,我们将更深入研究自康德以来哲学思考的条件,然后再探讨控制论的意义与康德遗产的关系。

§1　康德与哲学思考的有机条件

康德对有机体的理解主要体现在《判断力批判》中。它分为两部分:审美判断,涉及美和崇高;目的论判断,涉及有机体和自然目的。这两种判断依赖于特定操作和结构,即反思性判断(reflective judgement)。反思性判断必须与规定性判断(determinate judgement)区分开来,后者是《纯粹理性批判》的基础。规定性判断遵循构成性原理(constitutive principle),将特殊性归于普遍性,就像感知数据归属于知性的十二范畴。反思性判断则根本不同,因为它遵循的是调节性原理(regulative principle)。因为普遍性并不是预先给出的,所以它不能把特殊性归于普遍性,而是试图从特殊性出发,在通向普遍性的道路上得出自己的规则。因此反思性判断向偶然性敞开大门,并通过回到自身来决定有什么偶然是必要的。这种循环运动不是简单重复(A-B-C-A),而是我所说的**递归**,它指向新的操作结构(A-B-C-A′)。

规定性判断是机械性的。机械性必须从线性因果关系的角度来理解。线性因果关系表明,当一个结果出现时,它必须有一个不同于结果的原因。线性因果关系是有限的,不然就会产生黑格尔所说的坏无限。正如亚里士多德在《形而上学》A 卷中所强调的,"但这样主张无尽系列的人在不自觉中抹掉了善性,可是任何人在未有定限以前是无可措手的"①。如果系列是无限的,那么就没有目的(telos),而只要没有目的,就没有善。因此,亚里士多德要求一个原动力,一个无条件的因,而不是另一原因的结果的因。这个第一因已经预示了目的因,作为其可能性和不可能性的条件。这种线性是后来机械论的特征,也是笛卡尔机械论的核心。

在笛卡尔看来,机械论是支配诸存在者的一元论。笛卡尔在《第一哲学沉思录》(*Meditations on First Philosophy*)的"第二沉思"中提出了一个有趣的问题。他问道,从他窗前走过的人是不是由弹簧驱动的,穿着大衣、戴着帽子的自动机。② 这段话主要涉及感知与判断之间的区别,它实际上重申了人与机器的主要差别在心灵而非身体。为了赋予机械躯体生命,笛卡尔提出,在大脑松果体中存在一个灵魂,能够向机械躯体发出指令。这种线性因果关系可以用发条驱动的时钟做最好

---

① ARISTOTLE. Metaphysics[M]//BARNES J. Trans. ROSS W D. Complete works of Aristotle, vol. 2. Princeton: Princeton University Press, 1995: 944b 10-15. 中译引自亚里士多德.形而上学[M].吴寿彭,译.北京:商务印书馆,1959:39。
② DESCARTES R. Discourse on method and meditations on first philosophy[M]. Trans. GRESS D A. Indianapolis: Hackett, 1998: 68.

说明,在时钟中,一个齿轮的运动导致另一个齿轮的运动,最后使整个复合体运动起来。时钟的隐喻可以在笛卡尔、惠更斯(Huygens)、波义耳(Boyle)和霍布斯(Hobbes)等人的思想中找到。在此,我们不妨回顾一下波义耳针对亨利·莫尔(Henry More)所说的话:

> 如果我和那些耶稣会士在一起(据说他们向中国君王献上第一块表,中国君王认为它是一个生命体),我认为我已经对它做出了很合理的解释。如果通过发条轮形状、大小、运动及其与其他部分的平衡来说明,这样一个发动机的结构必然会记录时间。尽管我无法提出论据来说服中国君王,让他相信它没有生命。①

在波义耳的陈述中,我们可以看到他不愿接受机械论与有机论之间存在着绝对区别。这种否认机械论与有机论之间绝对区别的观点,后来遭到坚决反对。正如乔治·康吉莱姆(Georges Canguilhem)所总结的,机械论无法解释生命,因为它试图"从生命之外来彻底解释生命"②。斯宾诺莎主义者坚持"内在因果关系",反对笛卡尔的机械论,这与传递性因果关系

---

① BOYLE R. 转引自 MELI D B. Mechanism: a visual, lexical, and conceptual history [M]. Pittsburgh: University of Pittsburgh Press, 2019: 16-17。
② CANGUILHEM G. Knowledge of life[M] Trans. GEROULANOS S, GINSBURG D. New York: Fordham University Press, 2008: 69.

相区别,意味着线性的、外部的因果关系。内在因果关系意味着自我因果关系。亚里士多德的原动者或不动者是线性因果关系的一种形象,因为如果原因是有限的,并且人们可以追溯到上游的话,那么就必须有第一因。然而,在非线性因果关系中(我们在此联系康德的反思性判断),原动力只能被理解为存在本身的整体性,因此它是内在的。与时钟相比,有机体展示出这种新的运行和结构形式,而机械论的因果关系是无法穷尽这种形式的。前批判时期的康德写道:"因为哪怕是仅仅像动物的躯体这样的东西有可能,也是令人惊异的。即便我能完全认识动物躯体的所有弹簧和管道、所有的神经通道、杠杆和力学设施,也还总是剩有惊赞。"①

像动物躯体这样的东西怎么可能存在呢?机械论与有机论或目的论之间的不可化约性在康德之后导向了两种主要解释:生物学(更确切地说是胚胎学)和技术(一种机械有机论)中的**有机论**(organicism),以及柏格森、康吉莱姆、西蒙东和贝尔纳·斯蒂格勒(Bernard Stiegler)等的**器官学**(organology)。②康德在《判断力批判》第64节中给有机物下

---

① KANT I. The only possible argument in support of a demonstration of the existence of god in theoretical philosophy 1755 - 1770 [M]. Trans. WALFORD D, MEERBOTE R. Cambridge: Cambridge University Press, 1992: 192. 中译引自伊曼努尔·康德.证明上帝存在惟一可能的证据:康德宗教哲学文集[C].李秋零,译.北京:中国人民大学出版社,2016。
② 关于器官学的历史论述,见 HUI Y. Recursivity and contingency [M]. London: Rowman and Littlefield, 2019: 3-4。

了如下定义:"如果一个事物自己是自己的原因和结果(尽管在双重意义上),那么它就作为自然目的而实存。"①

康德随后以树为例,强调了将其定义为有机存在的三个要素。首先,树按照它的类繁殖出自己,即它产生另一棵树;其次,树作为个体也产生自己,从环境中吸收能量并将其转化为养分以维持其生命;最后,树的不同部分建立交互关系,从而构成整体,正如康德所言,"一个部分的保持交互地依赖于别的部分的保持"。有机体的概念包括部分与整体之间的相互关系以及再生产能力。它还确认了两个重要的关系类别,即共同体(Gemeinschaft)和交互作用(Wechselwirkung)。换言之,它们构成自组织(self-organization)的主要形式。正如康德所言:"相反,自然组织自己,并在其组织产物的每一个物种中都遵循一个单一的模式,尽管如此,就一般特征而言,还是会有因为在特定情况下进行自我保护而出现的计算偏差。"②

在汉娜·阿伦特(Hannah Arendt)《康德政治哲学讲演录》(*Lectures on Kant's Political Philosophy*)的帮助下,我们可以依稀辨认出康德政治哲学的特点,即共同体和交互作用这两个概念。这种政治理想的基础是自然,"这位伟大的艺术

---

① KANT I. Critique of judgement[M]. Trans. MEREDITH J C. Oxford: Oxford University Press, 2007: 199. 中译引自伊曼努尔·康德.判断力批判[M].李秋零,译.北京:中国人民大学出版社,2011。

② KANT I. Critique of judgement[M]. Trans. MEREDITH J C. Oxford: Oxford University Press, 2007: 202-203.

家……'永久和平的最终保证'"①。我们回顾康德在《一种世界公民意图下的普遍历史的理念》("Idea for a Universal History with a Cosmopolitan Aim")中所说的:"人们可以把人类的大历史看作隐秘的自然计划的完成(*Vollziehung eines verborgenen Plans der Natur*)。"②如果说人类的历史涉及一个隐秘自然计划的完成,那是因为这个计划是目的论的、有机的,通过共和宪法确保共同体和个体之间的交互。因此,我们可以看到,康德的"有机"概念并不仅仅是一种操作模式,而是各哲学领域思考的条件:实践理性、审美判断和永久和平。这个简短的回顾显示了,来自十八世纪自然主义者的有机概念不仅提供一种操作和结构的新形式,还让哲学为自身规定新条件。换言之,通过摒弃机械论总体化倾向的解释力及其后在工业主义中占据的主导地位,哲学拥抱了有机。这就解释了为什么我们在后康德主义者,特别是费希特、谢林和黑格尔那里看到,反思机制和有机概念都是他们哲学计划的核心。我们在这里无法深入探讨谢林的自然哲学或黑格尔的有机逻辑(有别于自然的有机主义,后者的概念过于孱弱)。希望这足以澄清我们的第一个主张,即"有机"是康德的《判断力批判》

---

① ARENDT H. Lectures on Kant's political philosophy[M]. Chicago: University of Chicago Press, 1989: 25.
② KANT I. Idea for a universal history with a cosmopolitan aim[M]//RORTY A O, SCHMIDT J. Kant's idea for a universal history with a cosmopolitan aim: a critical guide. Cambridge: Cambridge University Press, 2009.

之后哲学思考的新条件。

§2 控制论之后的有机体

鉴于技术自动化已将"成为有机的"(becoming organic)和"道德自治"(moral autonomy)提上日程,有机(organic)或有机论(organicism)①在今天的位置将会如何?我们知道,有机论作为受胚胎学启发的哲学思想,在二十世纪由不同的哲学家发展起来,尤其是怀特海以及受他启发的生物学家,如路德维希·冯·贝塔朗菲(Ludwig von Bertalanffy)、约瑟夫·伍德格(Joseph Woodger)和李约瑟。事实上,在这种哲学思考条件下,我们可以将不同流派联系起来:有机主义/胚胎学、系统论、库尔特·哥德尔(Kurt Gödel)的递归函数和图灵机,以及控制论。有机论希望超越机械论和生机论。贝塔朗菲在《一般系统论》(General System Theory)中写道:"机械论的世界观将物理微粒的相互作用视为终极现实,这种世界观体现在一个崇尚物理技术的文明中,最终导致我们时代的灾难。也许,将世界视为一个巨大组织的模式有助于加强我们对生命的敬

---

① 我们保留"有机"和"有机论"这两个词的模糊性:"有机"是相对于"无机"而言的。有机论是研究有机体及其发展的系统、科学的方法。

畏感,而在近几十年血腥的人类史里,我们几乎失去这种敬畏感。"①

在十八世纪,机械与有机体的对立仍是概念性的;而在十九世纪,机械在工业化进程中的胜利放大了这种紧张关系,导致调和钢铁与自然的政治浪漫主义出现。然而,今天的情况是否依然如此?有机论是否一定会像十八世纪那样与机械论对立?鉴于工业技术的胜利,今天的许多批评家希望用各种各样的有机论来反对技术的发展,好像有机论就是安全的后院,而且似乎我们今天谈论的技术就只是十八世纪机械论的新形式。这种基于有机体与机械对立的批判往往导致一种朝向政治自然主义(political naturalism)的幻想,他们将有机视为艺术、哲学和政治的理想模式,就像十八世纪的浪漫主义者一样。随着生态危机的加剧,重新思考多物种共存的紧迫性日益突显,这可能被视为永久和平条约的回归,不是民族国家之间的条约,而是物种之间的条约。不成熟的思考很容易导致在消灭自然和消灭技术之间做出简单的决定。看来,要探究"自动化之后的哲学",我们必须重新审视这些对立——有机与机械、政治自然主义与数字生命主义等,从而理解当今哲学思考的新条件是什么。

让我们思考一下在本文开头引用的海德格尔那本声名狼

---

① BERTALANFFY L. General system theory: foundations development applications[M]. Harmondsworth: Penguin, 1973: 48.

藉的《黑色笔记》(Black Notebooks)中的说法。海德格尔在此所说的话必须以十八世纪的机械论与有机论之争为背景来思考。海德格尔想要指出的是,机械与有机之间的这种对立已经过时,因此有机不再是人性与永久和平的理想。是什么让海德格尔得出这样的结论,它对我们今天来说又意味着什么?我们必须回到本文开头所说的话:海德格尔声称控制论既意味着西方哲学和形而上学的终结,也意味着西方哲学和形而上学的完成。我们不能简单地将这一主张理解为海德格尔对存在问题的地缘政治式和哲学性的探寻,而应将其与我们自己对新的哲学思考条件的追求结合起来。为理解这一主张,我们必须研究控制论,尤其是诺伯特·维纳出版于1948年的《控制论:或关于在动物和机器中控制和通信的科学》(Cybernetics: or Control and Communication in the Animal and the Machine)。[1]

维纳的《控制论》第一章标题是《牛顿时间和柏格森时间》。牛顿运动是机械运动,是时间对称的,因此是可逆的;而柏格森时间是生物时间,是创造性的,是不可逆的。直到法国

---

[1] WIENER N. Cybernetics: or control and communication in the animal and the machine [M]. Cambridge: MIT Press, 1985. 当维纳的著作被译成德文时,海德格尔仔细阅读了维纳的著作。他还对德国黑格尔和控制论学者哥特哈德·冈瑟的《机器的意识:一种控制论的形而上学》(The Consciousness of Machine: A Metaphysics of Cybernetics)一书的几乎每一页都作评论:该书声称控制论是黑格尔反思逻辑的实现。

物理学家萨迪·卡诺（Sadi Carnot）于 1824 年（牛顿逝世近一个世纪后）提出热力学第二定律，我们才认识到"时间之矢"，系统的熵随时间不可逆转地增加。柏格森早在其第一部著作《论意识的即时性》（*Essai sur les données immédiates de la conscience*，1889）中，就对西方科学和哲学中的时间概念化方式发起猛烈抨击：时间是从空间的角度来理解的，例如，可以用空间来表示时间的间隔，因此，这种概念化本身就是无时的。它是同质的，就像时钟上标记的时间间隔一样。与此种把时间看作在空间有序延伸的观点相反，柏格森认为，时间包含有机形式的不均匀性以及质的复多性。时间是一种力，它在每个瞬间都是唯一的，就像赫拉克利特提到的河流一样，它不会像机械钟表那样重复两次。事实上，机械或线性因果关系并不存在于相继时间中。柏格森时间为理解人类的意识和经验提供新的方式。

牛顿时间与柏格森时间之间的差异确定了物理学与生物学、机器与有机体之间的界限。控制论的任务是证明，随着物理学的进步，特别是统计力学和量子力学的进步，可以利用反馈和信息的概念来构建控制论机器，从而打破机械与有机体之间的界限。在第一章末尾，维纳宣称："因此，近代自动机跟生命体一样，都存在于柏格森时间中。按照柏格森的观点，我们没有什么理由认为生命体活动的基本方式一定和模拟生命体的人造自动机有所不同……事实上，机械论者和生机论者全部争论的问题都因提法不当而被抛到垃圾箱里去了。"①

生机论与汉斯·德里希(Hans Driesch)、柏格森等人有关,但它经常受到有机学派的生物学家和数学家的指责,理由是"隐德来希"(entelechy)和"生命冲力"(élan vital)等概念太过神秘。克服机械论与生机论之争并不意味着机器变成有生机的,而是这种二元对立已被有机论克服,控制论就是这种有机论的机械实现。在维纳的概念化中,当我们拿起一杯水来喝时,这涉及多个反馈回路以及根据评估的信息而进行的调整,同时信息的多少又反过来衡量组织的层级。也就是说,维纳认为柏格森关于有机体的生机论定义本身已经无法与控制论机器的设计分开。维纳的主张开创了我们今天所说的数字生机论或数字生命主义(digital vitalism)。所有形式的存在都可以简化为数字算法,人们可以制造出比自己更了解自身的算法。

反馈(feedback)在这里意味着**反思**(reflection),意味着存在物与其环境之间的循环往复,意味着朝向一种定义整体的目的而进行自我调整的非线性运动。反馈与反思之间的联系并非简单的类比,虽然我们之前将其与康德联系在一起,但我们也应该记得,正如西蒙东在其二十世纪六十年代撰写的文

---

① WIENER N. Cybernetics: or control and communication in the animal and the machine [M]. Cambridge: MIT Press, 1985: 44. 中译引自诺伯特·维纳.控制论:或关于在动物和机器中控制和通信的科学[M].郝季仁,译.北京:北京大学出版社,2007。

章《控制论与认识论》("Cybernetics and Epistemology")中所言,康德只有在《判断力批判》中才处理控制论的问题。① 维纳将第一个反馈系统称为调速阀,这是一种根据钟摆离心运动的速度,自动打开和关闭阀门的设计(首先出现在詹姆斯·瓦特[James Watt]的蒸汽机中)。一个更现代的例子是体内平衡,这是生理学家克劳德·伯纳德(Claude Bernard)描述的概念;之后卡农·伯纳德(W. B. Cannon Bernard)创造这个术语,他在1865年出版的《实验医学导论》(*Introduction à l'étude de la médecine expérimentale*)中写道:"所有的生命机制,无论其如何变化,都只有一个目标,那就是保持内部环境(*milieu intérieur*)中的生命条件不变。"② 内稳态(homeostasis)是一种能够使一个系统保持在一定常量范围内的机制,例如温度或体液中的钾含量。英国控制论学者罗斯·阿什比(W. Ross Ashby)也用"内稳态"来描述生命。在这里,反馈取代单子的反射,并促使维纳摒弃了诸如"生命""生机论""灵魂"等概念:"我的论点为,生命个体的物理功能与一些较新的通信机器的操作在通过反馈来控制熵的尝试上是相似的。"③

这个类比使得维纳以一个共同**目**的将有机体和机器联系起来,抵抗"熵增加的总趋势"。对维纳来说,反馈的概念并不

---

① SIMONDON G. Sur la philosophie[M]. Paris: PUF, 2016: 180.
② CANNON W B. The wisdom of the body[M]. New York: Norton, 1939: 38.
③ WIENER N. The human use of human beings[M]. London: Free Association Books, 1989: 26.

局限于技术物和有机体,他还将其延伸到经济分析和其他社会现象中。在谈到他所谓"长期反馈"时,他以中国古代对天的崇拜为例,根据这种崇拜,天命与皇帝和朝代的命运息息相关。人民因战争或饥荒所遭受的苦难表明,皇帝已经失去天命,因此其王朝注定灭亡。维纳强调,这涉及一种**反馈**。根据维纳的表述,我们可以看到反馈无处不在,它构成一种新的认识论。

§3 超越行星化的思考

正如海德格尔所说,人们要认识到"有机体"和"有机的"是现代性的机械技术性"胜利",可能还需要相当长的时间。海德格尔的判断仍有待认真反思。然而,我们难道不应该看到有机体作为机械技术上的胜利与哲学的终结之间的相似之处吗?从这个角度来看,我们难道不能更具体地理解海德格尔在建议我们超越哲学进行思考时所提议的究竟是什么吗?

这不是简单地宣告哲学的终结,而是需要确定一种新的哲学思考条件。在十八世纪,存在这样一种认识,即作为哲学思考条件的有机条件被视为抵抗机械论的力量,象征着人类和历史的最高组织形式。与哲学思考的有机条件同时发生的,还有作为机械论的加剧的工业革命。在二十世纪,怀特海和刘易斯·芒福德(Lewis Mumford)等哲学家,以及乔治·弗里德曼(Georges Friedmann)等社会学家,都向往有机能够成为对机械化和工业主义,以及对马克思所描述的异化的补救。马克思对工业机器的批判基于对线性因果模式的理解,这在很大程度上解释了双重异化(根据西蒙东所言):首先是工人身体的机械化和灵魂的异化;其次是机器的异化,因为它们被视为纯粹的奴隶。弗里德曼从他的社会学角度观察到让机器适应人类节奏以达到最佳生理状态的可能性和实践。[1] 弗里德曼所预期的改进已经通过人机界面研究和新的产品设计概念实现了。然而,异化还远未被克服。事实上,人机关系的发展已经远远超出弗里德曼的想象,控制论模式预示了超人类主义关于人机混合和技术奇点的主张。如果说弗里德曼和西蒙东曾有过建立新的工作组织的愿望,那是因为机器和工具被理解为被组织的无机物(organized inorganic),这意味着它们可以通过身体重新整合。然而今天,机器不再是被组织的无机物,而是变成巨大的系统,例如谷歌(Google)或社会信用体系,我们可以将其称为组织性的无机物(organizing inorganic)。有机思维的复兴已被控制论吸收,并通过当前人工智能和机器学习的发展得以实现。而异化问题还有待重估。

---

[1] FRIEDMANN G. Industrial society: the emergence of human problems of automation [M]. Glencoe: Free Press, 1955, chap. 5. 另见康吉莱姆对弗里德曼的评论:CANGUILHEM G. Knowledge of life [M]. Trans. GEROULANOS S, GINSBURG D. New York: Fordham University Press, 2008: 96。

追问"自动化之后的哲学",也就是追问作为哲学条件的"有机"之后是什么,或用海德格尔的话说,作为新思考所必要的条件。然而,这并不意味着我们要放弃有机论,相反,我们要阐明有机论在今天的地位,以便探究新的条件和采取行动的新可能性。这种状况也体现在我们社会和政治生活的不同方面,它们可以作为我们反思的切入点。为了明晰此说法,我们想从以下三点(但不限于此)简要概括上文:

首先,今天**伴随**着我们的数字递归机器与十七、十八世纪的模拟机械机器有着本质的区别。然而正如我们在上文试图说明的,这既不是简单的技术进步,也不是唯物主义的证明。我们生活在递归机器之中,这些机器越来越显示出有机体的结构和操作,它们就像西蒙东所描述的,正在成为有机的或正在成为自然物。不过,除西蒙东自己从元素、个体和组合的角度对技术物进行范畴化之外,我们还看到雅克·埃吕尔所谓自主和总体化技术系统的形成。如果说工具被视为被组织的无机物,那么这些系统就是组织性的无机物。今天,当我们看到大型数字平台和数字化城市,特别是智能城市的愿景时,这一点似乎不言自明。

其次,贝塔朗菲、卢曼、海因茨·冯·福尔斯特(Heinz von Foerster)等人的系统理论所吸收的有机思维不再是一种概念分析工具,而是一种技术现实。它通过不同的技术手段在物质上实现。我们可称之为**无机的有机性**(inorganic organicity),它定义了复原力和控制性。当然,我们仍然可以谈论**控制论的控制论**,但无法摆脱无休止的循环。事实上,现代学科的划分掩盖了哲学思考与技术思考之间的密切关系。

再次,组织性的无机物正在行星尺度(planetary scale)上形成巨大的有机体(这需要与谢林将自然界描述为普遍有机体、詹姆斯·哈顿[James Hutton]将地球系统视为超级有机体,以及卢曼的普遍物理学进行对比)实现了德日进(Pierre Teilhard de Chardin)所说的心智圈(noosphere)。德日进声称,随着心智圈的实现,我们能够开发出一种"超级大脑"(super brain)。① 这种超级大脑与二十世纪九十年代所谓超级智能或当今的"神人"(*homo deus*)并无本质区别。在同样的轨迹上,国家的愿景从霍布斯式的机械论转变为黑格尔式的有机国家,现在又转变为由超级智能调控的机械-有机-数字化系统。当今地缘政治的特点就是朝向这种超级智能(所谓技术奇点)的竞争。

"自动化之后的哲学"是对当今哲学思考新条件的探究。如果说,在十八世纪,思维必须是有机的,那么在今天,仅仅这样思考已然不足。相反,人们首先必须**与机器一起思考**这种有机性,而且还要超越这种有机性,超越就是看到它的极限。因此,今天,无论是赞美数字技术如何模拟有机生命(我们所谓数字生命主义),还是渴望以自然的有机概念来解决我们今

---

① TEILHARD C P. The future of man[M]. Trans. DENNY N. New York: Image Books, 2004: 151.

天所看到的技术灾难(政治自然主义),即使不是哲学上的天真,也是不够的。我们必须超越有机与机械之间的对立,这种对立自身仍表现为要么是对技术的主要攻击形式,要么是对机器的天真辩护。

思维尚未决定是走向尚未封闭的事物,还是接受理性的自我规定。这种犹豫不决意味着它必须承担风险,因为思考不能逃避或忽视自身的状况。相反,思考应该面向机器,即在危险中确定方向,以便转向敞开(the Open)。这里的"敞开"有两层含义,首先是指尚未被规定的事物,其次是不能归结为一个确定的答案。正因为如此,思考必须承担风险。正如海德格尔在评论里尔克的诗歌时所说的那样,"可能除了源于危险之地的拯救,剩下的都会是灾难性的(*Unheil*)"[1]。思考必须超越有机的总体化力量,海德格尔称之为集置(*Gestell*),即现代技术的本质。这意味着,思考必须看到"有机"的极限,以及理性对有机的渴望的极限;同时,承认现代技术的行星化(planetarization)是其自身条件。我们必须从一般化的理性概念转向行星思维。这种行星思维不应被误认为技术行星化的表现,相反它思考并指向后者的敞开与转变,首先是超越单一的技术(和哲学)史,其次则是超越其总体化趋势。

(本文译者:蒋雨航)

---

[1] HEIDEGGER M. Poetry, language, thought[M]. Trans. HOFSTADTER A. New York: Harper & Row, 1971: 118.

第二部分 技　术

一个宇宙技术事件：致敬唐·伊德和贝尔纳·斯蒂格勒①

> 我记得那个在埃伊纳岛的下午,忽然间觉察到一道雷震,随后什么都没有。我念头一闪:宙斯。
>
> ——海德格尔,《研讨班》

在技术哲学的实践者们从唐·伊德(Don Ihde)和贝尔纳·斯蒂格勒思想相遇的十字路口出发时,技术哲学会发生什么?他们两位哲学家的思路纵横交错,从而产生了不同的

---

① 这篇文章最初为"交叉路口的技术哲学"工作坊而作,这是专门为唐·伊德和贝尔纳·斯蒂格勒这两位后海德格尔技术思想家举行的会议。该会议由Pieter Lemmens 和 Yoni Van Den Eede 两位荷兰哲学家组织,于2018年1月11日至12日在荷兰奈梅亨举办。

理解技术的方式。与其遵循其中的一个或另一个方向，我建议对这些交叉路进行**定位**（*Erörterung*）。正如海德格尔 1953 年在对特拉克尔《诗歌中的语言》（*Die Sprach im Gedichte*）的讨论里写道，*Erörterung* 首先意味着，"指出某物适当的位置或地点"（*das Weisen in den Ort*），其次，"留意那个位置或地点"（*das Beachten des Ortes*）。① 我们需要在不同的时刻以及不同层级上进行定位，因为每一次的定位都会在诠释学意义上确定其自身的位置或解读。我首先进行的定位是伊德和斯蒂格勒之后技术思考的交叉路，接着是对第一次定位地点（*Ort*）再次进行定位。此第二次定位的地点对海德格尔来说是夜的国度，也就是欧洲（*Abendland*）。在全球化的阵痛中（或者更准确地说，美国化），一种失向（disorientation）掩盖了对海德格尔来说至关重要的人类与技术关系的本质的去蔽。在第三节中，我指出要整合并延伸海德格尔、伊德以及斯蒂格勒的思考，就是要承认历史、文化和地缘政治的差异在宇宙、道德以及技术活动的交互关系中的重要性，我称之为**宇宙技术论**（cosmotechnics）。

---

① HEIDEGGER M. On the way to language[M]. Trans. HERTZ P D. New York: Harper & Row, 1971.

§1 交叉路的定位

这次定位需要始于对海德格尔技术哲学的脱离和部分拒绝。这一方面引出了技术的后现象学研究,另一方面则是对海德格尔和胡塞尔现象-技术研究的重新建构。这两种路径都旨在通过为技术哲学提供一个新的议题来居有海德格尔分析的遗产。我们对海德格尔技术哲学的脱离唯有与海德格尔分析进行对话并向其发起挑战方可实现,即重建海德格尔所称的存在与存在者之间的存有论差异的动势,同时我们必须时刻提醒自己,拒绝是事发(*Ereignis*)的前提,我会在最后一节回到这点上来。

伊德的拒绝体现在他反对海德格尔对希腊技艺(*technē*)的浪漫式怀旧,这导致了对现代技术的简化论观点。在 1949 年的讲座"论技术问题"("The Question Concerning Technology")中,海德格尔试图超越人类学的角度来探究技术问题,也就是对什么是技术进行存有论发问,而非研究对工具的使用。海德格尔描绘了从希腊技艺到现代技术(*moderne Technik*)的历史性转变。这一转移本质上是从创制(*poiesis*)到了集置(*Gestell*)。海德格尔把前者译为 *Hervorbringen*,即英文里的"带出"(bringing forth)和法语中的"生产"(*production*)。后者在英文里通常译为"座架"(enframing),而在法语中则被译为"部署"(dispostif)。① 海德格尔的策略可以根据《存在与时间》(Being and Time,1927)中表述的存在与存在者之间的**存有论差异**来系统地理解。在二十世纪三十年代思想的"转向"之后,他认为西方形而上学的展开始于对存在的遗忘(Seinsvergessenheit)。现代技术,尤其是与诺伯特·维纳等人相关的控制论(cybernetics,这一理论的兴起始于二十世纪四十年代的美国②)标志着形而上学之终结或完成以及哲学的现状。1967年海德格尔在接受《明镜周刊》(Der Spiegel)记者的采访时被问及是什么取代了哲学,他回答说:控制论。控制论作为自柏拉图和亚里士多德以来存有神学(onto-theology)的最新产物,是遗忘存在的象征。在这一理论中,所有存在者,甚至包括语言,均被视为具有可计算性的持留物或资源。与希腊语的自然(physis,也就是存在的另一个名字)不同,控制论这一看待事物的方式建基于现代物理学。

虽然伊德认同海德格尔对大规模工业化技术的批评③,但

---

① HEIDEGGER M. The question concerning technology and other essays[M]. Trans. LOVITT W. New York: Garland, 1977a.
② WIENER N. Cybernetics: or control and communication in the animal and the machine [M]. Cambridge: MIT Press, 1949/1961.
③ IHDE D. Heidegger's technologies: postphenomenological perspectives[M]. New York: Fordham University Press, 2010.

他依照荷兰哲学家汉斯·阿赫特希斯(Hans Achterhuis)的思路①,指出晚近的技术,即"电子和知识型技术"②并不属于海德格尔所称的现代技术范畴,因而它们不能被简化为海德格尔意义上的同质化工业技术。于是伊德间接地否认了海德格尔对现代技术的存有论和实存主义批判,并以此质疑海德格尔批判本身的有效性和正当性。这样的拒绝被伊德所称的"经验转向"或"后现象学研究"继承下来,即一种所谓后海德格尔技术哲学。这种经验转向同样也是对《存在与时间》③第一部分里提到的工具性以及日常生活中的实践行动(*Praxis*)④的回归,而海德格尔在《论技术问题》中将其搁置在一旁,转而追问技术的本质。

正如一些技术哲学学者所说的,拒绝海德格尔对技术的批判,意味着对技术的理解的转变——从有着大写字母 T 的技术(Technology)转变到有着小写字母 t 的具体技术

---

① IHDE D. Postphenomenology and technoscience[M]. The Peking University lectures. New York: SUNY Press, 2009.
② IHDE D. Heidegger's technologies: postphenomenological perspectives[M]. New York: Fordham University Press, 2010.
③ HEIDEGGER M. Sein und zeit[M]. Tübingen: Max Niemeyer Verlag, 1927.
④ IHDE D. Postphenomenology and technoscience[M]. The Peking University lectures. New York: SUNY Press, 2009. 伊德说:"早期的例子来自他(海德格尔)在《存在与时间》(1927)中的'用具分析',且这是他对技术的最经典的现象学式分析。与胡塞尔更具认识论意义的推进相比,经典现象学的阐释者们通常将海德格尔的事发(*Ereignis*)描述为向存有论的转移。这当然有它自己的道理,但我认为,从实用主义角度出发,这是向着实践(*Praxis*)的更为明确的转变。"(2009,p.32)

(technology)。这一转变下的技术批判产生了两个重要的结果。一方面,它赋予了哲学一项新的任务,让哲学参与具体的技术发展及应用,例如具身化和其他形式的调节。究其根本,是因为哲学长期以来在某种意义上一直压制着技术,技术被认为是次要的东西。哲学通过不断地设置对立来做到这点:自然与技术、文化与技术、精神与技术。我们要感谢伊德和他在美国的同事们,诸如卡尔·米切姆(Carl Mitcham)等人的努力,他们向哲学界介绍了更多正在思考技术哲学和科学技术研究的学者以及他们的思想。但另一方面令人担心的是,这种对技术的形而上学分析的否定反倒可能成为对形而上学的维护,尽管这种维护并不是一种赞同而是一种拒绝。[1] 这的确是一个悖论,但却是一个值得深思的悖论。

斯蒂格勒对海德格尔的批判见于其著作《技术与时间1:爱比米修斯的过失》(*La technique et le temps 1. La faute d'Epimethee*, 1998)。斯蒂格勒认为"遗忘存在"(*Seinsvergessenheit*)实则源于长期以来对技术的遗忘,并以此来批判海德格尔提出的存有论差异。技术在斯蒂格勒那里被称为第三记忆(tertiary memory),即一种对此在(*Dasein*)的持留有限性(retentional finitude)的必要增补(雅克·德里达意义上的增补[supplement])。也正是通过技术,一种持留性经济得以被开

---

[1] 类似地,Jochem Zwier、Vincent Blok 以及 Pieter Lemmens(2016)指出伊德忽视了存有论以及集置的问题。他们还批评后现象学的技术中介理论忽视了存有论的维度。

启,器官学和药学的批判成为可能。① 诸如此在、文化、历史性 (*Geschichtelichkeit*)以及世界历史等概念应当而且只能根据第一、第二和第三持存及预存的相互作用来被表述。

斯蒂格勒以胡塞尔的第一和第二持存及预存的概念为基础,我们可以用如下的例子来解释这些概念。当我们第一次听小约翰·施特劳斯(Johann Strauss Ⅱ)的《蓝色多瑙河》时,我们感知到的旋律短暂地保留在了我们对旋律的意识中,但这样的即时感知总是转瞬即逝,对旋律的这种保留被称为第一持存。同时,我们也会预期接下来的音律,否则我们就无法理解这段乐章,也就不会有音乐,只有声响。这一对即将到来而尚未到来的"现在"的预期,便是第一预存。如果明天我们还记得《蓝色多瑙河》,那它就不再是被暂时保留下来的"现在",而是回忆,这即记忆或第二持存。既然我们已经有了对音乐的记忆,我们就能预期每段乐章的结尾以及整首乐曲的结尾,这就被称为第二预存。

在第一和第二持存及预存概念的基础之上,斯蒂格勒发展了第三持存(tertiary retention)的概念,即人工记忆。例如,我们对施特劳斯作品的第二持存不再可靠,因其会随着时间

---

① 斯蒂格勒提出了一般器官学,依照该理论,技术不可被简化为单纯好或者坏的技术性器官,因为它是药学的。斯蒂格勒引用《斐德罗篇》(274c—274e)将书写称为药学的,因为虽然书写帮助了记忆但同样它也促成了遗忘(因为大家不再需要去记住)。

的推移而逐渐消失,但一部留声机、一张 CD 或者一个 MP3 播放器便可帮助我们恢复记忆。它们唤起了第一和第二持存及预存,这就像普鲁斯特(Marcel Proust)的玛德莱娜蛋糕,但这些人造物不仅如此,因为它们具有斯蒂格勒所说的"确位"(*orthothétique*),这一新词由希腊语词 *orthotēs*(确切)以及 *thesis*(位置)组成。① 如果是技术制约了现象学的经验,那么很明显,唯有将技术的角色纳入对经验的解释,一种后现象学才得以可能。

伊德和斯蒂格勒分别对海德格尔有着不同的拒绝,因而"后现象学之后"(尽管斯蒂格勒并没有使用这个词)对他们来说具有不同的含义。他们两人都承担着批判先验论(transcendentalism)的任务,因为它忽视了技术且否认了自身被技术改造的脆弱性——如果它可以被改造,那么它就不再是先验的。斯蒂格勒以"非先验论的"(a-transcendental)来回应前文的问题,伊德则是用他的"经验转向"来回答。斯蒂格勒的概念似乎比伊德的更容易令人联想起之前的"先验的"。尽管有着希腊语的否定项 a-,但"非先验论的"既不是经典意义上的经验的(empirical)也并非先验的:与康德的作为知识的先验根据且具有普遍先天性质的"范畴"相反,"非先验论的"意味着制约者以及那些易受制约者。斯蒂格勒拒绝了海德格

---

① STIEGLER B. Philsophising by accident[M]. Trans. DILLET B. Edinburgh: Edinburgh University Press, 2017.

尔指出的现代技术的存有论劣势,并暗示一种存在者层次上的(ontic)优先性。这种优先性探讨了特定技术物不同的存在模式,而这些存在模式无法被化约为海德格尔对现代技术本质的解读。对斯蒂格勒来说,存在者的层次——第三持存是海德格尔存在问题中的"尚未思考之物",因为历史性(Geschichtelichkeit)的问题只有在考虑到技术的情况下才得以可能,技术构成了已在(already there),或者说此在自其诞生以来便被抛入其中的世界,且技术能够被代代相传。斯蒂格勒认为救渡的力量(海德格尔借用荷尔德林的诗句,"急难所在,亦生救渡")要求用一种药学的方式去认知技术。而对伊德来说,如果我们的理解没错,救渡的力量并不会成为一个真正的疑难。伊德的做法与格拉厄姆·哈曼(Graham Harman)更为相似(伊德也在文中引用过后者),①即回到技术物自身以赋予它们存有论的尊严,紧接着转向杜威(John Dewey)的实用主义或者兰登·温纳(Langdon Winner)的人造物政治。上述对伊德和斯蒂格勒思想的简要评述展示了脱离海德格尔技术分析的两条轨迹,用于对交叉路口的一次定位,但这一定位仍显得片面,因为它仍限于一个特定的视角,即与海德格尔的对抗(Auseinandersetzung)。

---

① 在《海德格尔的技术》(Heidegger's Technologies,2010)中,伊德曾多次提到格拉厄姆·哈曼(p.114、p.117、p.119)。

§2 渊基的定位:浪漫主义和位于无蔽

我们讨论第二次定位的必要性在于它是我们理解无蔽（unconcealment）概念的关键，它本身也是海德格尔存在问题的核心。因此我们必须重新解释与希腊人所称的真理（*Aletheia*）密切相关的无蔽概念，才能启动这次定位。在伊德的经验转向之后，是否还有可能来处理无蔽的问题？还是说随着对海德格尔怀旧式技术哲学的拒绝，伊德也放弃了存在问题？我认为这一海德格尔式发问是他思想转向的核心，放弃这个问题即意味着把哲学交予**技术科学**（technoscience）。对这个问题我们也可以换一种说法：在后海德格尔技术哲学之后，是否有可能对海德格尔的无蔽问题做出新的阐释？

海德格尔认为，于所有技术活动中无处不在的无蔽并不仅仅是浪漫化或者神秘化的，尽管他本人的论述往往给存在罩上神秘的光晕。就像他会使用诸如"未知"（*Unbekannte*）、"最后之神"（*letzter Gott*）之类的词，以及引用例如艾克哈特大师（Eckhart Meister）和安吉鲁斯·西里修斯（Angelus Silesius）等神秘主义者的观点，而这往往会激怒那些理性主义者。海德格尔曾借用西里修斯的诗句"玫瑰并无为什么"（*Die Rose ist ohne Warum*）来批判科学无止境地追问"为什么"。玫瑰就是玫瑰：它不需要被简化为一个描述其实存的"科学"解释。同样，对海德格尔来说，德语中的"因为"（weil）一词并不用作解释，而是表示持续的形式。①

伊德丝毫不认同海德格尔浪漫怀旧式的语调。他嘲笑海德格尔将古希腊神庙浪漫化为一个聚集的位置，伊德用了一个怪诞的例子（核电厂）与之作比较，并质问为什么核电厂不能被看作一个聚集的位置：

> 在长岛海湾航行时，便可见到在远方地平线上伫立着的秀仑核电厂（Shoreham nuclear plant）的超级筒仓，它们被浅绿色的屋顶覆盖着。核电站矗立在那里，呈现了看似毫无特征的沙丘与天空之间的对比。同样在海洋与海滨之间，它位于此处且定义了对比。如果没有核电厂的出现，海岸线也只是成为视野中一条平平无奇的线条。②

我对这样一种批判持保留意见，它在很大程度上是对海

---

① HEIDEGGER M. The principle of reason[M]. Trans. LILLY R. Bloomington: Indiana University Press, 1991. 海德格尔（1991）引用歌德来表明"因为"（weil）不仅仅是对"为什么"的回应，更是一种持续的形式，即逗留的（lingering, weilen）。这点呼应了他在《论技术问题》一文中对"本质"一词的分析：通过再次引用歌德，海德格尔建议我们将本质理解为长久保存的东西（fortwähren, fortgewähren）。

② IHDE D. Heidegger's technologies: postphenomenological perspectives[M]. New York: Fordham University Press, 2010: 82.

德格尔的一种误解。海德格尔思想中经常被批评的这部分正是他思考的核心,意味着没有这一部分便没有海德格尔现象学。我不能在这里展开完整的论述,但我在《递归与偶然》中详细阐述了海德格尔思想中的存在必须被看作在上帝死后对存在的合理化的问题。① 合理化并不是指将存在变为"在手之物"(present-at-hand),而是要去阐释存在作为此在的存在理由(ratio essendi)而非其认知理由(ratio cognoscendi)。这是在当下的时代中思的任务,海德格尔感觉到一股庞大的形而上学力量正在将地球变为一个巨大的控制论机器。对海德格尔来说,这种由纯粹计算的技术带来的决定论(determinism),随着人工智能的进步已抵达我们的时代,就像现在大众每天都能在报纸上看到这些评论。

西方的形而上学计划与全球化紧密相连,海德格尔称之为行星化(planetarisation),我们可以将其看作源自殖民主义。地缘政治学对海德格尔预期欧洲可能的未来起着重要作用。在二十世纪五十年代,海德格尔认为欧洲正受到来自美国和苏联的威胁,或者更准确地说是美国主义,因为他也将布尔什维克主义与美国主义联系在一起。然而,我需要强调的是,海德格尔在《世界图像时代》("The Age of World Picture")中谈到的庞大之物(gigantic)不仅仅指美国主义。由于缺失传统,

---

① HUI Y. Recursivity and contingency[M]. London: Rowman and Littlefield International, 2019.

美国主义只是传播这种力量并释放它。这是当量变成质时产生的力量,即还原为可计算性,而随后这一可计算性的行星化又创造了一种不可计算的(incalculable)力量:

> 一旦在计划、计算、调整和确保转移中的庞大之物超出了量而变为某种特有的质,那么,庞大之物以及那些看起来总是完全能得到计算的东西,恰恰因此成为不可计算的东西。①

如果以海德格尔无力去思考二十世纪中期的电子技术以及今天的纳米技术——"小型化和多任务处理"②为理由来否认海德格尔对地基上"庞大之物"的批判,未免太过草率了。因为海德格尔也生活在一个有着无线电广播、电视机以及量子力学的时代,这是伊德自己知道但不予理会的事实。③ 海德格尔的"庞大之物"的确与机器的大小没有什么关系:它从根本上说还是一个形而上学概念。海德格尔想要分析由现代性带来的转变,并且要求一种"转向"。只有当欧洲的此在知道

---

① HEIDEGGER M. The question concerning technology and other essays[M]. Trans. LOVITT W. New York: Garland, 1977b: 135.
② IHDE D. Postphenomenology and technoscience[M]. The Peking University lectures. New York: SUNY Press, 2009.
③ IHDE D. Heidegger's technologies: postphenomenological perspectives[M]. New York: Fordham University Press, 2010.

其位置,且了解一个人的位置以及它未来的方向时,此种转向才成为可能。必要的是,去定位并留意那个位置。所以,海德格尔遭遇的不仅是一个形而上学的问题,同样也是一个地缘政治学的问题,这要求以一种新的思考方式来揭示技术的本质。

海德格尔很清楚,这一思考方式的目标不在于对理性的拒绝,而是超越理性的极限。在研讨会"谢林:论人类自由的本质"("Schelling: Vom Wesen der menschlichen Freiheit", GA 42)中,海德格尔讨论了基底(*Grund*)、实存(*Existenz*),以及本质(*Wesen*)。海德格尔认为,对谢林来说,基底正是非理性的(*Nicht-Rationale*)。然而,海德格尔也警告说,人们应该避免将这基底扔进所谓不理性(*Irrationale*)的原始沼泽中。① 与不理性不同,非理性是在理性的极限处可以被识别的东西,这时理性不再去解释,而不理性则与理性相对立,是一种对思考的逃避。要开始这样的哲学探究,哲学首先必须是无神的(a-theistic),它不是拒绝神,而是拒绝一种原始宗教:

> 哲学由于其激进的、自我质疑的脆弱性,从根本上来说必须是无神论的。正是因为哲学的基本倾向,它不能

---

① HEIDEGGER M. Schelling's treatise on the essence of human freedom[M]. Athens: Ohio University Press, 1985.

假定去拥有或者定义神。①

我们或许要慎重对待那些理性主义者以浪漫化或不理性来指责海德格尔的批评,否则就会有落入自己幻想的危险,从而忘记现象学对海德格尔来说是关乎存在的问题。这一点与胡塞尔现象学有着根本的不同,后者只是在他关于"范畴直观"的论述中略微触及这个问题。②

如果我们成功阐明海德格尔的"浪漫主义"和"庞大之物"的概念,在这里我们便必须回到一开始设置的议题上来,继续讨论第二次的定位。海德格尔作为一个德国哲学家在言说,或者在更普遍的意义上,作为一个欧洲战时及战后的哲学家在言说。在海德格尔对特拉克尔写于1953年的诗歌的定位中,欧洲是一个以孤寂、忧郁或者先验的蓝色(transcendental blue)为标识的地方,它认识到即将迫近的终结以及未来世代的艰巨。特拉克尔在诗歌《格罗代克》("Grodek")中这样描述道:

---

① HEIDEGGER M. GA 61. Phänomenologische Interpretationen zu Aristoteles [M]. Frankfurt am Main: Vittorio Klotermann, 1994. "Philosophie muß in ihrer radikalen, sich auf sich selbst stellenden Fraglichkeit prinzipiell a-theistisch sein. Sie darf sich gerade ob ihrer Grundtendenz nicht vermessen, Gott zu haben und zu bestimmen."
② HEIDEGGER M. My way to phenomenology in on time and being [M]. Trans. STAMBAUGH J. New York: Harper & Row, 1977c.

> 如今,阵痛养育着精神的烈焰
> 孙辈却仍未被分娩①

为什么是"孙辈"而非"儿子",海德格尔回答道:"未临世者被称为孙子们,因为他们无法成为儿子们,也就是说他们不能成为已被毁灭的一代的直系后裔。"②对海德格尔来说,欧洲的技术发展产生了一种无根化,因为现代技术表现为一股庞大的形而上学力量正在把地球带向一场灾难。地球变得让灵魂都觉得自己是个异乡人,这句话出自特拉克尔的《灵魂之春》("Spring of the Soul"),海德格尔在他1953年的文章中不停地重复这一点:

> 灵魂,是大地上的异乡人③

自柏拉图以来的西方形而上学一直将灵魂视为超感性领域,它并不属于大地。对海德格尔来说,灵魂虽然觉得自身是

---

① HEIDEGGER M. On the way to language[M]. Trans. HERTZ P D. New York: Harper & Row, 1971. "Die heiße Flamme des Geistes nährt heute ein gewaltiger Schmerz / Die ungebornen Enkel."
② HEIDEGGER M. On the way to language[M]. Trans. HERTZ P D. New York: Harper & Row, 1971.
③ HEIDEGGER M. On the way to language[M]. Trans. HERTZ P D. New York: Harper & Row, 1971. "Es ist die Seele ein Fremdes auf Erden."

大地上的异乡人，但并未试图逃离大地，反而是要寻找它。① 蓝色对诺瓦利斯(Novalis)来说是理想(ideal)的颜色；它亦是火焰的颜色，代表着"精神的"(*Geistlich*)。欧洲是一片精神之地、夜的国度，那里有着圣容和光芒的显现。② 这一对精神性的回归不就是伊德所批评的浪漫化吗？不就是一种在国家社会主义的宣传中与工业化的钢铁紧密结合在一起，③且早些时候便为恩斯特·荣格(Ernst Jünger)、奥斯瓦尔德·斯宾格勒(Osward Spengler)等保守派所倡导的浪漫主义吗？④ 毫无疑问这之间有联系，正如迈克尔·齐默尔曼

---

① DASTUR F. Heidegger et Trakl: le site occidental et le voyage poétique[J]. Noesis, 2014(7). 弗朗索瓦兹·达斯特(2014)对灵魂的运动提出了一个重要观点："L'âme ne fut pas la terre, lieu inhabitable pour elle, comme le veut le platonisme traditionnel, mais au contraire cherche la terre. Il faut donc entredre ce vers différemment: l'étrangeté à la terre n'est pas l'attribut de l'âme, mais, dans la mesure où elle nomme son être en chemin vers la terre, son essence meme."。

② DASTUR F. Heidegger et Trakl: le site occidental et le voyage poétique[J]. Noesis, 2014(7).

③ 此种形式的浪漫主义呼应约瑟夫·戈培尔(Joseph Goebbels)写于《德意志技术》(*Deutsche Technik*)中的内容，"我们生活在一个技术的时代。这时代的技术竞赛影响着我们生活的方方面面。任何努力几乎都逃脱不了它强大的影响。现代技术将会使人失去灵魂，因此这无疑是一种危险。国家社会主义从未拒绝或对抗技术。毋宁说，其主要任务之一便是有意识地肯定技术，在内部用灵魂充盈它、去规范它，并取代它以造福我们的人民，提高他们的文化水平。国家社会主义者过去的公开声明中常常提到我们这个时代里钢铁般的浪漫主义。今天，这个说法已经获得其充分的含义。我们生活在一个既浪漫又像钢铁般的时代……国家社会主义知道如何去利用无灵魂的技术框架，且让它充满我们这个时代的节奏和激情"。伊德也对此做了引用(2010, p.11)。

④ HERF J. Reactionary modernism: technology, culture, and politics in Weimar and the third Reich[M]. Cambridge: Cambridge University Press, 1984.

(Michael Zimmerman)已经在他的《海德格尔和现代性的对峙》(*Heidegger's Confrontation with Modernity*)一书中论证过的。但也有一些细微差别值得我们注意一下。在对特拉克尔诗歌讨论的末尾,海德格尔如伊德一样提出了同样的问题:

> 这是在现代大众生存的技术经济主导的世界之边缘的梦幻浪漫主义吗?又或者这只是属于"疯子"的透彻知识?他们比那些花时间记录当前现实的新闻记者感知到更多的东西,这些记者笔下的未来只不过是今天事件的延续,这种未来跟关乎人类本源的命运毫不相关。①

海德格尔声称这种对庞大之物力量降临的沉思(*Besinnung*)将带给地球毁灭,这不是来自浪漫主义而是来自尼采这样的疯子,唯一一个理解上帝之死的人。就像诗人一样,哲学家是在记者报道和社会学分析之外看到未知到来的人。正是这种认识——需要一种如同从上手状态关切中脱离的断裂,再到现成在手的突然呈现,揭示了一个我们对自己的

---

① HEIDEGGER M. On the way to language[M]. Trans. HERTZ P D. New York: Harper & Row, 1971: 197. 达斯特写道:"Le site de la poésie de Trakl est donc le pays du soir, une terre spirituelle: en tant que tel il s'oppose aussi bien à l'Occident métaphysico-chrétien qu'à l'Europe économico-technique, aussi bien au passé qu'au présent. Cet Occident auquel nous appelle Trakl est le pays de ingénérés, un Occident encore en latence (Verborgen). Trakl est ainsi, aux yeaux de Heidegger, le poète d'un tel Occident à venir."。

习惯感到恐惧的另类现实。这不同的现实(如果可以这样说)揭露了人类与世界间的另一关系。从现成在手到上手状态,我们看到了两种现实的对抗,或许我们可以用实存和背景的关系来类比。正是这种可以被称为存有论差异的东西(我称其为数量级的差异),允许我们在不同的框架下重新书写现代技术。我们可以把这种存有论差异与格式塔心理学中的图形(figure)和背景(ground)做一个平行解读。那么什么是背景呢?

德文 Grund 可以被同时翻译为背景/基底和理性。海德格尔在研讨会"理性的原则"("Der Satz vom Grund")中致力于解释莱布尼茨所说的"没有任何存在之物是没有理由的"(nihil est sine ratione),其中也包括对莱布尼茨主义(这后来成为维纳的控制论之基石①)的批判。在讨论中,海德格尔想要指出,不同于路易·库特拉(Louis Couturat)的论点,莱布尼茨的哲学不仅仅关于逻辑。那么基底在这里又意味着什么?海德格尔的尝试不应当被视为一种浪漫化,而是一种在更广阔的现实中重新书写技术的企图。它为理解技术提供了新的方向,也因此有了另一开端(Anderer Anfang)。然而,如果我们寻找基底,我们还是会抵达一个渊基(Abgrund),就像谢林的无

---

① 维纳(1948)称莱布尼茨是控制论的"守护人"。

基底(*Ungrund*),即无基础的基础。① 这里的问题在于,如何去合理化这个无基础的基础,以感知此在和技术的另一开端?

伊德知道他的核电厂类比是讽刺的,也许太过讽刺了以至会激怒海德格尔主义者,所以他引用兰登·温纳的人造物政治或布鲁诺·拉图尔(Bruno Latour)的类客体(quasi-objects)政治为他对庞大之物的批判提供支撑。这举措尽管与他的实证经验转向相符,但也是对存在问题的放弃,并忽视了对海德格尔技术哲学(如果有的话!)以及他的现象学来说最为重要的对未知的合理化。尽管伊德很关注生态及外交问题(他称后者为世界性的谈话伦理),在《技术与生活世界》(*Technology and the Lifeworld*)中,他还是拒绝将"精神革命"(spiritual revolution)当作一种可能的变革:

> 问题是任何更大的感知性格式塔转换都必须发生在技术文化内部。如果本书的文化诠释学的提示是正确的,那么就不存在更大的、足够强大的外部文化来向我们展示其优越性。中国的舰队不会出现于我们的视野里。这仅仅是对任何潜在的拯救"上帝"之流俗的拒绝。②

---

① HEIDEGGER M. The principle of reason[M]. Trans. LILLY R. Bloomington: Indiana University Press, 1991: 51f. "存在(Being)是渊基(*Abgrund*),因为存在和基底(*Grund*)是一样的。"

② IHDE D. Technology and the lifeworld: from garden to earth[M]. Bloomington: Indiana University Press, 1990: 200.

安德鲁·芬柏格(Andrew Feenberg)批判伊德并没有清楚地描述"格式塔转换"是如何可能的。① 我认为伊德技术思想中这种对答案的含糊,部分源于他对海德格尔在现代技术批判上的爱恨;芬柏格似乎认同这一点,因为他想通过回到海德格尔来接受伊德的挑战。② 对海德格尔存在政治的拒绝(关涉存在的连接或恰合[*Fuge des Seyns*]及其真理)关联着有大写字母 T 的技术(Technology),同时这也是对探讨技术本质的拒绝。因此,这种技术文化内部的"格式塔转换"问题还有待探究。

公平地讲,伊德确实对这"惆怅的"情况做出了两点回应,一是联网,二是多元文化性,这使得"西方价值观中盛行的某种传统被削弱"③。然而,尽管这种对多元文化的强调并不一定会导致期望的"特定传统的削弱",但似乎一种可能的办法是从根本上重启技术问题,并且理解这些宇宙技术思想如何能够重新居有以及转变现代技术。在第二次定位中,我们以重新概念化技术问题来与海德格尔一道思考并超越他,实现

---

① FEENBERG A. Making the gestalt switch[M]//ROSENBERGER R, VERBEEK P P. Postphenomenological investigations: essays on human-technology relation. Lanham: Lexington Books, 2015: 231.
② 芬柏格(2015,p. 231)写道:"我想在当代技术思想的深层背景下探究这个问题。海德格尔在这背景下无疑扮演着最重要的角色。"
③ IHDE D. Technology and the lifeworld: from garden to earth[M]. Bloomington: Indiana University Press, 1990: 200.

了伊德关于"格式塔转换"的愿景,并重回无蔽或揭露的问题。我想正是对这种基底的揭露,包含了疏朗(Lichtung)的可能性;如果这无蔽是可能的,它不是佛教禅宗讲的顿悟(bodhi),而是重置技术现实的必要性以及无蔽状态在宇宙现实中的生成。就像在格式塔心理学中(与伊德的"格式塔转换"意图相同),图形必须被置于背景之中,即图形只能是背景的图形,而背景也只能是图形的背景。重置技术的目的不在于使技术隶属于古代宇宙论,而是将技术重新概念化为我所说的宇宙技术论。① 鉴于我们今天技术及政治的发展与海德格尔对美国主义的分析以及控制论作为形而上学之完成相距了数十年,我们有必要重新对交叉路口进行定位。在世界或宇宙(*Kosmos*)中重置技术构成了第二次定位。因此我以宇宙技术概念为方法来探究第二次定位。

§3 事发和千种宇宙技术

Kosmos 在希腊语中代表着秩序,海德格尔将其翻译为"宇

---

① HUI Y. The question concerning technology in China: an essay in cosmotechnics[M]. Falmouth: Urbanomic, 2016. 对于宇宙(cosmos)和技术作为图形和背景的解读是西蒙东《论技术物的存在模式》第三部分的主旨,后来我在《论中国的技术问题》(*The Question Concerning Technology in China*)第二节以及《递归与偶然》中详细论述了这一点。

宙"和"世界"。① 这里的宇宙不仅仅指天空中可以被看见的星辰,也指控制所有事物的力量,就像赫拉克利特在《残篇》第六十四节里说道,"雷电统御着一切(the thunderbolt steers all things)"。我用**宇宙技术论**来描述宇宙和技术之间必要的关系:宇宙技术主要指宇宙秩序和道德秩序通过技术活动而达到统一。这种统一的动态关系,对宇宙和道德的定义,在各文化中有所不同;而背景亦是如此。② 对海德格尔来说,存在问题对西方思想而言至关重要,然而这在东方却有着截然不同的意义。例如在东亚,就像京都学派的开创者西田几多郎(Nishida Kitaro)提出的,东方思想的核心是无,而非有/存在。这种差异以及西田的分析值得更进一步地详细论述,在这里本文不做过多讨论。③ 我们的重点在于指出技术的问题必须作为千种宇宙技术的问题被重新打开。这种多重性不同于二十世纪的技术哲学,大多数对海德格尔《论技术问题》的引用

---

① 希腊语 *Kosmos* 还包含着第三种意思:一种女性佩戴的装饰品(BERQUE A. Recosmiser la terre—Quelques leçons péruviennes[EB/OL].(2017-12-01)[2024-11-27]. http://ecoumene.blogspot.ch/2017/04/recosmiser-la-terre-quelques-lecons.html.)。

② HUI Y. The question concerning technology in China: an essay in cosmotechnics[M]. Falmouth: Urbanomic, 2016. 见许煜,2016,第 2 节《宇宙、宇宙论和宇宙技术》("Cosmos, Cosmology and Cosmotechnics")。

③ HUI Y. The question concerning technology in China: an essay in cosmotechnics[M]. Falmouth: Urbanomic, 2016. 见许煜,2016,第 23 节《虚无主义与现代性》("Nihilism and Modernity"),在其中我尝试去论证关于虚无的论述如何影响到京都学派的其他成员,例如西谷启治以及他对海德格尔的解读。

都直接或间接地接纳了只有两种类型的技术本质的观点,即希腊技艺和现代技术。但我想指出,印度、中国和亚马孙的技术是不可被直接化约为希腊技艺或现代技术的,因此我们不能从历史比较的方面来简化对技术的研究。在继续探究伊德、斯蒂格勒以及海德格尔之前,我想做两点澄清。

首先,对中国、印度或者亚马孙的讨论绝不是要回到一种民族主义或种族中心主义,探索一种国族主义技术的意图是我所拒绝的。打开技术问题就是打开地方性/**所在之地**(locality)的问题。所在之地即意味着此在(Dasein)之所在。Dasein 中的 Da 首先表示某个确定的地点,战后德语的 Dasein 与泰勒斯(Thales)时期古希腊语的 Dasein 并不相同。全球化是一种无视地方性并想要根除地方性以完成全球资本主义化的行为,彼得·斯洛特戴克(Peter Sloterdijk)的《资本的内部》(*Im Weltinnenraum des Kapitals*, 2005)一书对此有着清晰的描述。其次,回归地方性隐含了一种对普遍的拒绝,因为普遍是其中一个维度但却不是总体。技术有一个普遍的维度,它可以被理解为记忆的外化以及人化(hominization)过程中身体器官的解放;但技术也不是普遍的,因为它总是受到生活的宇宙形态的驱动和约束。我将以上总结为技术普遍性的二律背反。因此,宇宙技术概念既不是回归国族主义,也不是将自身定位于普遍和特殊的二分之中。

一直以来备受讨论的是:海德格尔回到前苏格拉底时期

去寻回另一开端,这是不是在尝试重新引入宇宙问题,从而将宇宙技术视为无蔽的可能性？无蔽在这里指的是让某物显现,并揭示自身。但被揭示的是什么？向谁揭示？这种无蔽发生在技术活动中,又是怎样一种可能性让技术活动彼此区分开来？这个问题使我们回到**事发**①的问题上来。定位是为事发做准备,准备居有那被遮蔽在技术中的东西。与其对海德格尔的主要论著《哲学论稿》中的事发问题进行阐述,不如考虑一条捷径,从海德格尔在他 80 岁生日时与理查德·威瑟进行的最后一次访谈开始:②

> 我在技术里看到,也就是从其本质意义上,人类被一种力量(*Macht*)控制,这股力量改变了他,而面对这股力量时他不再自由——某种东西宣告了它的存在,那是存在(Being)与人类之间的一种关系(*Bezug*)。某一天,本来隐匿于技术本质中的这种关系可能会得到揭示。这会发生吗？我不知道！然而,我在技术的本质里看到神秘的所在(*Geheimnis*),我称之为"事发/事件"(*Ereignis*, event)——根据你的推论,不是要对技术进行抵制或谴

---

① 事发(*Ereignis*),或译居有事件(the event of appropriation),发生(*ereignen*),适合(*eignen*)。
② 对这一问题的阐述可以参阅我的《节奏与技术:论海德格尔对兰波的评论》(2017b),该文也包含了我对下面这段文本的翻译。

责,而是要去理解技术的本质和技术世界。①

现代技术也是一种揭示的形式,尽管它有着把地球转变为一个控制论机器的危险,就像现在的人类世,这也可以被描述为技术的全球化或行星的控制化。在每一项技术活动中,人们都能看到揭示的可能性,前提是允许事件发生,因而定位是必要的,就像特拉克尔的诗想要澄清的地点,它揭示了超出夜晚的贫瘠的某些东西,在那里,存在的撤离导致了对"痛苦、死亡和爱的无蔽"的无视。②

当技术转变为宇宙技术,且宇宙的问题**不被简化**为天体物理学时,存在的显现才成为可能。意大利哲学家雷纳托·克里斯丁(Renato Cristin)在他的《海德格尔与莱布尼茨》(*Heidegger and Leibniz*)一书中准确地描述了这类事件的本质:

> 居有事件是存在"显现"的领域:对早期希腊思想中特有的宇宙论结构的回归,不仅伴随而且激发了将存在的拓扑学用作对原初和绝对的定义。③

---

① BEAUFRET J, WISSER R. Martin Heidegger im Gespräch mit Richard Wisser[M]// NESKE G, KETTERING E. Martin Heidegger im Gespräch. Pfullingen: Neske, 1988: 25.
② HEIDEGGER M. Poetry, language, thought [M]. Trans. HOFSTADTER A. San Francisco: Harper, 2001: 95.
③ CRISTIN R. Heidegger and Leibniz: reason and the path[M]. Dordrecht: Springer, 1998: 93.

然而,为了充分实现宇宙技术思考,人们必须对海德格尔自身的思想进行定位,并且要偏离来自欧洲的禁锢或是对欧洲的重新定位。定位在我们这残酷的时代里是怎样的形象?欧洲不再只是受到来自美国和苏联的挤压,如今还有新加入的亚洲,尤其是所谓中华未来主义,它对无限制的技术加速持开放的态度。[①] 我们生活在一个被海德格尔描述为以不同形式和速度行星化的时代。技术加速通常与普罗米修斯主义相关联,而如今同时成为政治左翼和右翼的目标:左翼人士声称随着技术加速,我们能够超越资本主义,这意味着我们能够进入后资本主义社会;右翼保守派则认为,伴随技术加速,我们能够打破被左翼人士视为欧洲启蒙运动的遗产的"政治正确"。[②]

我认为,在发展一种后海德格尔技术哲学时必须解决如今的定位问题,因为海德格尔对技术的分析与他早期对国家社会主义的信仰是不可分离的。我认为有必要重置宙斯的宇宙,并将希腊的宇宙技术与其他的宇宙技术区分开来,也就是去构想我在上文尝试解释的千种宇宙技术论,这并不通过对

[①] HUI Y. The question concerning technology in China: an essay in cosmotechnics[M]. Falmouth: Urbanomic, 2016. 见许煜, 2016, 第 27 节《人类世中的大中华未来主义》("Sinofuturism in the Anthropocene")。

[②] HUI Y. Rhythm and technics: on Heidegger's commentary on Rimbaud[J]. Research in Phenomenology 2017a.

立来实现,而是通过重置普罗米修斯主义。这不仅涉及技术哲学,更是哲学本身。

在1936年的名为"欧洲与德国哲学"("Europa und die deutsche Philosophie")的讲座中,海德格尔提出了拯救欧洲的两种方式:一是屏蔽(*Bewahrung*)欧洲人民与亚洲人民的接触;二是克服自身的无根基以及解体。① 鉴于最近出版的《黑色笔记》以及通信,对于他的保守思想,我留给读者自行评判。但考虑到欧洲哲学的未来,或更准确地说,法欧哲学,在这里我想引用一篇斯蒂格勒写于德里达去世之后的文章——《驴皮记;或者,雅克·德里达之后法欧哲学的意外》("The Magic Skin; or, the Francoeuropean Accident of Philosophy after Jacques Derrida")。在这篇文章中,斯蒂格勒认为欧洲哲学本质上围绕着技术-逻辑展开,因为技术问题是欧洲哲学的开端以及核心,而欧洲哲学的未来必将是全球性的:

> 简而言之,欧洲被呼唤着要与其哲学一起全球化(在全球范围内存在),**否则它将消亡**——而且这只有通过"去欧洲化"才能得以实现。换句话说,除非它知道如何确保将其哲学转化为全球性的,从而直面思想的内在偶然性特征,以及欧洲和它未来本质上的**非欧洲特征**,否则

---

① HEIDEGGER M. Europa und die Deutsche Philosophie [M]//GANDERS H H. Europa und die Philosophie. Frankfurt am Main: Viktorio Klostermann, 1993.

它将不再存在于这个世界上,将失去其未来。①

这个论述困扰了我好一段时间:欧洲技术不是已经成为全球性的了吗？在历经数百年的殖民以及全球化之后,欧洲技术不正是全球性的吗？这对海德格尔来说正是哲学的终结。我提出这些问题,不是因为我想要用一种受害者的后殖民话语去批判斯蒂格勒的这一论述并"地方化欧洲"（provincialize Europe）。恰恰相反,我想从技术的角度来一起思考欧洲之后的哲学究竟意味着什么。

我们必须从字面上来理解"之后"（after）,因为现在是时候开始一种不同的思想策略了。为了进行一场富有成效的谈话,我们必须以技术问题重新开始,在这点上斯蒂格勒和伊德等人揭示性的工作引导我们在海德格尔之后走了一半的路程,这也是我坚持重新审视海德格尔的原因。近年来,斯蒂格勒经常提出地方性和宇宙论作为对人类世论调的回应。在他看来,若不关注地方性的问题,即使不是不可能,也很难处理人类世所面临的全球性的危机。欧洲哲学如何与非欧洲的地方性相接触？逃离人类世正是一种策略的演练,是哲学的而非狭义的实用主义的:它必须能够建立关于技术全球化和现代化的思想的新形式。

这是全球化带来的后果,我们已经身处其中并必须为此

---

① STIEGLER B. The magic skin; or, the Francoeuropean accident of philosophy after Jacques Derrida[J]. Qui Parle, 2009, 18(1): 99.

承担责任。我相信，欧洲人和非欧洲民族有必要超越政治和开采经济（自然资源和人力资源）去重新激活宇宙技术问题，而且这种关于地方性的话语不能表现为一种对外族的憎恨，因为这样的"屏蔽"无疑会唤醒一种原始的法西斯主义。相反，我们将不得不肯定宇宙技术的多元化并积极地为技术寻求新的方向，而不是假装像十八世纪的思想家们一样，相信有一个包融所有的系统。海德格尔思考的是通过解读前苏格拉底思想家来把现代技术重新纳入新的宇宙论框架，而我认为非欧洲的文化也需要肯定他们的宇宙技术历史，正如我在《论中国的技术问题》中尝试重构围绕着道和器的系统及历史论述来处理中国的宇宙技术论。① 最终的问题会是如何将现代技术转化为宇宙技术，并使其作为事发来重新居有现代技术。欧洲的哲学必将走向全球，通过与其他宇宙技术的对话来重新提出技术和地缘政治的问题，而这仍然是二十一世纪的一项主要议题。② 这不仅仅是欧洲的任务，更是我们所有人必须为之努力的。这便是我对这样一种技术哲学定位的提案，也是对伊德和斯蒂格勒的相遇所产生的交叉路口的回应。

（本文译者：李仁杰）

---

① HUI Y. The question concerning technology in China: an essay in cosmotechnics[M]. Falmouth: Urbanomic, 2016.
② 我很高兴看到卡尔·米切姆在过去几十年里一直努力促成中西之间的对话。他开启了这一对话，因为他很清楚，为了从即将到来的灾难中**恢复**过来，我们有必要去发展不同的技术思想。

论宇宙技术：人类世中技术与自然的关系重建[①]

不可否认的是，"人类世"这个术语除了表示一个新地质时代，还代表着一场危机，即两百年工业化的完成。人类与"自然"的关系发生了巨大转变，生态危机与技术灾难的不断到来记录了这样一个历史时刻，并促使人类开启新的方向以避免某种结局。保罗·克鲁岑（Paul Crutzen）等地质学家宣布人类世为全新世的下一个世代，就夹杂着这样一种历史意义。[②] 人类世也是对另一个未来或开端之想象的转折点——

[①] HUI Y. On cosmotechnics: for a renewed relation between technology and nature in the Anthropocene[J]. Techné: Research in Philosophy and Technology, 2017 (21): 319-341. 中译见：许煜. 论宇宙技术：人类世中技术与自然的关系重建[J]. 国际新闻界. 韩晓强，王敏燕，译. 2023,45(01):157—176。此文集收录的版本有改动。

[②] CRUTZEN P J. The Anthropocene[M]//EHLERS E, KRAFFT T. Earth System Science in the Anthropocene. Berlin: Springer, 2006.

前提是这一切仍然是可能的。对某些政治神学家而言,人类世也代表着世界末日的时刻,因为这将是打破连续性时间(*chronos*)的关键时刻(*kairos*),也就是打破现代地质学创始人詹姆斯·哈顿在十八世纪末提出的地球深层时间的时刻。① 我将"自然"一词加引号,是因为在我们开始讨论技术与自然之间的新关系之前,首先要澄清其含义。长久以来,人们把技术与自然简单对立起来,助长了一种错觉,即唯一的救赎之道就是放弃或阻止技术的发展。我们也能在有关跨人类主义、技术奇点与生态现代主义的各种论述中找到相反的立场,这些论述中有一种相当天真且受企业青睐的观点,即我们终将改变我们的生存状况,以更先进的技术来修复已被破坏的环境,以创造进行干预(如操纵 DNA 等手段)。事实上在这类论述中并不存在"自然"的问题,因为自然仅仅是先进技术的可能性之一,而技术也绝不仅仅是假体性的人工替代或补充;相反,事情的秩序似乎发生了逆转,技术不只是增补式的,而是已成为与图形相对应的背景。

近几十年来,甚至在人类世这一概念流行之前,菲利普·德寇拉(Philippe Descola)等人类学家就一直在推动克服文化与自然之间的对立的议程,这在他卓越的系统性著作《超越自

---

① NORTHCOTT M. Eschatology in the Anthropocene: from the chronos of deep time to the kairos of the age of humans [M]//HAMILTON C, BONNEUIL C, GEMENNE F. The Anthropocene and the global environmental crisis: rethinking modernity in a new epoch. London: Routledge, 2015.

然与文化》(*Beyond Nature and Culture*, 2013)中得到了最好的阐述。然而我将表明,这种克服自然与文化之对立的尝试过于迅速和轻易地放弃了技术问题。这一克服二元论的建议认识到了制订一个人类与非人类共存方案的紧迫性,但它采用了一种过于简单的方法,因此在某种程度上未能认识到,人类世的真正问题是一个巨大控制论系统在其实现过程中的问题。以此为前提,某些深刻的问题被隐藏了,人类世将延续发展的逻辑——利奥塔称之为"缺乏内在性的形而上学——直到抵达自我毁灭的地步"①。本文试图澄清技术与自然之间的关系,并为以技术哲学反思未来行星技术发展这一不可避免的任务做出贡献。本文旨在通过宇宙技术的概念来缓解上述紧张关系,并寄望于超越技术概念的限制②,从真正的宇宙政治论的(cosmopolitical)角度来理解它③。

---

① LYOTARD J-F, BRÜGGER, N. Examen oral: entretien avec Jean-François Lyotard [M]//BRÜGGER N, FRANDSEN F, PIROTTE D. Lyotard: les déplacements philosophiques Brussels. BE: De boeck-Wesmael, 1993.
② HEIDEGGER M. Question concerning technology and other essays[M]. Trans. LOVITT W. New York: Garland, 1977.
③ 由于技术(technics)这一概念(我以之涵盖所有形式的技术活动)有着很大的局限性,我们或许可以说,依海德格尔所见,技术应该有两种概念:首先是希腊技艺(*technē*)概念,这意味着创生或生产(*Hervorbringen*);其次是现代技术,海德格尔认为其本质不再是技艺而是集置(*Gestell*),其中的存在被理解为"储备"或"持存"(*Bestand*)。这里的局限性在于,一旦这种理论化被全球接受,就不再有任何非欧技术概念的位置,目前的情况就是如此。

§1 从第一自然到第二自然

在上述两种极端态度中,一种注重自然的神圣性与纯洁性,另一种注重自然的主宰性,两者都对人类和非人类的不同参与形式这一问题缺乏理解。要么非人类的参与被技术主导的问题掩盖,变得无足轻重;要么文化被视为自然的一种可能性,因为自然是孕育一切的母亲,且一切都将归于自然。在此,我想谈论的是第二自然,①目的是避免沉溺于纯粹无邪的第一自然的幻觉中,同时也避免将我们自己禁锢在纯粹的技术理性中。

世界是由人类与非人类组成的,他们以不同的方式参与到不同的文化中,这一点已经足够明显。问题在于如何表述。

---

① 我是从斯蒂格勒与埃尔·杜灵(Elie During)的对话录《意外地哲学思考》(*Philosopherpar Accident*, 2004)以及西蒙东那里知悉了第二自然的概念,对西蒙东而言(对布莱士·帕斯卡尔以及黑格尔也一样),第二自然更多意味着习惯。在《递归与偶然》一书中,我提出了第三自然的概念。拉图尔在他的《自然的政治》中建议放弃自然这个概念,并写道:"当最狂热的生态学家颤抖着喊出'自然将死'时,他们不知道自己有多么正确。谢天谢地,自然确实将死,伟大的潘神已经死了。在上帝和人类接连死亡后,现在轮到自然化为幽灵了。时候到了:我们无法再参与任何政治了。"见 LATOUR B. Politics of nature: how to bring the sciences into democracy[M]. Trans. PORTER C. Cambridge: Harvard University Press, 2004. 与拉图尔相反,我认为人们只能放弃作为绝对天真纯粹意义的第一自然概念,但不能放弃自然这个绝对概念,因为正是自然将我们与宇宙的问题重新联系起来。

我们是否应该认真对待这一点,如果是的话,又该如何对待?知晓和认真对待完全是两回事。社会学家安德鲁·皮克林(Andrew Pickering)所提出的二十世纪社会建构主义的失败应该教会我们认真对待这些存有论问题,因为它们不仅是"建构的",而且是"实在的"。① 根据不同的宇宙论,非人类的参与在不同文化中有不同面貌。这些宇宙论不仅是界定参与模式的图式,而且也对应着这种参与的道德依据。为了阐明这一点,我们只需提示自己"豪"(hau)和"曼纳"(mana)在马塞尔·莫斯(Marcel Mauss)的礼物经济民族志中的作用,其中道德义务的源头是宇宙论。② 一种特定的参与形式只有在满足道德要求的情况下才堪称合理——这未必意味着和谐,而是意味着构成了个人和社区生活动力的准则和信仰。我们只有在人类作为在世存在(being-in-the-world)而存在时才能谈论道德;而世界只有在符合这一信念时才能被称为一个世界而非一个单纯的环境。正是在第二自然的问题中,我们可以发现道德的问题,因为道德只能通过对自然的某种特定解释来揭示;换句话说,自然因秩序与例外而被认识。在古希腊,这被理解为宇宙论:希腊语中的宇宙意味着秩序,而宇宙论便是对秩序的研究。自然不再独立于人类,而是人类的他者。宇

---

① PICKERING A. The ontological turn: taking different worlds seriously [J]. Social Analysis, 2017.

② MAUSS M. Sociologie et anthropologie[M]. Paris: PUF, 2013.

宙论并非一种纯粹的理论知识；事实上，古代的宇宙论必然属于宇宙技术。让我们在此给宇宙技术下一个初步定义：它意味着通过技术活动将宇宙秩序与道德秩序统一起来。人类的活动总是伴随着工具这样的技术物，就此而言，人类活动总属于宇宙技术。现代科技破坏了宇宙与技术之间的传统关系，它变成了一种巨大的力量，将每一个存在变成了单纯的"储备"或"持存"（*Bestand*），海德格尔在其1949年的著名讲座"论技术问题"中观察到的正是这一点。①

我们并不试图穷尽哲学史上所发现的丰富材料，而是从希腊语中的自然（*physis*）和技艺（*technē*）概念开始。我们将首先根据人类学领域最近的"存有论转向"来切入自然的概念，这一转向常与德寇拉、拉图尔、爱德华多·维韦罗斯·德·卡斯特罗（Eduardo Viveiros de Castro）等名字联系在一起。拉图尔认为，这一存有论转向是对生态危机或生态突变的明确回应，并提议要认真对待这些不同的存有论，打破或调整欧洲主流的自然主义话语，以寻求另一种共存之道。其次，我想通过法国哲学家西蒙东的工作来补充人类学的工作，他关注的是自然与现代技术之间的共存如何被概念化。我们将在此背景下讨论最近出版的西蒙东遗作。我们将试图阐明，在西蒙东与一众人类学家的作品中，自然与技术之间的关系都有一个

---

① HEIDEGGER M. Question concerning technology and other essays[M]. Trans. LOVITT W. New York: Garland, 1977.

道德根源,而这个道德根源已然被行星工业化(planetary industrialization)剥夺。从这一点出发,我们试图说明技术与自然之间重建关系的可能性,进而阐明宇宙技术的概念。

§2 技术与自然之间

在上述思想家的著作中,我们可以看到两组对立的语域——乍一看相当耐人寻味,就如它们之间存在一个鸿沟。德寇拉谈论的是文化与自然的二元论;而西蒙东谈论的是文化与技术的对立。德寇拉的文化—自然二元论似乎假定技术属于文化的一方;而对西蒙东来说,技术至少在其理论中还未完全融入文化范畴。西蒙东认为文化中存在对技术的误解乃至无视,而这正是双重异化(double alienation)的源头之一。① 双重异化是马克思意义上的人的异化,以及技术物的异化,例如它们被视为奴隶或消费品,就如罗马时代的奴隶在市场上无了期地等待买家那样。② 事实上,我们可以看到德寇拉与西蒙东之间一种有趣的理论相似之处,可见于下图:

---

① SIMONDON G. Du mode d'existence des objets techniques[M]. Paris: Aubier, 2012: 10.
② SIMONDON G. Sur la technique[M]. Paris: PUF, 2014: 58-60.

```
自然 VS. 文化 VS. 技术
    ↓        ↓    ↓
   德寇拉   西蒙东
```

图 1：理论对照

这些不同的理论构型（自然 VS.文化、文化 VS.技术）是源自德寇拉与西蒙东各自学科背景之间的差异，还是源自他们对其时代问题的不同诊断？值得注意的是，作为自然人类学家的德寇拉很少提及古生物学家、技术人类学家勒罗伊-古汉，而勒罗伊-古汉正是影响西蒙东技术思想的重要人物。[①] 我认为自然人类学与技术哲学应展开对话，合力解决人类世的问题。有些读者可能会质疑这两个学派是否可以放在一起思考。人类学流派在很大程度上源于克劳德·列维-斯特劳斯（Claude Lévi-Strauss）的工作，他对神话和宇宙论持一种准康德式的先验观点，而西蒙东的思想可被描述为德勒兹意义上的先验经验论，它位于关系、能量和信息的内在。然而这种对立仅仅是表面上的，因为一方面，在《论技术物的存在模式》第三部分中，西蒙东提供了一种使技术进步超越技术现

---

① 值得注意的是，在与皮埃尔·夏波尼耶（Pierre Charbonnier）的对话中，德寇拉谈到了他成长时期法国的两个人类学流派：其一是由斯特劳斯创立的社会人类学与民族学研究（FRASE）；其二是勒罗伊-古汉创立的以人种学为中心的研究（CFRE）。德寇拉指出，"这对应人类学思维的两种风格，彼此不完全对立，但由于两位创始人的个性和旨趣不同，它们在大学领域里基本上是分开的"。见 DESCOLA P. La composition des mondes: entretiens avec Pierre Charbonier[M]. Paris: Flammarion, 2014.

实(如技术物的内部动态)并走向宇宙现实的方法;另一方面,在德寇拉的《超越自然与文化》中,在构想不同存有论中操作模式的方面,关系问题(尽管有些程式化)发挥了核心作用,更不用说卡斯特罗的《食人者形而上学》(*Cannibal Metaphysics*, 2014),因为这很明显是一部受德勒兹强度概念启发的后结构人类学著作。这一次我们想转换一下语境,也就是促进后结构主义人类学与技术哲学之间的对话。

(1)文化与自然之间的二元论

文化与自然的对立包含了四种存有论,其一是德寇拉所称的"自然论"(naturalism),其他三种则是"泛灵论"(animism)、"图腾论"(totemism)以及"类比论"(analogism)。[1] 在自然论中,我们能发现自然/文化的鸿沟,这表现为人类/非人类的鸿沟。这种鸿沟的特点是人类与非人类之间的物理连续性以及精神非连续性,其中非人类的参与仅限于成为人类掌握和主宰的对象。人们很容易将这些问题归咎于笛卡尔的主客体二分。然而,如果不重提早期现代欧洲哲学的主导方案,那么就难以确定该思维的起源。我们必须承认,自然论并非自欧洲文化的开端就已存在;它实际上是一个"晚近"的产物,这对拉图尔来说则是一个"不完整"的产

---

[1] DESCOLA P. Beyond nature and culture[M]. Trans. LLOYD J. Chicago: University of Chicago Press, 2013: 122.

物,因为"我们从未现代过"。① 德寇拉表明,在文艺复兴时期,在欧洲占据主流地位的是类比论而非自然论,倘若如此,那么发生于欧洲现代性时期的"转向"似乎提供了一种关于人类与非人类、文化与自然、主体与客体、宇宙与物理之间关系的完全不同的认识论。我们可以在伽利略(Galileo)、开普勒(Kepler)、牛顿等人的作品中回顾分析这种认识论。倘若自然论成功主宰了现代思想,那是因为这种奇特的宇宙论想象力与其技术发展相适应:自然应当被掌控,并且可以根据自然法则被掌控。

表1:德寇拉的四种存有论图式

内在相似,外在不相似	泛灵论	图腾论	内在相似,外在相似
内在不相似,外在相似	自然论	类比论	内在不相似,外在不相似

人类世也是自然论及现代性的双重危机。正是在这样的危机下,现代性再次遭受质疑,这次是来自人类学家的质疑。② 人类学中的存有论转向呼吁的是一种存有论的政治。这种政治旨在提倡一种多元主义,而这种多元主义因自然论通过殖民化传播到全球而倍受威胁。这种政治的核心是承认

---

① LATOUR B. We have never been modern[M]. Trans. PORTER C. Cambridge: Harvard University Press, 1993.
② LATOUR B. An inquiry into modes of existence: an anthropology of the moderns[M]. Trans. PORTER C. Cambridge: Harvard University Press, 2013.

存有论的多元性,这些存有论中的自然将在日常生活中扮演不同的角色。然而,承认多元性只是第一步,政治的产生来自这些存有论的相遇。而这将是怎样的政治?在"如何思考人类世"("Comment penser l'Anthropocène")的研讨会上,德寇拉提到了玻利维亚将非人类的权利纳入国家宪法的例子。[1] 我们可以将其理解为存有论的体制化。然而有待回答的问题是:在面对作为自然论之实现的现代技术时,这些原住民存有论(indigenous ontologies)及其实践的命运如何?或者说这些"实践"是否能够转换现代技术,使其获得新的发展方向和新的存在模式?这无疑是最关键的问题,因为它涉及如何摆脱殖民主义与民族中心主义这两道枷锁。德寇拉经常使用"实践"而非技术、科技这样的术语。[2] 我们能理解他想要避免技术与自然之间的对立;然而,如此一来他也隐藏了技术的问题。这并非指责德寇拉遗忘了技术问题,因为他在书写下文时肯定意识到了这一点:

> 因此,泛灵论的"自然"与"超自然"是由社会集体构成的,人类与之建立的关系符合人们共同遵守的规范,当这种情况发生时,人类与非人类并不仅仅满足于交换观

---

[1] DESCOLA P. Humain, trop humain[EB/OL]. https://www.youtube.com/watch?v=_EKlazkW-ls, 2015.
[2] DESCOLA P. Beyond nature and culture[M]. Trans. LLOYD J. Chicago: University of Chicago Press, 2013.

点。最重要的是,他们还需交换符号,这有时会导致身体的交换,或者至少意味着在彼此的互动中理解对方。这些符号不能由任何一方解释,除非有某种机构将其合法化并使其生效,这便确保了两个物种之间的误解能维持在最低限度。①

这里必然存在代码和制度,代码已然是技术性的,类似于"协议"。然而,这又隐藏着另一个问题,它与其说是战略问题,不如说是存有论问题。我们不得不承认,存有论与技术之间的紧张关系并未在德寇拉的思想中得到清晰的表述。在谈及存有论与技术之间的紧张关系时,我的意思是这些存有论只有在已经与技术生活(包括发明、生产与日常使用)共谋时才成为可能。因此,后者的任何转变都会直接改变前者。在过去的几个世纪中,现代技术进入非欧洲国家,创造出欧洲观察者无法想象的巨变。首先,原住民存有论这一概念本身要被质疑,这不是因为它不存在,而是因为它被置于一个新的时代且被改造到如此程度,以至无法重返或复原。这正是我们必须从这些存有论立场来构思宇宙技术思维,且不落入民族

---

① DESCOLA P. Beyond nature and culture[M]. Trans. LLOYD J. Chicago: University of Chicago Press, 2013: 249.

中心主义的原因。① 现代技术引发的变革不仅发生在殖民化过程中的非欧洲文化中，也发生在欧洲文化中，其显著区别是前者通过引进军事技术等先进技术来实现，后者则通过技术发明来达成。

人类学家的"自然"与"存有论"概念之核心是宇宙论，因为这种"自然"是根据不同的"关系生态"（ecologies of relations）来定义的，我们能从中观察到不同的关系星丛，如女性与蔬菜之间的亲子关系，或猎人与动物之间的兄弟关系，这类关系可以在工具的发明使用等技术活动中得到追溯。出于这一原因，我们可能想要构思一种宇宙技术而非仅仅谈论一种宇宙论，因为后者会将我们限制在对理论知识与态度的讨论中。斯特劳斯在其《忧郁的热带》（*Tristes Tropiques*）中指出，全球的现代化给人类学研究带来了新的意义，即熵类学（entropology），需要注意人类学和熵类学这两个词在法语中的

---

① 在《论中国的技术问题：宇宙技术初论》（2016）一书中，我以中国为例解释了传统知识在现代化过程中是如何被破坏或侵蚀的。然而我同样认为"回到过去"不可能是一个现实选项，因为从目前的地缘政治以及社会经济形势来看，这绝无可能。我的提议是从中国哲学中发展出一种宇宙技术思维，以证明这一从中国思想中提取的技术思维脉络如何有助于反思全球技术的问题及其未来发展。黛博拉·达诺夫斯基（Déborah Danowski）与卡斯特罗在他们合著的《世界的尽头》（*The Ends of the World*，2016）一书中批评拉图尔未能认识到"原住民的小人口基数与'相对薄弱'的技术"之优势和资源，在我看来，人们很容易陷入一种民族中心主义，认为解决方案在西方人或原住民的思想中已然存在，而且在某种程度上从一开始就存在。我们的主要问题是，原住民存有论能以何种方式与西方技术及形而上学展开对话，进而改变当前全球技术的趋势。

发音相同，①entropic 指的是通过技术改造对生命形式进行"解体"（disintegration），这悄无声息地将宇宙论关系同化为与现代技术相适应的关系。这便是在欧洲之外看到的现代性问题，无法否认的是全球化的步伐已经让本土知识边缘化，这一情形还会继续恶化。如果我们想要构想技术哲学的未来，就必须赋予其超越西方传统的思考的任务。为了解决这一问题，我们决不能满足于阐明哲学对技术发展有多大作用，以及哲学如何能对某一特定技术的伦理做出说明。相反，我们必须构思一种技术思想，来解决自然与技术、人类与非人类（包括动物、植物和机器）、现代与非现代之间的基本二元论，以超越它们并反对由经济或政治经济单一话语所主导的全球化。

我们可以在人类学家与哲学家的工作中印证这种对宇宙论作用的强调，卡斯特罗、黛博拉·达诺夫斯基②与蒂姆·英戈尔德（Tim Ingold）③等人都做出了表率。在此，我将讨论限制在唐娜·哈拉维（Donna Haraway）的一个有趣的提议上。在她最近的作品《与麻烦同在：在克苏鲁世制造亲缘》（*Staying with the Trouble: Making Kin in the Chthulucene*, 2016）中，我们

---

① LÉVI-STRAUSS C. Tristes tropiques[M]. Trans. WEIGHTMAN J, WEIGHTMAND. New York: Penguin Books, 1992: 414.
② DANOWSKI D, CASTRO E V. The ends of the world[M]. London: Polity, 2016.
③ INGOLD T. A circumpolar night's dream [M]//CLAMMER J, POIRIER S, SCHWIMMER E. Figured worlds: ontological obstacles in intercultural relations. Toronto: University of Toronto Press, 2014.

发现了一种间接解决技术问题的相似策略。即便未曾提到德寇拉,哈拉维实际上仍是以一种与他的提议相共鸣的方式来处理人类世问题。如果说德寇拉视政治为不同存有论相遇和协商的时刻,那么在或多或少的拉图尔路线上,哈拉维并未呈现一个存有论图式,而是对非人类政治给出了一个更普遍的概念。哈拉维将克苏鲁世(Chthulucene)描述为人类世与资本世之后的下一个场景。哈拉维认为,Chthulucene 是两个希腊语词根 *khthôn* 和 *kainos* 的复合词,字面上指的是从其他形式生命体的视角仰视世界。① 作为一名生物学家及社会科学家,哈拉维提议将政治理解为一种"制造亲缘"的方式,以构想不同物种之间的共同创生(sympoiesis)。共同创生这个新词源自共生(symbiosis)与自创生(autopoiesis),但同时与后两者有着明显差异。首先,共同创生并非单纯意味着互利性;②其次,它强调人类与其他生命之间的关系是高度相互依存的,从而将"自体"(auto-)问题化:

> 共生让自创生陷入了麻烦,而共生起源(symbiogenesis)对自组织的个体单位而言则是更大的麻烦。在生物的动态组织过程中,共生起源越是无处不在,

---

① HARAWAY D. Staying with the trouble: making kin in the Chthulucene[M]. Durham: Duke University Press, 2016: 2.
② HARAWAY D. Staying with the trouble: making kin in the Chthulucene[M]. Durham: Duke University Press, 2016: 61.

地球人的世界就越是循环的、交织的、延伸的、内卷的以及共同创生的。①

这便是一种卓越的"生命政治",哈拉维写道:"生物、艺术与政治都需求着彼此;它们以内卷化的动力相互引诱,在共同创生中思考/创造被我称为克苏鲁世的更宜居的世界。"②我们或许可以将哈拉维的建议概括为"反技术统治的生物学",如此一来,只要人类开发技术,就必须评估其对其他形式生命的影响。哈拉维的方法具备深刻的伦理性,其优点在于为克服人类世提供了一种普遍的存有论政治及伦理。共同创生的概念的提出是为技术统治性发展设定限制的尝试,而共同创生的可能性则成为保护物种免受损害的条件。这样一来,哈拉维并未直接解决技术问题;相反,她如德寇拉一样将技术抽象为文化,以此避免了直接面对技术问题。因此,只有通过西蒙东的工作,我们才能让技术问题以及对抗技术的问题变得明确。

(2)文化与技术之间的对立

西蒙东的作品以严谨的态度直面现代技术的问题,这让他明显影响了德勒兹、斯蒂格勒(他将西蒙东的研究扩展到当

---

① HARAWAY D. Staying with the trouble: making kin in the Chthulucene[M]. Durham: Duke University Press, 2016: 61.
② HARAWAY D. Staying with the trouble: making kin in the Chthulucene[M]. Durham: Duke University Press, 2016: 98.

代数字技术与人类世领域)①等其他思想家。的确,人们在西蒙东作品中发现的与其说是自然与技术之间的调和,不如说是技术与文化之间的调和。正如前文指出的,在《论技术物的存在模式》开篇中,西蒙东已经诊断出我们社会的问题:文化与技术之间的对立,源于人们对后者的忽视乃至误解。我们无法在本文中阐述西蒙东完整的技术思想,因此我只想指出,这一对技术的误解导致了人与机器共存的痛苦难题。我们可以简单从几个方面来理解这一难题。一方面,机器对用户而言变得不再透明,只有专家才懂得修理其部件(而非整个机器)。这就是十九世纪与二十世纪异化的根源之一:习惯于使用简单工具的工人无法应对新的操作或理解技术现实。另一方面,机器被视为单纯的功能对象,即实用工具:它们是次于审美对象的消费品,在极端情况下则是奴隶,就如公众概念中的机器人那样。这便解释了为何西蒙东在《论技术物的存在模式》第二页如此写道:

> 我们恰恰想表明的是机器人不存在,它不是一台机器,就像一座雕像不是一个活生生的人。它只是想象的产品、虚构的造物以及幻觉的艺术。②

---

① STIEGLER B. Sortir de l'anthropocène[J]. Multitudes, 2015.
② SIMONDON G. Du mode d'existence des objets techniques[M]. Paris: Aubier, 2012: 18.

西蒙东在此指向了人与机器之间的操作关系及伦理关系。在这一点上最重要的问题是共存或共在。哈拉维与德寇拉正确地指出了重思与自然共存这一问题的必要性。然而，只有当我们反思技术物的作用时，这种共存才成为可能，因为技术物不仅有自身的存在，也作为它们与其他存在的关系而发挥作用。因此，共存的问题不仅涉及人类与非人类之间的关系问题，还必须加上技术物或机器的问题。我们在此的任务是指出西蒙东关于自然与技术的工作中的某种思考，并在此基础上将人类世时代的技术哲学任务具体化。我们可能倾向于将西蒙东的思想视作一种涉及不同网状结构模式的生态学思维，或者换个说法：如果西蒙东那里存在生态学，那就是以网状结构模式来理解技术，而技术进步实则是网状结构形式的不断转变。当我们回想起二十世纪从模拟到数字的不同通信网络的出现，以及如今各种社会网络的出现，这一点就非常明显。然而，并非所有的网状结构模式都会通向自然与技术之间的调和；或许我们可以说在西蒙东的思想中，其网状结构模式的特点是宇宙创生（cosmopoeisis）。[①] 为了详细说明这一点，我们必须研究西蒙东关于技术性起源的思辨。

在继续探讨西蒙东的思想之前，让我们简要总结一下上

[①] 在《论数码物的存在》（*On the Existence of Digital Objects*, 2016）一书中，我批驳了西蒙东将他的网状结构概念过多限定在地理阈限上，并且指出他的网状结构理论正是因此而无法为理解数码对象提供一个适当的数量级。然而就生态与环境危机而言，他对地理环境与技术环境之兼容性的强调仍然是富有意义的。

文讨论的内容。我的建议是,首先要思考自然概念中的技术先天,它容许我们放弃那个纯粹且天真的自然形象并代之以"第二自然";其次,要思考技术发展中的宇宙先天,即技术从一开始就是宇宙技术。这是被我们称为人类存在与人类进步的一体两面。如果我们可以指责德寇拉、哈拉维等人对第一种情况缺乏足够的重视,那么我们也必须指责技术主义者对第二种情况的忽视,因为他们将宇宙变成了一种供人利用的储备资源,进而让宇宙论变成了单纯的天体物理学。我将从西蒙东思想中所谓宇宙-地理先天来证明第二点,因为这对技术-地理环境(techno-geographic milieu)的建构至关重要。

§3 宇宙-地理先天与共自然性

我们必须首先解决一个问题:对西蒙东而言,自然是什么?在《以形式与信息的概念重新思考个体化》一书中,自然被视为前个体的,类似阿那克西曼德的无限定(*apeiron*),拥有不竭的潜能。[①] 前个体是容许进一步个体化发生之物。然而这并不意味着自然是一个能量库,而是说它已经是个体化存在的永恒前身,有在满足某些条件时发生二次个体化的潜力。

[①] SIMONDON G. L'individuation à la lumière des notions de forme et d'information[M]. Grenoble: Jérôme Millon, 2005: 358.

对西蒙东而言,技术的历史可被视作精神力量网状结构模式的不断发展,技术史的开端便是他所声称的"魔法统一体"(magic unity)。① 在魔法统一体阶段,网状结构的特点是西蒙东所谓关键点,它像一棵巨树、一块巨石、一座高山或一条河流。这些地理上的点便是关键点,它们维持着力量的网状结构;或者更准确地说,这些关键点并非力量的起源,而是这些力量的调制点。西蒙东指出,在魔法统一体中存在一种统一的形式,没有主客体之分:背景与图形相互支撑,意味着背景赋予了形式而图形限制了背景,这就是我们在格式塔心理学的典型案例中看到的情况。

> 魔法宇宙已经被结构化,但根据一种比主客体分离更早的模式,这个原初的结构化世界是区分图形/背景的世界,这有赖于指出宇宙中的关键点……事实上,在统一体被分割之前,一种空间和时间的网状结构已经被建立起来,它强调某些特权的地点及时刻,仿佛人类行动的所有力量以及世界影响人类的所有能力都集中在这些地点和时刻。②

---

① SIMONDON G. L'individuation à la lumière des notions de forme et d'information[M]. Grenoble: Jérôme Millon, 2012: 227-228.
② SIMONDON G. L'individuation à la lumière des notions de forme et d'information[M]. Grenoble: Jérôme Millon, 2012: 227-228.

魔法统一体的"去相"(de-phasing)或"灭相"(phasing out)被发展为两个新的周相：技术与宗教。仪式的器皿，也就是技术物，变成了另一种网状结构模式的关键点。① 从这一点出发，我们可以将宇宙技术的概念主题化。这一阶段标志着一种美学思想能够在宗教与技术分道扬镳后创造出一种融合，但随后发现力有不逮。在《论技术物的存在模式》第三部分中，西蒙东所谓美学思维与哲学思维之间明显存在一种共谋且问题化的紧张关系。② 美学思维无法对应持续的分裂，这是因为美学思维始终是情境式的，这意味着其作用是作为"引导和支持哲学思维努力的范式"③，意味着哲学思维不得不介入并带来更高的融合秩序。和海德格尔一样，西蒙东的思想中也能找到关于欧洲现代性时期技术与自然之间关系断裂的另一种表述。西蒙东赞同让-雅克·卢梭(Jean-Jacques Rousseau)对德尼·狄德罗与让·勒朗·达朗贝尔(Jean le Rond d'Alembert)的《百科全书》(Encyclopédie)的批判，因为这一皇皇巨著让技术脱离了自然，或者用西蒙东的话来说，脱离了前苏格拉底意义上的"元素"(如泰勒斯的水、赫拉克利特的

---

① SIMONDON G. L'individuation à la lumière des notions de forme et d'information[M]. Grenoble: Jérôme Millon, 2012: 227.
② DUHEM L. La tache aveugle et le point neuter (Sur le double « faux départ » de l'esthétique de Simondon) [J]. Cahiers Simondon, 2009(1): 105-135.
③ SIMONDON G. L'individuation à la lumière des notions de forme et d'information[M]. Grenoble: Jérôme Millon, 2012: 276.

火以及阿那克西曼德的无限定)。① 在欧洲现代性时期,技术与自然之脱节仍然继续,正如西蒙东注意到的,这种断裂在十八世纪末被放大到某种极端程度:古代技术被压制,与自然世界的联系不复存在,技术物变成了"人工"对象——人工意味着其与自然全无联系。② 这一时期对应的是"一种戏剧性的、充满激情的进步观念,它变成了对自然的强暴、对世界的征服以及对能量的占有"③。

正是这一问题引导西蒙东将融合问题以及自然/技术之间的可能调和作为一项哲学思考而非美学思考的任务。然而,说西蒙东反对美学思维与哲学思维也并不恰当。西蒙东批评的是,通过抬高审美物的价值,人们倾向于将技术物的作用削减为单纯的效用,并因此忽视了其技术现实的意义④。但我们将永远需要美学思维,因为它构成了对哲学思维的补充。技术从根本上而言是一个网络技术模式的问题,所以总会存在重构不同关键点的可能性。这里仅仅想要表明,这种对哲学—人类学统一体的想象是技术性起源的特征,它寻求一种融合,从而将人类历史上的不同职业与不同专业重新关联起

---

① SIMONDON G. Sur la philosophie[M]. Paris: PUF, 2016: 380.
② SIMONDON G. L'individuation à la lumière des notions de forme et d'information[M]. Grenoble: Jérôme Millon, 2012: 126.
③ SIMONDON G. L'individuation à la lumière des notions de forme et d'information[M]. Grenoble: Jérôme Millon, 2012: 17.
④ SIMONDON G. L'individuation à la lumière des notions de forme et d'information[M]. Grenoble: Jérôme Millon, 2012: 10.

来。正是在这一点上,西蒙东在《论技术物的存在模式》中援引了海德格尔:

> 在融入自然世界与人类世界的技术性中,这些尊重与不尊重的形式呈现出一种超越实用性的内在价值。按照海德格尔的表述,认识到技术现实之本质的思维,是通过超越分离的对象、器具,发现技术组织的本质及能力,超越分离对象与专业分工而实现的。①

西蒙东没有明确提及对海德格尔的援引来自何处。然而,我们可以猜测这里暗指的是海德格尔的文章《物》,海德格尔在这篇文章中提出了天地神人的"四方域"(Geviert),以其描述《物》一文中的融合。② 我将西蒙东的技术性起源重新表述为一种宇宙技术思维,进而超越西蒙东,表明这种寻求融合的过程同样应该调解现代与传统,因为这两者在现代化的过程中已经形同陌路——欧洲是如此,对过去两个世纪的中国、日本和其他非欧国家而言,情势则更为严峻。这也解释了为

---

① SIMONDON G. L'individuation à la lumière des notions de forme et d'information[M]. Grenoble: Jérôme Millon, 2012: 303.
② 在海德格尔看来,物与 Gegenstand 这一意义上的对象是全然对立的。物,或德语中的 Ding,来自动词 dinc,意思是聚集、集合。在对象的政治中,存在着主体与客体的二元对立,而在物的政治中,则是从属—共同的对立,一个物因此具备四重聚合的功能。见 HUI Y. On the existence of digital objects[M]. Minneapolis: University of Minnesota Press, 2016。

什么我们应该根据这些地方自身的哲学史及政治史来研究这些力量的网状结构,以解决人类世的相关问题。无论如何,将古代宇宙论与技术对立起来是一种幻想,我们的任务是重建一种宇宙技术思维,以便通过适配技术来寻找现代与传统之间的连续性。

西蒙东并未将技术发展视为对自然的强暴,而是倾向于在特定的技术发展中发现某种创制,这既有美学的维度也有生产的维度。然而我们也必须指出,在西蒙东的思想中,网状结构总是作为一种宇宙-地理的先天形式被给予,它是我们能够将其描述为作为技术整体的技术-地理环境的出发点,比如铁路网络或竞技场。在评价工业化的技术心态时,西蒙东指出:

> 这并非一个强暴自然或者人类战胜诸元素的问题,因为事实上正是自然结构本身成为正在开发的网络连接点,例如,赫兹的"电缆"的中继点与跨越山谷和海洋的那些古代神圣高地重新结合。[①]

西蒙东绕过了文化与技术之间的对立,进而分析了技术与自然的关系。技术并非像人们常说的那样在强暴自然,这

---

① SIMONDON G. Technical mentality[J]. Parrhesia. 2009b, 7: 22.

种感受来自对技术的误解乃至无知。西蒙东思考的目的是提供一个方案,以便通过将自然与技术重新连接来完成文化对技术的重新整合。这样一来,技术与自然之间的对立也就得到解决。需要更系统地研究的问题是,这种愿望与理念如何适用于现代技术?这个问题当然值得我们进行更细致的分析。在此我们仅仅对西蒙东在不同背景下提出的那种可能性做一番探究。当这种网状结构的宇宙-地理先天在技术发展过程中被遵循和采纳时,这便表达了人类与自然共存的创生。西蒙东在接受记者让·勒莫恩(Jean Le Moyn)采访时举的下面这个例子,或许最好地阐明了宇宙-地理如何能够与技术-地理相兼容。[①]

> 看看这个电视天线的样子……它僵直但是有方向性;我们看到它望向远方,而且它可以接受来自远方的信号。对我来说,它不仅仅是一个象征物;它似乎再现了某种姿态,一种近乎魔法的意向性力量,一种魔法的当代形式。在这种最高位置与节点(超频率的传输点)的相遇中,人类网络和该区域的自然地理之间存在一种"共自然性"(co-naturality)。它具有一种诗意的维度,以及一种与

---

① PrNeix. Gilbert Simondon Entretien sur la mécanologie [EB/OL]. (2013-12-01) [2017]. https://www.youtube.com/watch?v=VLkjI8U5PoQ

意义以及诸意义之间的相遇有关的维度。①

在这段引文中我们能看到地理环境与技术环境的统一,其中宇宙生成被表述为一种"共自然性"。问题来了,首先,这种宇宙-地理先天来自何处? 它绝非纯粹的普遍性,因为它因文化的不同而变化,并制约着不同的生活形式;它是先验的,但它不是普遍性的,因而也带有经验性维度且能够被更新。其次,"创制"一词在不同文化中的意义是什么? 希腊人对诗意体验的感觉未必与中国人相同。西蒙东并非人类学家,尽管他对希腊与罗马文化如数家珍。他提出了一个关于技术性起源的普遍理论,这可以用人类学中关于自然与宇宙论作用的辩论来补充。而当宇宙论作为宇宙技术而得以实现时,我们将能够超越正在实现的技术系统的限制,同时看到宇宙论思维如何能够介入技术发展的想象力之中。

§4　超越自然与技术

问题来了:美学是我们以上所探讨问题的解决方案吗? 事实上正是这个问题把我们带到了宇宙-地理先天与技术-地

---

① SIMONDON G. Entretien sur la méchanologie[J]. Revuede synthèse, 2009a, 130(1): 111.

理环境建构之间的关系,以及宇宙技术思维的作用上。为了研究这一点,我们不得不研究西蒙东给出的另一个例子,以金堡涡轮机(Guimbal turbine)来验证的技术与自然环境之间的联系。① 通过这个例子,我们同样想把这一思路推得比西蒙东更远。金堡涡轮机之前的涡轮机都有容易过热的问题:它们产生了过多的热量而烧坏了自己。而金堡涡轮机的发明纳入了一个非常重要的步骤,也就是将"自然世界"融入了涡轮机的操作。这里的"自然世界"就是一条河流。涡轮机包裹良好,以油作隔层,然后放入河流。河流的水将会决定涡轮机的运动,同时也带走了涡轮机产生的热量。从理论上来说,水流越快,产生的热量就越多;但因为水流很急,热量也会迅速散去。在这种情况下,河流成为操作的一部分,尽管它并非涡轮机内部的一个真正组成部分;相反,它是西蒙东所称的缔合环境(milieu associé)。② 一个相关环境由输入和输出之间反复出现的因果关系决定,我们可以将其理解为控制论中的"反馈"。③ 然而,西蒙东也超越了控制论的"反馈"机制,并且在

---

① SIMONDON G. L'individuation à la lumière des notions de forme et d'information[M]. Grenoble: Jérôme Millon, 2012: 66-67.
② SIMONDON G. L'individuation à la lumière des notions de forme et d'information[M]. Grenoble: Jérôme Millon, 2012: 70.
③ 在西蒙东的遗作文集《论哲学》(Sur la philosophie)中,我们发现他对"反馈"一词有多重译法,包括内部共振(résonance interne)、对向反应(contre-réaction)、因果复现(récurrence de causalité)与循环因果关系(causalité circulaire)。SIMONDON G. Sur la philosophie[M]. Paris: PUF, 2016: 51.

具体化的普遍技术过程中思考了缔合环境的形成。在这种情况下，缔合环境也是一个技术-地理环境。机器需要一个缔合环境，这是其机制的一部分，缔合环境容许机器在面对外部和内部干扰时能够继续其正常的工作状态。

我们不妨做这样一番思考，在此宇宙-地理先天既非单纯的美学性也非背景，而是操作性。它有其自身意义，不仅仅作为一个审美物，也作为一个技术物的内在图式，因此它并非对象的外在功能。然而，我们可能想对西蒙东的例子提出以下问题：在涡轮机的案例中，以及它将自然世界当作其操作的一部分的情况下，那些其他的生命体（如河里游来游去的鱼）又如何自处呢？这是西蒙东在《论技术物的存在模式》中未曾触及的问题，也同样不在西蒙东这部作品一开始设定的对立范围（文化 VS.技术）之内。就此而言，它可能成为哈拉维《与麻烦同在》中的反面例子。我们将指出，正是出于这个原因，我们可以用当前人类学的辩论来补充西蒙东的分析，以便构想一种旨在对抗当前全球技术开发的宇宙技术。

宇宙-地理先天的概念是各种宇宙技术的基础，而这种先天的组织在不同文化中各不相同。不同的宇宙技术可以根据其文化特性进一步分析，并从不同或平行的认识论以及福柯意义上的知识型来理解，福柯以这一术语定义不同科学领域之间的关系，它也同时决定了真理的体制。我们在文章开头提到人类世经常被视为一个巨大的控制论系统，按生物学家的说法则是一个复杂系统,斯图尔特·布兰德(Stewart Brand)的《全球概览》(*Whole Earth Catalogue*, 1968)封面便印证了这一点——我们从外部看到了蓝色的地球,也就是将地球当作一个整体的控制论系统来研究,而我们也必须认识到这被置于一种特定的认识论中,这种认识论始于马歇尔·麦克卢汉(Marshall McLuhan)提出的宇宙的终结以及生态学的开始,这意味着将宇宙视为一个巨大的技术-科学对象。[①]

> 人造卫星为地球创造了一个新的环境。自然世界第一次被完全封闭在一个人造的容器中。当地球进入这个新的人造物的那一刻,自然终结了,生态学诞生了。一旦地球被提升到艺术品的地位,"生态学"的思维就变得不可避免了。[②]

同时,技术全球化只输出了被嵌入一个非常狭窄和预设的认识论中的同质化技术,其他文化被迫适应或复制这种技

---

① 像雷米·布拉格(Rémi Brague)与亚历山大·柯瓦雷(Alexandre Koyré)等史学家都在他们关于西方宇宙学的工作中得出欧洲现代性中宇宙终结的结论。见 BRAGUE R. The wisdom of the world: the human experience of the universe in Western thought[M]. Chicago: University of Chicago Press, 2006;以及 KOYRÉ A. From the closed world to the infinite universe[M]. Baltimore: Johns Hopkins University Press, 1957。

② MCLUHAN M. At the moment of Sputnik the planet became a global theatre in which there are no spectators but only actors[J]. Journal of Communication, 1974, 24(1): 49.

术。我们可以称此过程为现代化。由经济与军事竞争所驱动的现代化进程使我们看不到宇宙技术的多样性；相反，它迫使我们将所有宇宙技术确定为一个普遍的技术系谱的一部分。我们有必要在我们面对的技术系统的内部和外部处理人类世的问题，从内部来改进它，并且以新的知识型来适应它。

引入宇宙技术概念的尝试，是为了探索当前技术概念的局限性，以及重新确认宇宙论、道德与技术之间的关系，这种关系在被称为人类世的技术系统中已然消失。通过宇宙技术的概念，我希望我们能以两种图式法重新适配现代技术，在此我只能提供一些初步的想法。首先，就内部来说，我们应该质疑技术-科学应用的认识论，以便批判性地切近它并开发替代方案。很明显，当我们研究既定的知识系统（如医学）时，我们就会发现它们在现代化过程中一直处于分离状态，或者一个从属于另一个。例如，只有在证明中药的原料中含有西药中合法的化学成分时，中药才能拥有合法性。然而，不仅认识论的问题限定在科学领域内，而且这些认识论被资本强制执行且普遍化，这最终导致了一种天真的合理化。资本主义工业技术之所以有效，是因为它们大多是同质化的或纯粹的计算。它们的同质性是由于绕过了异质性的认识论及实践。这些工业技术具有普遍化的倾向，也就是说，它们很容易超越文化与国家边界，即我们熟悉的全球化进程。无论如何，我们必须批判性地切近这些工业模式并展示替代方案。① 我想提供的一个案例是我与计算机科学家哈利·哈尔平(Harry Halpin)共同领导的一个项目,它旨在开发一个脸书(Facebook)等平台的替代模式。通过将社交网络的历史追溯到社会心理学家雅各布·莫雷诺(Jacob Moreno)及其发明的社会计量学,我们表明这种社交网络基于个体主义的概念,也被称为社会原子,即每个人都是一个社会原子,而社会则是社会原子的聚合。② 我们提议开发另一种基于群体而非个人、基于协作而非个体活动的模型。其案例肯定不限于社交网络(就此而言是社会关系、个人、群体、集体等概念),人们不应该在现代技术的总体化面前感到无助,而是应该寻求重新适配它的可能性,就像德勒兹的名言:"无需害怕或希冀,只需寻找新的武器。"③

其次,从外部出发,我们应该将宇宙设想为技术系统的外部,而不应持有将人类活动视为宇宙中心的人类中心观点,我们需要牢记这样一个系统的极限,超越这个极限的必然是未知和神秘之物。④ 然而,这绝非要将宇宙再度神秘化,或提议

---

① 我们可以参考斯蒂格勒以及基尔特·洛文克(Geert Lovink)的提案和实践,见 STIEGLER B. Dans la disruption [M]. Paris: Les liens qui libèrent, 2016;以及 LOVINK G. Unlike us reader[M]. Amsterdam: Institute of Network Cultures, 2013。
② HUI Y, Halpin H. Collective individuation: the future of the social web[M]//LOVINK G. Unlike us reader. Amsterdam: Institute of Network Cultures, 2013: 103-116.
③ DELEUZE G. Postscript on the societies of control[J]. October. 1992, 59: 5.
④ 在此我参考了海德格尔把对未知事物的预期视为诗人的任务,并视其为自我封闭的技术力量之对立面。见 HUI Y. Rhythm and technics: on Heidegger's commentary on Rimbaud[J]. Research in Phenomenology 47, 2017, no.1: 64-84。

回到前现代的宇宙论；而是要发展新的时代感知性，这将容许我们重新居有现代技术，不仅是重新利用它（就像上文所提到的情况），而且要发明我们自己时代的宇宙技术。我使用复数的感知性和复数的宇宙技术，是为了强调这不仅仅是一种感知性或一种宇宙技术，而是通过对非现代文化的肯定来重新表述技术问题。为了容许这种情况的发生，任何一种文化都必须检索和制定自身的宇宙技术史，而且只有通过这样一种历史研究，新的宇宙技术才能被揭示出来。人类世提出了重新构想人类与地球/宇宙之间关系的必要性，这反映在人类学家的诸多探讨中，如德寇拉的存有论多元主义、卡斯特罗的多元自然论以及拉图尔的盖娅理论（Gaia theory）。[1] 然而，这种新的关系绝不能回避技术问题，因为自然并非安全的港湾，同时这也是我认为技术哲学需要承担的任务——换句话说，我们需要在当前的技术话语（将其限定于古希腊技艺与西方现代性创造的现代技术）之外重新发现多元宇宙技术，并发展出一种理论框架，容许现代技术作为一种"事发"（*Ereignis*）重新适配于人类世，以克服文化与自然以及文化与技术之间的对立。

（本文译者：韩晓强、王敏燕）

---

[1] LATOUR B. Face à Gaïa: huit conférences sur le nouveau régime climatique[M]. Paris: La Découverte, 2015.

机器与生态学①

> 可能人们还需要相当长的时间才能认识到,"有机体"和"有机的"就体现为现代性对于生长的领域即"自然"的机械技术性"胜利"。
>
> ——海德格尔,《思索 XII-X》

> 我们缺乏创造。我们对现在缺乏抵抗。概念本身的创造需要一种未来形式,为了一个新地球和尚未存在的人民。欧洲化并不构成生成,只会构成资本主义的历史,它阻挠了人民的生成。
>
> ——德勒兹和瓜塔里,《什么是哲学?》

---

① 本文的中文译文首刊于台北市立美术馆《现代美术学报》第39期。

> 河流是归属所在的地方性。河流同时决定了人类作为历史性存在的归属所在的生成。河流是漂流的旅程，也是归属所在的生成的本质。
>
> ——海德格尔，《荷尔德林的赞美诗〈伊斯特河〉》

本文以《机器与生态学》为题，试图探讨机器与生态学的关系，以及隐藏在这两个看似不相容的词语里的哲学与历史议题。我首先要把"机器"和"生态学"这两个语意模糊的名词都化成问题，确定一个合适的语境，来除去某些对技术生态学的既定认知和美好想象，同时提出一个以我所谓技术多样性（technodiversity）为中心发展出的机器的政治生态学。对技术多样性的探索，延伸自我在《论中国的技术问题》一书中针对宇宙技术的研究的系统性调查。该书驳斥一些特定的哲学、人类学的传统和技术史，比起将从人类学观点出发对技术定义出的通用概念视为理所当然，我们更应该去设想技术多样性的概念，而这种概念的特征是建构在宇宙、道德、技术之间的动态差异上。

人们一般认为机器和生态学是两个对立的范畴，因为机器是人造的、机械的，而生态学是自然的、有机的。我们可以将这种观点叫作批判二元论（而非二元论的批判），因为它的思辨模式是立基于且无法超越二元设定的，就像苦恼意识（unhappy consciousness）。这种对立造成了对机器的状态的某些刻板印象。即便今日,人们谈到机器,通常会想到以线性因果关系为基础的机械式机器,像是十八世纪由工程技术师雅克·沃康松(Jacques Vaucanson)设计发明的"消化鸭"(Digesting Duck),或是沃尔夫冈·冯·肯佩伦(Wolfgang von Kempelen)发明的"土耳其机器人"(Mechanical Turk)。另一方面,人们谈到生态学,则会认为自然是一个会自动调节的系统,是所有存在的供应体,也是回收站。

§1 克服二元论之后

上述机器与生态学的概念,动摇了技术史和哲学史的基础,也忽略了制约这番批判之有效性的技术现实。以二元论为基础的批判,并不能从历史和批判的角度去厘清自身论点。到了二十世纪中期,控制论已完全凌驾于机器的机械性之上,甚至将后者彻底淘汰;我们接着看到了机械有机论(mechano-organicism)的出现。今日,控制论则已变成机器的操作模式(*modus operandi*),范围广及智能手机、机器人,乃至宇宙飞船。控制论的兴起是二十世纪最重要的事件之一。它和以线性因果关系(由 A 到 B,由 B 到 C)为基础的机械装置不同,它建立在循环因果关系(由 A 到 B,由 B 到 C,再由 C 回到 A′)上,意思是,它在很基本的层面上来说,是反身性的,可以用递归式架构自我决定。这里提到的递归(recursion),是指一种非线性的反身性运动,不管是预先定义的或自动假定的,它都会循序渐进地朝它的目的移动。控制论属于有机论这个更大的科学范式,该论说衍生自对机械论作为基础的本体理解的批判。有机论也要和生机论(vitalism)有所区别,后者往往是靠一种神秘的(个别的、非物质的)"生命力"(vital force)来解释生物的存在;反之,有机论其实是以数学为基础。控制论是有机论的表现形式之一,它应用反馈和信息这两个重要概念,针对一切存在的行为进行分析,无论是有生命的(活的)还是无生命的(死的)、自然的还是社会的。控制论始祖诺伯特·维纳在他的著作《控制论:或关于在动物和机器中控制和通信的科学》的第一章,就开宗明义,重申牛顿时间和柏格森时间的对立。牛顿运动是机械的、时间对称的,所以是可逆转的;柏格森时间是有机的、生物性的、有创造性的、不可逆转的。直到法国物理学家萨迪·卡诺于1824年(距离牛顿逝世将近一个世纪)提出热力学第二定律,人类才认识存在中"时间之矢"(arrow of time)的概念,还有系统中的熵会随着时间的推移而增加这个事实是不可逆的。柏格森在他的第一本著作《时间及自由意志,论知觉的直接资料》(*Essai sur les données immédiates de la conscience*, 1889)中,就已经对时间在西方科学和哲学领域中被概念化的方式予以抨击。该思维传统将时间放在空间的架构下去理解,举个例子:间隔,这是一个可以放在空间概念里表现的时间概念。因此,根据柏格森提出的这种框架被概念化的时间,是无时间性的,是均质的,就像钟面上的时间间隔。柏格森认为,有机时间,即"绵延"(durée),不能只是被当作空间中并排的展延(extension)来理解,它其实是包含有机形态的异质性,或质的多样性(qualitative multiplicity)。时间是力(force),每个瞬间都是独特的,就像赫拉克利特讲的河流,它不会自体重复,就像机械时钟。绵延的观念实际上并不涵盖机械因果关系或线性因果关系。柏格森的"有机"时间为理解人类意识和经验另辟蹊径。

维纳认为,物理学中统计力学的发现超越了这样的对立。让我们以由粒子组成的容器为例来思考,它利用统计力学,就有可能在宏观状态和微观状态之间进行沟通,因而得以控制系统的行为。换句话说,控制论很努力地要消灭二元论,它想要在不同数量级之间、巨观和微观之间、心智与肉体之间创造联结,就像汉斯·约纳斯(Hans Jonas)在其著作《生命现象》(*The Phenomenon of Life*)中谈到控制论时所说的,它是"对经典文献因疏忽而留下的二元论的克服:自亚里士多德以来,我们第一次有了一种统一的学说……对现实的再现(representation)"①。西蒙东在其《论技术物的存在模式》中也发表相同的论点,认为控制论的反身性思考(以反馈与信息为

---

① JONAS H. The phenomenon of life: toward a philosophical biology[M]. Evanston: Northwestern University Press, 2001.

主)是为传统与现代、都市与郊区、技术教育的主要(成人)与次要(儿童)模式这类文化中既存的二元论解套的关键。我在《递归与偶然》一书中,把反馈放在"递归"这个范畴较广的类别下。递归一般是指非线性操作,此模式会不断返回自身以获得自我了解和自我决定。递归有不同的形态,但是它们都会涉及对二元论的克服。信息是组织程度的测量法,反馈是一种递归的或循环的因果关系,它让自动调节可以发生。举个例子,我伸手去取一瓶水的这个动作当中,有很多反馈步骤会发生,它们让我可以调整眼睛的注意力和手臂的肌肉,直到我的手碰到目标物,也就是目的。所以维纳在这一章的最后得出这样的论点:"因此,近代自动机跟生命体一样,都存在于柏格森时间中。按照柏格森的观点,我们没有什么理由认为生命体活动的基本方式一定和模拟生命体的人造自动机有所不同……事实上,机械论者和生机论者全部争论的问题都因提法不当而被抛到垃圾箱里去了。"[①]

我们必须将维纳的主张放在历史的脉络下仔细检视,才能知道它是否能被完全合理化。然而,当我们从维纳的控制论出发,将机器和生物、人类和环境、科技和自然的关系置于今日境况下重新概念化时,这番主张依旧有很重要的影响力。他的大胆表述意味着对反对有机和无机的人本主义价值观的

[①] 诺伯特·维纳.控制论:或关于在动物和机器中控制和通信的科学[M].郝季仁,译.北京:北京大学出版社,2007.

全面性重新评估,也使人本主义批判显得无效。不同于,比方说,勒罗伊-古汉和斯蒂格勒所称的被组织的无机物(organized inorganic),维纳所要强调的不是人—机或人—器的组合,而是通过全自动控制机器将有机和无机同化的可能性。现代机器全都是全自动控制机器:它们都以循环性因果关系作为运作原则。从这方面来说,全自动控制机器不再只是机械式的,而是能够模仿有机体特定的行为模式。类似不代表等同,这点很重要,但是这种误解却主导着当代的机器政治学。

生态学概念中的歧义也同样比比皆是。假设说,生态学的基本出发点是要理解生物及其环境之间的关系,就像在十九世纪由恩斯特·海克尔(Ernst Haeckel)提出,接着在二十世纪初由雅克·冯·魏克斯库尔(Jakob von Uexküll)进一步推演的论点,那么我们一定要记得,这个论述纵使有其重要性,但对于理解人类社会的复杂度来说,是不够充分的。魏克斯库尔将海克尔提出的生态学概念进一步扩展,[1]然后以此去解释环境并不只是根据物质性而做出选择的一方(从这个角度来说,海克尔是个达尔文主义者),它同时也是被生物选择的一方。第一类的选择可称为适应(adaptation),意思是生物必须根据可用资源和物理性条件,来让自己适应所处的环境;第

---

[1] UEXKÜLL J. A foray into the worlds of animals and humans: with a theory of meaning [M]. Minneapolis: University of Minnesota Press, 2010.

二类的选择可称为采纳(adoption),意思是生物必须从可用的素材中做选择,并建构出自己的环境,作为生存的手段。壁虱是一种没有眼睛的蛛形纲动物,它们会停在树上,一旦侦测到哺乳动物接近时带来的丁酸(汗液)、风、温度后,便跳到动物身上,接触到它们的肌肤后就吸血让自己活命。选择信息的过程中存在着符号语言学,其依据的是体样(*Bauplan*,又称基本设计或发育蓝图),是动物的感官系统和神经中枢系统,它会反过来定义动物的周围世界(*Umwelt*)。① 但人类不是壁虱,人类会发明工具,改变环境。人类这个物种具有借技术去适应外在环境进而改变和接受环境的本事。我们在适应和接受的过程中,看到生物及其环境之间的互惠交互关系,我们也可以把它叫作有机性,也就是说,生物和环境之间不只是信息、能量、物质的互换,还会构成一个社群(community)。人类社会所包含的不仅是组成这个群落的人类参与者,还有其存在的环境和其他非人类成员。

人类介入环境开启了人化过程(hominization),这是一个人类及其政治生成的演化及历史过程。我们很难对这个过程予以概述,姑且说,人类文明可被视为人类与其环境之间一种亲密的共谋关系的产物,由此衍生出柏拉图之后所谓环世界学(mesology)(这是边留久[Augustin Berque]的历史编纂学

---

① UEXKÜLL J. A foray into the worlds of animals and humans: with a theory of meaning [M]. Minneapolis: University of Minnesota Press, 2010: 50−51.

[historiography]的论点)。不过我们可以先用马歇尔·麦克卢汉的定论来简单诠释这里谈论的主题,他在1974年的一次访谈中说道:"史普尼克卫星(Sputnik)为这个星球创造了一个新环境。自然世界头一遭被完全封闭在一个人造的容器里。在地球进入这个全新人工制品的那个时刻,自然终结了,生态诞生了。一旦这个星球升级到艺术品的地位,必然就会出现从'生态'角度出发的思维。"[1]这个表述需要多解释一下。1957年的事件,也就是苏联发射史普尼克卫星,让人类首度能从外部思考地球,从这个角度来说,地球在太空科技的助力下,被视为一个人工制品。在1958年出版的《人的条件》(*The Human Condition*)中,汉娜·阿伦特也认为史普尼克卫星发射的"重要性甚至连原子的分裂都难以企及",因为它的意义在于,就像康斯坦丁·齐奥尔科夫斯基(Konstantin Tsiolkovsky)所言:"人类不可能永远生活在地球(这个摇篮)中。"从地球向外解放,让人类直接面对无限的宇宙,也是宇宙虚无主义开始萌芽的契机。就是在这个时刻,自然终结了,生态诞生了。相对于海克尔在十九世纪末期将"生态"一词定义为生物与其环

---

[1] MCLUHAN M. At the moment of Sputnik the planet became a global theatre in which there are no spectators but only actors[J]. Journal of Communication, vol. 24, no. 1, 1974: 49.

境关系之整体,①也相对于魏克斯库尔下的定义,即生态是从 *Umgebung*(实体环境)到 *Umwelt*(生物对世界的解读)的选择过程,麦克卢汉所定义的生态,已经不再是一个生物学的概念。根据他的论点,地球是一个由在地球上和在外太空的机器所监测和统治的控制论系统。我们所见证的是地球的消失,因为它不断被一个由控制论的递归思维建构的内在性平面(plane of immanence)吸收进去。

自然界和机器的混交构成一个巨大的系统,在这样的概念化之下,自然终结,生态开始。生态学在生物学领域的运用很严格,②但除此之外,它其实不是一个关于自然的概念,而是控制论的概念。此处引用詹姆斯·洛夫洛克(James Lovelock)创造的盖娅假说的概念,可以更清楚地说明地球的生态系统:"一个在地球大气中的化学异常现象所探测到的内在平衡倾向性的控制论系统。"③因此我们在此可以很快得知,现代机器不再是机械的,生态也不是自然的。事实上,现代机器和生态是在同一个原则下产生分歧的两种表述,这个原则就是控制论。假设我们坚持要在两者之间做出区分,那就是我们已经

---

① HAECKEL E. Generelle Morphologie der Organismen [M]. Berlin: Georg Reimer, 1866: 286-287; RICHARDS R J. The tragic sense of life: Ernst Haeckel and the struggle over evolutionary thought[M]. Chicago: University of Chicago Press, 2009: 8.
② 生态学是许多生物学家常用的词语,它通常被认为是研究生物和非生物成分之关系的一门生物学学科。
③ LOVELOCK J. Gaia: a new look at life on Earth[M]. Oxford: Oxford University Press, 2000: 142.

脱离个别的机器,例如马克思所说的十九世纪曼彻斯特的工厂里的自动化机器,进入连接不同机器并建立机器与机器间的递归关系的技术系统。这些系统可以有不同的规模,从地方性网络到行星系统,例如地球的科技圈。接下来我们要问:机器与生态之间的关系的重新定义,隐含了什么意义?

§2 地理哲学的技术生成

我们身处一个前所未见的控制论时代,因为控制论在过去并不是一个和任何其他学科(如哲学和心理学)平行发展的学科,而是企图成为一个可以统合所有其他学科的通用学科,也就是一个通用的卓越思维(模式)。今日的控制论已经取代哲学,成为通用的反身性思维。这种取代并不是对哲学的扬弃,反之,根据海德格尔的说法,它是哲学的完成或终结(德文的 *Ende* 同时包含完成与终结的意思)。那么,这个终结代表的意思是什么?是说西方哲学已经发展到其注定的完满境界,所以在科技时代已无用武之地?还是说,哲学为了继续存续,将需要重新改造,也就是要变成后欧洲哲学(或后形而上学,或后存有论),就连欧洲本身也不例外?我不想在这里打开潘多拉的盒子,但是我仍需简单说明,控制论思维作为一种所谓通用的和生态的思维,是对存有论和认识论中的二元论的扬弃,或至少是作势扬弃,从这个角度来说,它祭出了哲学思考的新条件,由此衍生出对生态学的全新探索。

这里我们先提出一个假定:或许,这个时代的威胁来源不再是二元论,而是现代技术中可见的非二元总体化力量,而且此力量还很讽刺地呼应了反二元论意识形态(例如拒绝任何形式的东西方比较)。它的讽刺性在于,反二元论意识形态依旧相信二元论是造成威胁的主因,但是却没有认知到,这个二元性已经不再是现代科学和技术的基础。换句话说,在没有检视哲学和技术之间的亲密关系的情况下,若想发展出一种因应这个时局的哲学思维,有一定的难度,甚至不可能达成。

现在让我们光明正大地用怀疑论来进一步阐述这个论点:控制论会为现今存在的生态问题解套吗?控制论中最重要的有机论模式(organismic model)可以战胜欧洲现代性几个世纪以来笼罩在我们头上的阴影吗?假设早期的现代人让我们通过几何化(开普勒、伽利略、牛顿、笛卡尔等科学家和思想家)和实验性科学(培根[Bacon]、波义耳)看到这个世界机械性的一面,那么现如今,以在十八世纪末期开始兴盛的控制论作为有机论思维的实现和具体化,**我们总算能够用控制论终结现代性了吗?** 我们不是已经在控制论和将它套用在行星上的盖娅假说中,发现一个以对生物及其环境关系的认识为基础,而且被哲学家、东方学专家边留久在许多地方不断强调的通用逻辑了吗?

要克服现代的替代物,便是要体认到我们存在——我们的对半(mediance)的构造契机,就是我们每个人都是分裂的:"一半"(mediance)①是每个人的个别动物身体,而另"一半"则包含生态-技术-符号系统,就是我们的生活环境(milieu)。②

边留久一直很努力地提倡他在许多日本或东方哲思里发现的非二元思维,并用它来对照以笛卡尔的二元论为代表的现代思想。其实我们不用急着知道答案,因为我们有可能会掉到上面论及的批判的二元论的陷阱里,我们应该做的,反而是去思考本文一开头引用的海德格尔关于有机体和技术之关系的论点。他认为有机生成,或者说生态生成,不过是现代性的机械技术性战胜了自然。这番立论乍看之下会显得有点犬儒主义,但我们必须超越这个印象去理解。他对控制论的评论值得我们今日在此好好思考,因为那不是在庆祝克服二元论,而是呼吁我们实践智慧(希腊文为 phronesis,英译为 prudence),警醒我们避开幻觉和错误的分析。我们乍看之下可能会认为控制论已经实践了现代性的反二元批判,但我想提出,甚至激发大家去思考的是,随着控制论及其有机论模型的兴起,环世界学可能需要一个新的命题。我们需要重新思考技术和环境的关系,去得到对这个需要的理解。与其将技

---

① mediance:词源为拉丁文中的 *medietas*,意为对半、中间、中心、中部。——译者注
② BERQUE A. Thinking through landscape[M]. London: Routledge, 2014: 60.

术视为地理环境决定的结果,或是认为自然环境的破坏是技术造成的,我们反而应当正视技术环境的综合体构成了其自身的开端和自主性,而且这个开端是可以被重新思考,或重新放在一个适合的环境或日本哲学家和辻哲郎(Tetsuro Watsuji)提出的"风土"(fûdo)的宇宙现实中的。① 关于这点,我们会在本文稍后再仔细探讨。

简单来说(但这一点将来肯定值得进一步分析),这个技术环境综合体可以从两个层面来理解,这两个层面看似不同但却有密切的关联。第一个层面是古人类学家勒罗伊-古汉所称的技术环境(technical milieu)。② 这个词所指的环境,是在被认为不稳定且具动能的"精神传统"的内环境(internal milieu)之间具有隔膜般的功能的环境,而外环境(external milieu)则包含气候、自然资源、其他部落群体的影响。③ 勒罗伊-古汉将细胞当作一种有机譬喻,来解释这三个词语之间的关系,以及对技术张力的渗透性和抗性:技术环境是指由内环境和外环境之间不可简化的差异所制造出的环境,同时将来自外环境的东西过滤、扩散,这样一来才能维持内环境的一致性。换句话说,内环境和外环境通过技术环境的调节作用(mediation)形成一种互惠关系。

---

① WATSUJI T. Climate and culture: a philosophical study[M]. Trans. BOWANS G. Westport: Greenwood Press, 1961.
② LEROI-GOURHAN A. Milieu et technique[M]. Paris: Albin Michel, 1973: 340-350.
③ LEROI-GOURHAN A. Milieu et technique[M]. Paris: Albin Michel, 1973: 334-335.

第二个层面是技术地理环境,这是由西蒙东提出的词语,意指含有自然资源的地理环境已经不再只是单纯的开采对象,而是成为技术物件整体机能的一部分。西蒙东在《论技术物的存在模式》中举了金堡涡轮机这个著名的例子,它成功地让带动涡轮机(在高压下裹着润滑油的引擎)运转的河流同时起到散热作用。① 在这种情况下,河流的功能性增强了,它变成技术物件附属的一个机件;河流也是西蒙东所谓缔合环境(associated milieu),它提供一种反馈机制,来稳定和调节动力系统:水流越强,涡轮机就转动得越快。理论上,当更多热能产生时,可能会把引擎烧掉,但因为水流速度也很快,所以也可以有效地将热能带走。如此一来,河流和涡轮机便形成了一个技术环境复合体。

从勒罗伊-古汉和西蒙东在将技术环境和缔合环境概念化的过程中,都看得到将有机体当作隐喻的取向。这种对生物的、全面性的模式的追求,在当时的知识界是一股很重要的思潮。勒罗伊-古汉所谓作为内环境与外环境之间的隔膜的技术环境,很像西蒙东提出的缔合环境,两者的不同之处在于,勒罗伊-古汉还是想要将技术性从文化(内环境)与自然(外环境)中独立出来,但是那种区分在西蒙东走的路线里早就消失了。西蒙东将其称为技术地理环境(techno-

---

① SIMONDON G. On the mode of existence of technical objects[M]. Trans. MALASPINA C, ROGOVE J. Minneapolis: Univocal, 2017: 57-58.

geographical milieu)(他也是基于这个理由才能想出一个克服文化与自然、自然与技术、文化与技术之间对立关系的概念计划)。西蒙东对于金堡涡轮机和缔合环境的意义的理解受维纳的控制论影响很深;而且控制论中的反身性逻辑在西蒙东看来,似乎取代了哲学。于是我们可以从这一点出发,去理解海德格尔所说的控制论意味哲学的终结。西蒙东的河流和海德格尔在《论技术问题》中谈到的莱茵河水力发电厂之间有种微妙的关联,后者的河流只是变成一个持存物,会不停地被现代科技挑战、开发、利用。① 我们初读西蒙东将河流当作一个技术地理环境的表述时,可以理解到其中乐观主义的成分,反观海德格尔将莱茵河形容为一种持存物,是对自然(*physis*)的"技术化"做出批判,但也不尽然是悲观的。他们只不过是用两种不同的态度去谈哲学的终结。

西蒙东用金堡涡轮机所要传达的重点不只在于河流的开发利用,还有技术性与自然间的互惠关系,即西蒙东所称的共自然性(co-naturality)。金堡涡轮机所展现出的互惠和共有结构只是控制论思维中的一项,西蒙东期望以此来克服二元论或者其更激进的表现形式——文化与技术、自然与技术之间的对立。

在控制论之后,西蒙东描述的河流的技术功能性,似乎形

---

① HEIDEGGER M. The question concerning technology and other essays[M]. Trans. LOVITT W. New York: Garland, 1977: 16.

成了一种技术地理复合体的通用模式,这点可从生物学家洪贝尔托·梅图拉纳(Hubertus Maturana)和弗朗西斯科·瓦雷拉(Francisco Varela)提出的结构结合概念(structural coupling,另译为相互联动、结构构合、结构耦合、构配)中看到。环境并不只是被技术改造过的,环境的构成中,也有越来越多的技术成分。对生态议题的思考并不只是在谈大自然的保护,它在本质上是一种以环境和疆域为基础的政治思想。技术在环境调节中的运用范围越来越广,让我们不得不发展出地理哲学这门学科。从各方面来说,这都不是什么新发现,应该说,为了理解当今技术发展的利害关系,对这个历史进程的分析是相当重要的:

1. 人类和环境的关系随时间的推移而复杂化,而定义感知和诠释的符号语言学,必须根据西蒙东提出的技术物进化的论点随时更新。从生物感官检测,到标志与符号的显示,到逐渐扩及今日的都市和郊区的电子感应器的发明,这过程的连续和不连续性导出一个不断定义、再定义人类与自然的技术轨迹,斯洛特戴克则将此称为人类的自我驯化。①

2. 用于驯化牲畜的技术,基本上就是一个牲畜与其环

---

① SLOTERDIJK P. Not saved: essays after Heidegger[M]. Trans. MOORE I A, TURNER C. Cambridge: Polity, 2017: 89.

境之关系的调节机制;换句话说,人类借由控制生育和不育来介入环境,为的是大范围地调节牲畜行为。人类社会发明律法、建立习俗和符号系统,来定义禁忌和违规行为,借此保持明确的自治权。这些行为构成了社会规范,也因此造成与之对立的社会不适应性,即福柯理论的核心。

3.牲畜驯化的技术已经逐渐和人类的自我驯化融合,这点可以用福柯提出的治理术(governmentality)概念来理解。人类介入环境构成一种特定的治理术,福柯称之为环境治理术(environmentality)。在这股环境思维萌生之际,我们所看到的可借福柯的话来描述:"生物的总数是政府在其观察和认知(*savoir*)中都必须一并考量的对象,这样才能用理性和有自觉性的方式进行有效的管理。"[1]

4.生物总数的控制是一种巨集型(molar mode)的治理术,就是将人类视作巨大的数目来处理,因此在技术上只能通过律法和规范来执行,且此律法和规范将每个主体视为平等且特定的存在者。二十世纪以降出现的技术发明用分子型(molecular mode)控制来补充巨集型控制,意思是,每个人被当作一个单独且不同于他者的个体来处理。这样的个体由此个体与其环境的关系来定义,而

---

[1] FOUCAULT M. Power: essential works of Foucault, 1954–1984[M]. Ed. FAUBION J D. Trans. HURLEY R, et al. New York: New Press, 2001: 217.

此关系则以数据的形式不断被撷取并变成资本。而这种形式的治理术在全球新冠疫情中已成为主流。

递归演算法的归纳及其在数字化计算机中的落实,把控制论思维及其在几乎所有的社会、经济、政治领域中的应用化为具体。资本从马克思精确观察到的机械说,转向由复杂的递归演算法为运作模式的信息机器来实现的有机说。数据或资料是信息的来源,它让递归模型能够普遍存在而且发挥作用。数字城市主义(digital urbanism)是一种正在发展,而且将来也会成为数字经济的中心主题的思想,它就是靠递归式数据运算来起作用。拉丁文的 *data* 是指某种现象给予的东西,例如感觉数据,此种数据是壁虎何时落下来,或我知道面前这颗苹果是红色的决定因素;而运算信息则是数据从二十世纪中期后获得的全新意义,也就是说,它不再是外部"给予"的,而是由人类制造和调整出来的。[1] 从这个意义上来说,我们可以看到,德勒兹提出的控制社会(societies of control)概念根本不是关于常见的社会监控,而是关于以自动化系统的自动设定和自动调节为治理术基础的社会,这类系统的规模大小不一,可以是像谷歌这样的全球性企业,或是像伦敦这样的都会,或是像中国这样的国家,甚至整个星球。

---

[1] HUI Y. On the existence of digital objects[M]. Minneapolis: Unversity of Minnesota Press, 2016: 48.

§3　机器生态学

谈到这里,我们要重新回到前面提出的问题:控制论和它在二十一世纪因尼克拉斯·卢曼等人的系统理论而出现的后续发展,算是对工业主义批判的回应吗? 这种批判承袭了早期现代思想的二元论倾向,如路德维希·冯·贝塔朗菲曾在其1936年发表的《一般系统论》中说道:"机械论的世界观将物理微粒的相互作用视为终极现实,这种世界观体现在一个崇尚物理技术的文明中,最终导致我们时代的灾难。也许,将世界视为一个巨大组织的模式有助于加强我们对生命的敬畏感,而在近几十年血腥的人类史里,我们几乎失去这种敬畏感。"[1]也就是说,控制论机器变成反身性的,就有可能超越现代性和掺杂其中的认识论错误吗? 还是说,控制论提出的克服二元论的通用模式依旧涵盖在海德格尔于二十世纪三十年代提出的现代性范例下? 依旧涵盖在现代性范例下又是什么意思呢? 我认为这里的意思是,它削弱了地方性和多样性的必要性,因为它强调普遍的知识和进步的概念。

虽然机器确实已经朝有机体的方向演变,就像西蒙东主

---

[1] BERTALANFFY L. General system theory[M]. New York: George Braziller, 2015: 49.

张的,机器将永远处在"生成"的过程,但无论是多么具象的技术物,它始终是和抽象的设计联系在一起的,另一方面,生物则是永远完全具象的了。就是在"不完全具象"和以为数字信息技术可以取代自然的幻觉两者之间的视差中,我们看到了当今的政治问题。前者涉及人文主义批判,后者则是超人类主义。

海德格尔提出的回应既不是人类主义的,也不是超人类主义的,根据我们的解读,它是地方的(local)。存在对海德格尔来说是某一个地方性特有的概念,而此地方性是指"欧洲"(*Abendland*);至少从语言学的角度来说,存在的概念在中文和中国思想里没有对应的表达。① 这点可见于他对荷尔德林《伊斯特河》的解读:这河在其源头既是位置(*Ortschaft*),也是漂流(*Wanderschaft*)②;河流就勒罗伊-古汉的理论来说是外环境,就西蒙东的理论来说则是缔和环境。地方性默认保持静止,而漂流则是向前流动的。往前和往后这两个看似互相抵触的运动,构成了此在的历史性。但是,在技术时代,地方性的命运仍然是不明朗的,而这个不明朗就会导致反动政治。这是因为存在的真理只会出现在人类对庞大之物的疯狂带来的危

---

① GRAHAM A C. Studies in Chinese philosophy and philosophical literature[M]. New York: SUNY, 1990: 322-359.
② HEIDEGGER M. The Ister in Hölderlin's hymn[M]. Trans. MCNEILL W, DAVIS J. Indianapolis: Indiana University Press, 1996: 30.

险中，成为由惊恐（Schrecken der Scheu）引发的居有事件。① 但是我们应该坐以待毙，等着末世的到来吗？还是说，在普遍性必被质疑的前提下，我们应该选择那些没有跟随西方思想史的路往前走？海德格尔想要探讨的存在问题把我们带回地方性和历史性的讨论。有一种主张认为，网络科技的发明压缩了时间与空间，有时会让我们看不见一直都存在的和超越存在的事物。二十世纪哲学主要的失败之一，就是无法清楚地阐述地方性和技术的关系，而且太依赖一种几乎是制式的、带有强烈欧洲人类主义的生态思维。技术所煽动的，是以传统与现代的二元论为基础的反动政治或狂热的加速主义，后者相信，朝全自动化加速前进去修复地球的地理工程学或是资本主义的颠覆等技术的演进，可能到最后会解决我们目前面临的问题和从以前持续到现在的问题。从经济和技术专家政治论的观点来看，把地方性考虑进去并没有太大的价值，它唯一的参考意义在于和自然资源的相关性。网络科技的进步会加速空间性的压缩，因此，讨论什么叫作"地理性"（geographicality）已经没有任何益处，因为所有的交换都以光速发生。这种对环境的无知就是对地方性的无知：它无法在领土视角下的地球与正在全球化的技术之间建立起亲缘关系和共谋关系。

---

① HEIDEGGER M. Beiträge zur Philosophie (vom Ereigni) [M]. Frankfurt am Main: Vittorio Klostermann, 1989: 8.

我们还是需要附带点出控制论为什么还不足以作为一个非二元论的解决办法，才能进一步理解地方性。控制论的逻辑是很刻板的，所以它低估了环境，它将反馈当作基础，将环境简化到只剩功能性，这样一来，环境就可以被整合到技术物件的操作中。从这个角度来说，环境被表述成一种科学和科技物件，但它在技术性的发生论（the genesis of technicity）中的位置却被漠视了。这也解释了为什么西蒙东直到《论技术物的存在模式》第三部分才表明，光靠对技术物演变的分析和对人类与技术之关系的分析并不足以理解技术性，我们真正要做的，是将技术物的具体化放在技术性的发生论里面，也就是要把技术思维和其他思想的关系建立起来。西蒙东未完成的专题研究（这是从宇宙技术的立场来断定的）主张去设想一个开初，出发点是一个不断分裂的魔法统一体（magic unity），分裂后首先产生了宗教物和技术物，然后在第二阶段，再各自分裂成理论和实践。西蒙东将技术发展理解为一种持续发生的纠缠，因为宗教思考、美学思考、哲学思考会在技术分裂的迫切性和思考融合的必要性之间摇摆。这里的技术性是指技术的宇宙地理特性，以及这样的宇宙地理特性如何在造就技术智能方面起作用，这包括对技术的理解，对物质、形式、其他存在形式的感知性（sensibility），艺术与精神的关系，等等。也是基于这个原因，西蒙东的研究必须借由检视文化的宇宙特殊性来延伸探讨。举个例子，就像日本哲学家和辻哲郎在一个世纪之前就曾指出的,环境(风土)会影响观看和作画的方式。日文中的"风土"这个词,是由两个汉字组成的。和辻哲郎提出三种类型的风土:季风型、沙漠型、牧场型。简略来说,他的观点是:由于亚洲深受季风影响,季节变化不明显,亚洲的人们形成了随遇而安的个性,此以东南亚尤为显著,该地区终年温热的气候使自然生产的食物不虞匮乏,因此人们不需为了生存付出过多的努力,或为日常生活太过费心。和辻以同样的论点继续阐述,在自然条件恶劣的中东沙漠地区,人们为了生存必须团结起来,所以即使是过着离散生活的犹太人也始终保有他们的向心力;牧场型的代表则是欧洲,其干燥且四季变换规律的气候,反映出自然法则的恒常性,也意味着以科学驯服自然的可能性。这样的宇宙特殊性让不同的技术得以出现,例如在希腊,充足的阳光和晴朗的天空让造型显得格外清楚,而在亚洲,模糊晦涩的风土促成了讲求意境的绘画风格。① 地方性在宇宙地理性中很有分量。

控制论思维就是总体化思维,因为它要将他者吸收成为自身的一部分,就像黑格尔式逻辑:两极的相对立是促成一个综合或和解的动力。这个原因让黑格尔派哲学家、控制论学者哥特哈德·冈瑟主张,控制论基本上是在操作(技术)层面

---

① WATSUJI T. Climate and culture: a philosophical study[M]. Trans. BOWANS G. Westport: Greenwood Press, 1961: 90.

上实现了黑格尔的反身性逻辑,即辩证逻辑。① 控制论逻辑的复杂化过程,最终会导向一个绝对的总体。在这样的前提下,由于我们在此无法复述冈瑟如何诠释黑格尔反身性逻辑在控制论中的位置,②我们或许能够拟出这样的立论:要超越控制论去思考,就是要超越非二元论思维的总体化效果去思考。换句话说,该如何将地方性重新带入今日关于机器与生态学的讨论呢?将地方性重新带入,又能对关于机器的讨论起什么作用呢?

我们并不是要把机器和生态对立起来,那就好比在说机器会侵犯大自然,会扰乱人类和自然的和谐,那样的画面从十八世纪末就一直和技术脱离不了干系。我们真正要做的,是朝着机器生态学去发展。我们也不是要跟随盖娅理论,和洛夫洛克及琳·马古利斯(Lynn Margulis)一样,认为地球是一个单一的超有机体,或者说是有机体的集合体;我所提出的,是朝机器生态学的方向去思考。要开启这个机器生态学的讨论,首先要回到生态这个概念本身。生态的基础是多样性,因为生态系统的概念必须建立在生物多样性(包括细菌在内的所有生物形态的多种物种)上。讨论机器生态学,需要另一个

---

① GÜNTHER G. Das Bewußtsein der Maschinen Eine Metaphysik der Kybernetik[M]. Baden-Baden und Krefeld: Agis, 1963: 95.
② 更详细的分析可见许煜.递归与偶然[M].苏子滢,译.上海:华东师范大学出版社,2021,第二章。

和生物多样性平行的观念,我们将它称为技术多样性。生物多样性是技术多样性的相关物,因为没有技术多样性,我们便会目睹同质的理性导致的物种消失。以杀虫剂为例,它被用来杀死特定种类的昆虫,无论它们在哪个地理区域,而这正是因为,杀虫剂的制造基础是化学或生物学分析。但是我们也知道,同一种杀虫剂在不同环境里使用,有可能导致不同的灾难性后果。在发明杀虫剂之前,有很多不同的技术可以用来和对农作物造成威胁的昆虫作战,比如用地方的自然素材。也就是说,在将杀虫剂当作一种普遍性解决方案之前,技术多样性就已经存在了。但人类往往用其短浅的目光设想未来,因此对杀虫剂可以达到的立竿见影的效果趋之若鹜。我们可以说,技术多样性从根本上来说,是关于地方性的。地方性不一定要和民族中心主义、国族主义、法西斯主义画上等号,它真正的意义在于促使我们去重新思考现代化和全球化的过程,让我们反思现代技术重新定位的可能性。地方性对于构思一种宇宙技术的多重性也相当关键。这里所指的地方性并不代表身份认同政治,它其实是代表反思在地技术生成的能力,不是要退回任何一种形式的传统主义,而是让许多地方性去发明自己的技术思想及未来——一种免疫学,或者说是尚待被论述的免疫学。

中国、日本、巴西这些非欧洲国家在这个时代的地方性是什么?海德格尔对于科技和西方哲学关系的长期研究定位于西方,而这里所谓定位就字面上来说,是德语的 *Erörterung*,意思就是个体所处的位置及其将会变成什么的一种识别依据。就这层意义上来说,海德格尔也是一位地缘政治的思想家。今日要延续海德格尔的研究,还要超越他,就是要将他的想法带到欧洲以外的区域。我想用一个推断性的提问方式来表述这个挑战:对于非欧洲文化系统来说,我们是否能够指出它们自己的技术思想,就跟它们拥有自己的风土一样? 这些技术思想能够促进技术未来的想象吗? 只不过很遗憾的是,那样的技术未来现在由超人类意识形态所主导。我愿意相信,重新发现不同的技术,即我所谓宇宙技术论,是可能且必要的。宇宙技术论不单是制作技法上的不同,比方说不同的编织或染色技法。我在《论中国的技术问题》中将它初步定义为维系宇宙和道德统一所需的技术性活动。为了此处的讨论,必须对"统一"一词加以申述,[①]宇宙技术应被理解为一种 *Urtechnik*(原技术),它挑战我们当下对技术的理解,因此也质疑未来。这种宇宙特殊性必须从超越星际物理学、超越将宇宙视为一个热力系统的概念去重新思考;新技术出现后,都会被套上一些约束性的伦理规范,而宇宙特殊性也会重新提出超越这些伦理规范的道德问题。技术活动可以让道德的秩序和宇宙的秩序成为一体,我在这里所说的"成为一体"是指一个互惠的

[①] 我在《艺术与宇宙技术》(见 HUI Y. Art and cosmotechnics [M]. Minneapolis: University of Minnesota Press, 2021)中,对"统一"的概念有进一步的阐述。

过程,它会不断强化彼此以获得全新意义。基于这个理由,我想重新诠释勒罗伊-古汉所谓技术倾向(technical tendency)和技术事实(technical facts)。① 技术倾向就是一种普遍的知识,就像大自然的法则,比如说用石头来点火和发明轮子来运输,在每种文明里面都可以看到这些现象(我们几乎不会看到三角形的轮子,除非在想象里)。技术事实是不同文明各自拥有的不同特质:技术在传播的过程中,会依据内环境固有的约束和条件,而被筛选和调整。对勒罗伊-古汉来说,技术事实由许许多多因素决定,但主要受物质约束;我则认为,技术事实的差异会带来不同的宇宙观与它们的道德约束,而其所涵盖的远远超过功能性的美学。

在这里,我想回应一下生物化学家兼汉学家李约瑟的提问,并以此作为本文的结语:为什么现代的科学和技术发展只发生在欧洲,而没有出现在中国和印度呢?企图回答这个问题的历史学家们,都比较偏重于欧洲与中国的技术进步的比较性研究,举个例子,中国在二世纪发明的造纸术比欧洲更进步——仿佛技术的本质只和效率及机械的因果关系有关联。但是这种研究路线在我看来,似乎背叛了李约瑟自己的观点,这是因为他实际上认为,在中国和在欧洲各有一条技术发展的轨道,它受物质原因的约束较少,反而是中国和欧洲各自不

---

① LEROI-GOURHAN A. L'homme et la matieère[M]. Paris: Albin Michel, 1973: 27-35.

同的思考方式和生活形态,对其影响较大。换句话来说,若要回答李约瑟的提问,不应该比较谁更进步,而是要针对不同的技术思维系统去做详细的检视。这也就是《论中国的技术问题》一书企图通过进一步研究李约瑟没有言明的命题,来提出新的回应的原因。

从十九世纪以来发生的科技剧变,让我们看到一股汇聚的力量,它有时似乎是不可避免的,有时显得问题重重,而且需要被碎片化,才会有利于其他形式的汇聚发生。对于机器与生态的探讨,重点并不在于设计更聪明的机器,而是需要先去开发宇宙技术的多样性。但是这种多样性要回到地方性去全盘思考,也就是通过将地方性重新放入地理环境、文化、思想里面,去重新阐述技术的概念。我们被交付的任务,是努力去重新找出这些宇宙技术,为现代科技创造出新的框架,也就是重新为集置提供框架,只有通过这样的重新框架,我们才可想象一个"新地球和尚未存在的人民"[1]。

(本文译者:沈怡宁)

---

[1] DELEUZE G, GUATTARI F. What is philosophy? [M]. Trans. TOMLINSON H, BURCHELL G. New York: Columbia UP, 1994: 108.

迈向行星思维[①]

§1 行星状况

如果哲学因技术行星化(technological planetarization)而终结(正如海德格尔在他的时代所宣称的那样),或者由更近一些的行星计算化(planetary computerization)所驱动而发生历史转向(正如许多狂热的作者在我们的时代所宣称的那样),那么,我们的任务仍然是去反思它的本质和它的未来,或者用海德格尔自己的话来说,是"另一个开端"(anderer Anfang)。[②] 在海德格尔所寻找的另一个开端中,人的此在建

[①] 谨以此文献给 Nicolas。
[②] 见 HUI Y. Philosophy and the planetary[J]. Philosophy Today 2020, 64, no. 3。

立了与存在的新关系,以及与技术的自由关系。海德格尔通过回到希腊来重新定位思想,乍一看,这似乎是反动的。这一步后退是否足以面对他自己所描述的行星状况？令人怀疑。在二十世纪三十年代的海德格尔看来,这种行星化意味着缺乏思考或沉思(*Besinnungslosigkeit*),这不仅局限于欧洲,也适用于美国和日本。① 这种缺乏的情况在今天更加明显。即使欧洲的哲学完全自我改造,颠覆性技术也将继续在全球快速发展。任何想要回到存在(Being)的提议,如果不是荒谬的话,都可能会显得很尴尬。② 这并不是因为欧洲来得太晚了,而是因为它太早到了,已经无法再控制它所开创的行星处境。这种情况让人想起海德格尔所说的哲学的终结的另一含义："哲学之终结就意味着植根于西欧思想的世界文明之开端。"③

思考不能通过否定行星化而恢复。相反,思考必须克服这种情况。这是生死攸关的事。我们可以把这种已经开始形成,但还没有明确表达的思维称为行星思维(planetary thinking)。为了阐述行星思维可能是什么样子的,以及它与技术行星化的关系,我们必须进一步了解行星化的本质。

行星化首先是物质和能量的全部动员。它为地面上和地

---

① HEIDEGGER M. GA66 Besinnung[M]. Frankfurt am Main: Klostermann, 1938/39: 74.
② 我已在《艺术与宇宙技术》(见 HUI Y. Art and cosmotechnics[M]. Minneapolis: University of Minnesota Press, 2021)一书中详细讨论过这个问题。
③ HEIDEGGER M. On time and being[M]. Trans. STAMBAUGH J. New York: Harper & Row, 1972: 59.

下所有形式的能量(石油、水力、电力、精神、性等)创造不同的通道。它在很大程度上可以与术语"全球化"互换,或者与拉图尔所说的"全球化-减"(globalization-minus)互换,它不是真正的开放,而是将诸多方面关闭。① 全球化是在边界模糊的幌子下出现的,通过他者的开放,促进资本和物质的流动。然而,这在很大程度上是出于经济考虑。对市场的征服伴随着对土地的征服而来:历史表明,贸易和殖民一直是深深交织在一起的。当陆地、海洋和天空被占用并被边界限定时(这表明现代民族国家是唯一的后殖民现实),殖民能够继续采取的唯一形式就是对市场的征服。现代外交不是通过直接的军事入侵,而是通过"软实力"或"文化"来推动这一进程。

征服市场意味着更快、更顺利地动员物质产品和资本,这必然会造成贸易逆差和顺差。冷战后,全球化大大加速了这种动员。今天,文明已经无法忍受了。想象一下,一个国家的人口在短短40年时间里增长了近50%,从不足10亿人增长到14亿人。为了适应人口和消费的增长,需要开发多少土地和海洋?在地球的另一端,亚马孙雨林的森林砍伐规模在这40年间扩大了16%,在博尔索纳罗(Bolsonaro)的治下,现在的速度已经达到每秒三个足球场。有多少物种因此永久地消失了?全球化意味着资源的枯竭,因为人类物种达到了最大的

---

① LATOUR B. Down to Earth: politics in the new climatic regime[M]. Trans. PORTER C. London: Polity, 2018: 15.

加速。为了维持这种地缘政治秩序,一些利益相关者继续否认生态危机正在发生。不管我们喜不喜欢,"行星化"可能是当今哲思最重要的状况。这种反思并非来自对现代技术的妖魔化或对技术统治的庆祝,而是来自一种从根本上开放技术可能性的愿望,这种可能性如今越来越受到科幻小说的支配。

§2　误认的辩证法

迅猛的技术加速使全面动员成为可能;它还要求人类和非人类适应不断强化的技术进化。外卖行业及其在线平台为如何利用人肉(human flesh)来弥补算法的缺陷提供了一个明确的例子。所有这一切都是由一种由饥饿和欲望支配的心理地理(psychogeography)所驱动的。游牧民为了避免数据惩罚,冒着发生交通事故的危险。当自行车损坏时,快递员所受的痛苦要比他的身体受损时更大。痛苦来自无法满足订单和交付的效率配额。马克思所描述的在工厂中发生的情况现在不但仍然存在,而且在富士康和其他公司中成为普遍的现象。换句话说,所有领域的工人都会自动受到数据的监控和惩罚。基于普遍可计算性,这一实践承诺在所有层面上,从死物到生物,从个人到国家,实现了更有效的治理。它也展示了海德格尔所称的集置,或 enframing,即现代技术的本质,根据它,每一个存在都被认为是一个固定的储备或可计算的资源。

"集置"表现为动力政治(kinetic politics),彼得·斯洛特戴克将其描述为现代性的关键特征。斯洛特戴克将这种动力学与"全面动员"联系在一起,这是恩斯特·荣格用来描述战时动力学(wartime kinetics)的一个著名术语。① 全面动员表现为物质、信息和金融产品的可利用性和可得性。在食品配送的例子中,全面动员表面上允许最"正宗"的食物出现在一个人的厨房餐桌上,并承诺其温度和美味。商品的总动员也是人类劳动的循环及其双重性,即对自然的否定。这种全面的动员也建立了一种全球认识论和美学,它们为加速的必要性所驱动。世界作为一个球体的实现自古以来就是一个连续不断的形而上学工程。通过现代技术完成这个项目并不意味着平滑地过渡到一个没有形而上学的后形而上学世界。相反,这种形而上学的力量仍然牢牢地控制着人类的命运。

一个持续存在的问题是:这种形而上学的力量将走向何方?或者,它想要去哪里?我曾在其他地方讨论,被誉为单边殖民进程的全球化,现在正面临着主奴(lord-bondsman)的辩证关系。② 过度依赖某些国家作为工厂和市场,最终会导致主奴关系的颠覆。想要获得承认的"奴隶"的欲望(*Begierde*)(这

---

① SLOTERDIJK P. Infinite mobilization: towards a critique of political kinetics[M]. Trans. BERJAN S. Cambridge: Polity, 2020.
② HUI Y. On the unhappy consciousness of neoreactionaries[J]. E-flux Journal, 2017 (04), no. 81.

里是民族主义),通过劳动和技术实现,推翻了主奴关系。而"主人",从这个矛盾的时刻醒来,必须重新建立自己的边界,减少依赖,这样,奴隶就不能再威胁它,而将再次成为它的附属。这一时刻很容易被解读为全球化的终结。全球化可能已经走到了尽头,不是因为反全球化运动的强大(它悄然消失了),而是因为作为一个历史阶段,它暴露了更多的缺陷,而不是它所承诺的好处。这个矛盾和对抗的时刻还没有得到解决,或者在黑格尔的意义上和解。黑格尔用以表示"和解"的德语词 *Versöhnung* 充分表达了这个过程:等式的一部分必须承认另一部分是父,同时承认自己是子(*Sohn*)。

无论谁在剧中扮演子的角色,动力政治的本质可能都不会改变。只要前一种全球化形式继续存在,我们会看到以前反全球化的人变得支持全球化,而以前支持全球化的人则发生180度的态度转变。一种黑格尔所说的苦恼意识(unhappy consciousness)出现了,矛盾虽然被意识到了,但仍未得到解决。我们可以从远处观察这种辩证,但我们仍然要质疑它的本质和未来。我们没有理由责怪黑格尔——相反,我们应该继续钦佩他将理性推向绝对的方法,但我们必须分析他的追随者所犯的错误。首先,世界精神的辩证运动只是对历史的重构。就像密涅瓦的猫头鹰,只在黄昏降临时才展开翅膀,总是太晚了。而当它被投射到未来时,这种辩证的运动很容易成为 *Schwärmerei*(过度的感情或热情)的牺牲品,就像弗朗西斯·福山(Francis Fukuyama)和他的《历史的终结与最后的人》(End of History and the Last Man)一书的遭遇一样。其次，主奴的辩证运动并没有改变权力的本质，只是改变了权力的形态(否则，继承了封建社会的资产阶级社会就不会被废除)。正如在经典的黑格尔-马克思辩证法中，我们看到无产阶级的胜利并不超越它自己的权力支配。这种辩证法以战胜主人为前提，却没有意识到同样的力量会在一个新的怪物身上"转世"。这是马克思主义者常见的盲点。战胜"主人"的愿望只能导致市场的"胜利"，因为主人国家会被指责反市场和反全球化。这种权力的转移只是一个开放市场的承诺，它导致更密集的行星化和无产阶级化。我们面临的僵局要求对概念和实践进行根本的转变。

§3　多样性的必要性

全球思维既是僵局的开始，也是僵局的结束，它不是一种行星思维。全球思维是建立在全球与局部二分基础上的辩证思维。它往往会产生两个怪物：一方面是帝国主义，另一方面是法西斯主义和民族主义。前者普遍化了它的认识论和伦理学；后者夸大了外部威胁和传统价值观。新冠肺炎大流行加速了近期地缘政治变化。在宣布全球化的结束时，除了人们认为它标志着一个大灾难时代的开始,这一流行病并没有带来一个真正的远景。相反,在精英阶层中引起共鸣的所有拯救"旧政权"(ancien régime)的呼吁,都不过是为一种倒退的政治而斗争。

行星思维首先是对多样性的要求。文化多样性的概念,即全球化的外观(façade),是建立在技术和科学与文化分离的基础上的。在这个意义上,文化被简化为"不涉及技术"(technology-free)的所谓仪式、社会关系、习俗、烹饪和其他形式的符号交换。多元文化主义(multiculturalism)基于技术与自然分离的现代假设。在这里,技术只能被理解为工业革命以来出现的现代技术。在这种情况下,自然仅仅被认为是一个外部环境或非人工实体的集合(assemblage of non-man-made entities)。我们立即进入了自然的辩证法,通过这种辩证法,自然必须"像凤凰一样吞噬自己,才能从这种外部性中重生为精神"①。这是一种与现代科学技术完全相容的逻辑性质。全球化所承诺的多样性,即在多元文化主义的本质中找到的多样性,远远不是真正的多样性,因为它基于这种自然和技术的脱节概念。这就是卡斯特罗通过对美洲印第安视角主义(Amerindian perspectivism)的研究,提出了与多元文化主义相对的多元自然主义(multinaturalism)的原因。卡斯特罗认为,

---

① HEGEL G F. Philosophy of nature, vol. 3[M]. Trans. PETRY M J. London: George Allen and Unwin, 1970: §376.

前者肯定了自然界的多样性,而后者则建立在现代的同质性概念之上。如果不重新讨论自然和技术的问题,我们就会被困在一个由正反馈循环维持的系统中,就像酗酒者一旦再次品尝酒精,就无法停止饮酒。

我们现代人都是酗酒者。加速被认为是一种出路,这可能是真的,我们以一种悲剧主义者的姿态,拥抱了吉尔·德勒兹和费利克斯·瓜塔里过去对萨米尔·阿明(Samir Amin)的指责:"或许资本流动的解辖域化程度还不够……人们必须加快这一进程。"[1]行星思维不仅仅是加速,而且是多样化。它被行星化唤醒,同时召唤所有的努力去超越它并改变它。构成我们所谓行星思维的多样性的三个概念是生物多样性(biodiversity)、心智多样性(noodiversity)和技术多样性(technodiversity)。

生物多样性从根本上讲是一个地方性问题。它由特定的地理环境定义,由人类与非人类之间的特定关系维系。这些关系是通过技术发明来记录和调解的,技术发明是一个民族的组成部分,这体现在仪式、习俗和工具方面。现代化及其生产主义形而上学(productionist metaphysics)承认了这些差异,但又使之成为偶然。这并不是说西方的前现代或非西方的非

---

[1] DELEUZE G, GUATTARI F. Anti-Oedipus: capitalism and schizophrenia[M]. Trans. HURLEY R, SEEM M, LANE H R. Minneapolis: University of Minnesota Press, 2004: 239-240.

现代就比西方现代好,而是说人们不应该过快地放弃其中任何一种的价值。人类是大系统的一部分,因此反人类的姿态不会让我们走得太远。正如许多学者已经说过的那样,人类与非人类关系的更新在今天更加紧迫和关键。其中值得注意的是菲利普·德寇拉等"存有论转向"(ontological turn)的人类学家,以及以唐娜·哈拉维为代表的"多元物种"(multispecies)学派,滑稽地形成了以文化主义或自然主义"偏好"为划分标准的两大阵营。

大约一百年前,德日进提出了心智圈(noosphere)的概念。简而言之,其理念是,自人化开始以来,全球的技术包膜(technological envelopment)将汇聚在一起,最终形成一个"超级大脑"。① 在这里,这种技术进化意味着西方化。按照德日进的说法,东方是"反时间和反进化的",而西方的方式是"一种融合的方式,包括爱、进步、综合,把时间当作真实,把进化当作真实,把世界看作一个有机的整体"。② 从宗教的角度来看,德日进的心智圈注定是一种"基督意识发生"(christogenesis),一种爱的普遍化;从技术的角度来看,它是一

---

① CHARDIN T P. The future of man[M]. Trans. DENNE N. New York: Image Books, 2004: 151:"当创造的人(homo faber)出现时,作为人类身体附属物的第一件基本工具诞生了。如今,这个工具已经变成了一个机械化包膜(内部连贯,种类繁多),与全人类息息相关。它从躯体变成了心智圈。"
② NEEDHAM J. Preface in Ursula king, Teilhard de Chardin and Eastern religions[M]. New York: Seabury, 1980: xiii.

系列特定世界观和认识论的普遍化。"超级大脑"或"所有大脑中的大脑"是神的国度在地球上实现的见证,也是进化和进步的西方思想的胜利。这里的心智圈的顶点当然不是一种多样化,而是一种被误认作基督教的普遍之爱或"救世主"(the One)的会聚。但心智圈必须是碎片化的、多样化的,这种碎片化或多样化只有我们进一步把对思维多样性和技术多样性的思考结合起来才有可能。通过技术多样化的发展,我们可以重新建构人类和非人类的关系以及政治经济。

生物多样性和心智多样性都受到技术多样性的制约。如果没有技术多样性,我们在处理非人类机构和世界本身时就只有同质的方式——就好像同质等同于普遍一样。如果我们认为技术是中立和普遍的,那么我们可能会重复二十世纪阿诺德·汤因比(Arnold Toynbee)关于亚洲国家在十九世纪天真地引进西方技术的说法。他声称东方人在十六世纪拒绝欧洲人,因为后者想输出宗教和技术;而在十九世纪,当欧洲人只输出技术时,远东国家以为技术只是一个中立的力量,可以用自己的思想来把握它。[1] 卡尔·施密特(Carl Schmitt)引用了汤因比的同一段话,描述了工业革命和技术进步如何导致航海此在的统治(the domination of maritime *Dasein*):"东方必须允许自己被我们开发。"[2]

---

[1] TOYNBEE A. The world and the West[M]. Oxford: Oxford University Press, 1953: 67.
[2] SCHMITT C. Dialogues on power and space[M]. Cambridge: Polity, 2015: 67.

§4　认识论外交

施密特的《大地的法》(*Nomos of the Earth*)以对科技史的反思开始,也以对科技史的反思结束。经过几个世纪的陆海力量的竞争,在二十世纪我们看到了空军的崛起,从战斗机到远程导弹。二十一世纪的权力不在于议会,而在于基础设施。一些目光敏锐的作家注意到,2003年和2013年发行的欧洲纸币上不再有政治或历史人物的画像,而是放上了基础设施的图片。技术竞争比以往任何时候都更像一个战场,从企业到军事防御和国家行政管理。基础设施不仅仅是一个唯物主义的概念;除了经济、操作和政治目的,它还嵌入了可能并非立即可见的价值论、认识论和存有论假设的复杂集合。这就解释了为什么多样性概念这个行星思维的核心还没有被考虑。进一步描绘行星思维可能是什么样子,则是我们在这里无法完全完成的任务,我们可以从它不是什么开始。这样,我们就可以描绘出一个行星思维的轮廓。

行星思维的重点不是保护多样性(因为这样做是为了对抗外部破坏),而是创造多样性。这种多样化基于对地方的认识,不仅仅是为了保留对地方而言至关重要的传统,也是为了服务于地方性而去创新。我们作为陆地生物,早已经登陆,但这并不意味着我们知道我们在哪里,我们被行星化弄得晕头转向。就像从月球上看地球一样,我们不再注意我们脚下的土地。① 自哥白尼以来,无穷无尽的空间一直是一个巨大的空洞。这种空洞所固有的不安全感和虚无主义倾向被笛卡尔的主体性反驳,这种主体将所有的怀疑和恐惧都还给了人类自己。今天,笛卡尔式的沉思被人类世的庆祝取代,人类在经历了长时间的"从中心滚动到X"之后回归了。② 今天,空间的无限意味着资源开发的无限可能。人性已经开始逃离地球,奔向我们几乎一无所知的暗物质。多样化是一个行星思维到来的必要条件,而这反过来要求返回地球。

行星思维不是民族主义思维。相反,它必须超越民族国家及其外交概念已经设定的界限。一个民族或一个国家存在的最终结果是什么?这仅仅是一个专有名称的复兴吗?自民族国家成为地缘政治的基本单位以来,这就是二十世纪的外交表达方式。外交一直以强烈的国家利益和民族主义情绪为基础,所有这些都导致对生态危机和大流行病在全球蔓延的否认。因此,自相矛盾的是,对当下危机的突然肯定可能也是

---

① 这也使我们的方法不同于拉图尔的陆地思维(terrestrial thinking)。陆地性是所有这些的公分母:左与右、现代和非现代。他将"陆地"与"地方""全球"进行对比。见 LATOUR B. Down to Earth: politics in the new climatic regime[M]. Trans. PORTER C. London: Polity, 2018: 54。
② NIETZSCHE F. The will to power[M]. Trans. KAUFMANN W, HOLLINGDALE R J. New York: Vintage Books, 1968: 8.

出于外交需要。经济增长和军事扩张助长了民族主义情绪，这被视为抵御外部威胁的唯一手段。一种新的、建立在技术多样性基础上的认识论外交必须到来。这种新外交更有可能是由知识生产者和知识分子发起的，而不是外交官，后者正日益成为社交媒体的消费者和受害者。

行星思维不是禅宗的启迪或基督教的启示，而是认识到我们正处于并将继续处于一种灾难状态。施密特认为，上帝已经把他的能力传给了人类，人类也把它传给了机器。① 我们必须根据技术的历史和未来来思考地球上新的法则（nomos），而施密特从未充分阐述的正是这种技术的未来。如何开发新的设计实践和知识体系（从农业到工业生产）仍有待讨论，这些实践和知识体系不为工业服务，但相当有能力改变工业。这同样促使我们质疑当今大学及其在知识生产方面的作用，而不是仅仅将其视为技术颠覆和技术大加速的人才工厂。这种知识与实践的重组是二十一世纪大学反思面临的主要挑战。

生物多样性、心智多样性和技术多样性不是独立的领域，而是紧密联系、相互依存的。现代人以一种技术上的无意识征服了陆地、海洋和空气。他们很少质疑自己发明和使用的工具，直到第一篇出自黑格尔主义者之手的关于技术哲学的

---

① SCHMITT C. Dialogues on power and space[M]. Cambridge: Polity, 2015: 46.

论文正式发表。技术哲学可以说是由恩斯特·卡普(Ernst Kapp)和卡尔·马克思(Karl Marx)等人正式创立的,如今它已开始在学术哲学领域获得关注。但这种"技术意识"是否足以将我们带向现代性之后的另一个方向呢?① 或者它只是使现代项目更加中心化,就像在发展中国家技术仍只是被定义为主要生产力那样?行星化可能会持续相当长的一段时间。我们不太可能被它不可逆转的苦难唤醒,因为苦难总是可以被归入人类重申悲剧英雄角色的徒劳欲望。相反,我们将不得不采取其他方式来适应后形而上学世界中的新生命形式。这仍然是行星思维的任务。②

(本文译者:余航)

---

① 我在《论中国技术的问题》(HUI Y. The question concerning technology in China: an essay in cosmotechnics[M]. Falmouth: Urbanomic, 2016.)中,用"技术意识"来描述让-弗朗索瓦·利奥塔的后现代项目。
② 待续。本文发表于2020年,接续本文的是"递归与偶然"系列的第三本也是最后一本著作《机器与主权》(Machine and Sovereignty),该书于2024年由明尼苏达大学出版社出版。

第三部分 艺 术

展览与感知化:"非物质"展的再语境化

"非物质"展的再语境化(recontextualize)意味着什么?1985年3月举办于巴黎蓬皮杜中心的这场当时人气平平的展览,如今被普遍视为二十世纪最重要的展览。这一展览由设计理论家蒂耶里·查普(Tierry Chaput)和哲学家让-弗朗索瓦·利奥塔共同策划,后者其时正凭借1979年发表的《后现代状况》享誉国际。短短数十年后,这场展览的价值在法国之外得到了认可,值得一提的是《泰特论文》(*Tate Papers*)2009年秋季的特刊(第12期)和2014年我在德国吕讷堡举行的为期两天的"非物质展三十年后"("30 years after Les

Immatériaux")研讨会。① 本文试图将这一事件再度语境化,指出该展览的历史重要性,并在我们这个时代赋予"非物质"展全新的意义。

必须在一开始就指出的是,"非物质"展的对象是感知性(sensibility)。策展团队更愿意称其为一次"宣示"(manifestation),而非一个展览,因为它的目的并不是展示特定的艺术作品,而是唤起一种由新的科学发现和技术发明带来的感知性。这份"宣示"必须被理解为"感知化"(sensibilization)。但这难道不是老生常谈吗,有哪一个展览不是对可感性(the sensible)的组织呢?诚然,每一个展览都是在与可感性即美学打交道,但并不是每一个展览都以感知性作为它的对象。一些正统的艺术史学家会说利奥塔是一个哲学家,对艺术与做展览并不在行;然而,他们这样说的时候是在否认这是个展览。"非物质"展的重要性恰恰在此:它是个非展览的展览。

时代的新物质状况呼唤着对感知性问题的回归。事实上,这个展览中并没有什么非物质,因为"非物质"就意味着"新物质",也就是那些远程通信技术、人工皮肤、合成纤维、机器人等等。从这个角度说,"非物质"展所呈现的技术变革不

---

① 该研究会是由作者在 2013 年发起的研究项目,之后安德里亚·布罗克曼(Andreas Broeckmann)也加入了此项目。2014 年研讨会的成果包括斯蒂格勒、斯文·瓦伦斯坦(Sven Wallenstein)和丹尼尔·伯恩鲍姆(Daniel Birnbaum)等人的论文,参见 HUI Y, BROECKMANN A. 30 years after Les Immatériaux: art, science and theory [M]. Lüneburg: Meson Press, 2015。

能简单地由传统哲学来鉴别,因为它超过或溢出了这样的框架。新词"非物质"(体现在它的前缀 im-)意味着一种断裂、一种否定,与"新物质"一词可能传达的连续性观念相反。利奥塔的后现代概念被视为从现代性的辩证法中得出的综合:现代技术的发展消解了作为其基础的哲学系统。正是出于这一原因,"非物质"展才是新时代的开端和宣告。在这个新时代中,新的"感知性"必须被呈现和审问。

§1　物质与感知性

感知性何以成为一个展览的对象?几乎在"非物质"展目录画册的每一页上,读者都能找到"感知性"一词。尽管法文词语 *sensibilité* 通常被译英文的 sensitivity 或 sensitivenes,对应于康德的"感性呈现"(sensible presence),但我选择沿用 sensibility(感知性)这一术语,因为对于利奥塔来说,它也隐含了对划时代之转变的感知。另一个促使我偏好 sensibility(感知性)而非 sensitivity(敏感性)的原因是,不同于康德的概念,利奥塔的感知性概念从根本上说是一种"抵抗"形式。这种抵抗的姿态在利奥塔关于美学的书写中无所不在,在"非物质"展中亦不例外,而我们或许更愿意将这个展览视为反美学的(anti-aesthetics)。感知性和反美学的关系是什么?这种关系在展览中如何呈现自身? 为了更好地理解它的角色,我们不能不对利奥塔的思想进行考察。他的思想是"非物质"展的构想基础。

反美学并不意味着反对美学或否定美学,而是反对美的和谐,也就是反对感性直觉、想象力与知性三者之间达成的一致性。在"对崇高的分析的课程"("Lessons on the Analytic of the Sublime")这一系列献给康德之崇高概念的讲座中,我们能找到利奥塔最为详尽的哲学阐述。[①] 我们可以概述如下:在《判断力批判》中,康德提出了与规定性判断相对的反思性判断。如果规定性判断是指感觉材料对知性范畴(本身已被规定的普遍概念)的从属,那么反思性判断则不是从普遍概念出发,而是从特殊出发,以启发式的方法到达普遍概念。这就意味着反思性判断是自治的基础,因为它必须遵循自身的普遍规律而不依从其他的准则。从这个意义上讲,我们可以说美尽管是普遍而必然的,却并不是预先被规定的,而是在启发式的反思中生发的。

和美一样,崇高也是一种主观经验,但它是一种例外的经验,因为崇高的感觉源于康德式机器分析的故障:知性与想象无法抵达概念。面对一个对象,比如三角形,想要有一个关于它的概念,可以先将其感觉材料划归到从属的知性范畴,如

---

① LYOTARD J-F. Lessons on the analytic of the sublime[M]. Stanford: Stanford University Press, 1991: §23-29.

质、量、关系和模态,再由先验想象力(图示化)进行统合。但是在崇高的例子中,想象力不停地尝试,不停地失败,无法抵达一个概念(或者,用康德的话说,它无法生产出关于对象的概念)。这一时刻,理性被召唤来对想象力施加暴力,以阻止其启发式的进程。我们也许可以参考康德自己举的例子,即关于遭遇埃及金字塔的例子:当我们太过于靠近它时,我们的凝视停留在接连不断的感知(*Auffassung*)之中,却无法将金字塔当作整体进行统摄(*Zusammenfasse*)。① 讽刺的是,我们知道康德一生中从未见过真正的金字塔,因为他从未到过哥尼斯堡以外的地方,但他却能够"想象"一个单凭想象力无法理解的人造物! 这个金字塔的例子表明了崇高以"故障"(malfunction)的方式"运作"(functions)。在康德的意义上,崇高是一种运用(*Gebrauch*),或者,对于利奥塔来说,是一种滥用,一种对事实的隐瞒。② 它之所以是一种滥用,是因为它要求理性施暴于想象力,以阻断其通往无限循环的进程。崇高将审美献祭于道德,因为它真正的目标是引起一种敬仰(*Achtung*)。如利奥塔所断言的:"崇高不是别的,正是审美场

---

① Kant I. Critique of judgment[M]. Trans. MEREDITH J C. Oxford: Oxford University Press, 2007: §26.

② LYOTARD J-F. Lessons on the analytic of the sublime[M]. Stanford: Stanford University Press, 1991: 70.

中的道德献祭公告。"①崇高的反美学正是一种先锋的美学,如利奥塔在其著作《非人》(*The Inhuman*)中的一章——《崇高之后,美学的状态》所宣称的:"过去整个世纪,艺术并未将美当作焦点,它所关注的是崇高。"②这标志着与启蒙人文主义的历史性决裂。这种人文主义曾经占据了弗里德里希·席勒(Friedrich Schiller)等人的著作,如他在《美育书简》(*On the Aesthetic Education of Man*, 1794)中提出的,美的实现是人性的实现,将和谐的理念置于他论述的中心。

在康德和席勒的论述中,艺术必须服务于道德。在康德这里,我们发现美是道德的象征,而在席勒那里,我们发现艺术是"最崇高的人性"的实现。那么,如果艺术拒绝成为道德之祭品的话,它可以成为什么呢?艺术可以从根本上拒绝成为道德的象征吗?这个问题对于利奥塔的美学写作和他的后现代论述而言都至关重要,在后者中,他给出了肯定的答案。崇高对于利奥塔而言不再是罕见的例外事件,而是呈现出一种属于其时代的新感知性。这样的主张因而就要求依据时代对艺术进行再定义,也呼吁着对崇高的回归,正如雅克·朗西埃在文章《崇高,从利奥塔到席勒》("The Sublime from Lyotard

---

① LYOTARD J-F. Lessons on the analytic of the sublime[M]. Stanford: Stanford University Press, 1991: 70.
② LYOTARD J-F. The inhuman: reflections on time[M]. Stanford: Stanford University Press, 1991: 135.

to Schiller")中所言:"乍看起来,利奥塔似乎与黑格尔派的新方法一致。黑格尔将康德式的崇高感觉变成了一种艺术的特性,即象征艺术的特性。他将这种崇高失洽变成了艺术作品自身的财产。"①

利奥塔将崇高概括为先锋派的美学,继而将先锋派概括为后现代的艺术形式。这就是不可呈现者(*Undarstellbar*)构成了先锋派的核心思想的原因,正是不可呈现者激活了理性与想象力之间的对抗,并通向不可再现者(*Unvorstellbar*)。我们知道,试图将崇高再发明为一种艺术形式的,不仅仅有黑格尔,还有和他同时代的谢林、诺瓦利斯等。他们通过探索古希腊悲剧或雕塑作品《拉奥孔》等来进行这种再发明。差别在于,对于利奥塔来说,这样一种崇高不再受限于自然和艺术作品,而是同样适用于物质这个概念。

如前所述,"非物质"展的标题并非去标定任何非物质,而是指新的物质。在利奥塔作为联合策展人加入之前,策展团队已经拟过好几个备选标题:"物质与创造"("Matériau et création")、"新物质与创造"("Matériaux nouveaux et création")、"物质的所有状态"("La matière dans tous ses états"),以及最终被采用的"非物质"("Les Immatériaux")。新词"非物质"意在表明同现代的决裂,以反对"新物质"所暗示

---

① RANCIÈRE J. The sublime from Lyotard to Schiller Two readings of Kant and their political significance[J]. Radical Philosophy, 2004, 7/8: 8.

的对现代的延续。"新物质"将自然理解为一种有待被赋予形式和身份的被动实体,而"非物质"不同于物质,指向的是不可把握者。① 这在今天所谓新物质主义框架内,或许会被称作"活力物质"(vibrant matter),但两者是有显著差异的。利奥塔并没有调动活力物质去对抗那些主流和活跃的形式,而是彻底地跳出了古典哲学的形式质料说。物质被视为一种"激情事件",如朗西埃所言:第九段末尾,在强调了皮肤纹理、香氛、音调或细微差别之单数的、不可比较的特质之后……物质所指的是"激情的事件",是使人意识到"不明债务"的混乱。②

朗西埃对利奥塔进行了仔细的阅读,却着实令人惊讶地从未在他的文本中提及"非物质"展,即便他也许知道这些对象("皮肤纹理""香氛")都被包含在该展览之中。(人们猜测,是不是朗西埃不愿意以技术来思考,才导致他无意识地将利奥塔的美学简化为一致和不一致之间的辩证法?)我们都知道那时有一款叫"迷你电传"(Minitel)的法国网络机器给利奥塔留下了深刻印象。这些机器被用在这个展览中,也被用于一个名叫"写作测验"("épreuve d'écriture")的集体在线写作项目中。这个项目的产出也是展览手册的一部分:物质从通信模型的角度被加以构想(稍后我们会对此再进行讨论)。理

---

① LYOTARD J-F. After 6 months of work... [M]//HUI Y, BROECKMANN A. 30 Years after Les Immatériaux. Lüneburg: Meson Press, 2015: 37-38.
② RANCIÈRE J. The sublime from Lyotard to Schiller Two readings of Kant and their political significance[J]. Radical Philosophy, 2004, 7/8: 9.

解新物质就要求一种新的感知性,这就是感知性是这个展览的对象的原因,我提议将此称为一种新的知识型。

§2 知识型和感知性

尽管利奥塔确实从未借用米歇尔·福柯的概念"知识型"(episteme)来形容后现代,我们却可以十分直观地将福柯在《词与物》中的工作与利奥塔的意图相联系。在他的书中,福柯分析了十六世纪到十九世纪间发生于欧洲的知识型变化,对应于三个时期:文艺复兴时期、古典时期和现代时期。我们可以将知识型的概念简述为:作为特定知识系统成立前提的感性条件(举个例子,在菲利普·德寇拉的语汇中,与类比论相关联的感知性和与自然主义相关联的感知性将生产出完全不同的知识类型①)。利奥塔似乎延续了福柯的分析,将其延伸到了二十世纪,虽然我们必须承认两位哲学家对于现代的定义和时期划分是不同的。我们如果想要将"非物质"展视为后现代感知性的一次"显现",就必须首先理解该展览是如何对这种感知性展开讨论的。

---

① 在《超越自然与文化》一书中,德寇拉描述了四种存有论:自然主义(naturalism)、类比论(analogism)、泛灵论(animism)和图腾主义(totemism)。对他来说,欧洲现代性中的知识问题是与自然主义相关联的,反映了文化与自然之间的对立。

该展览想要唤起的感知性,朝向的是物质世界的转变和其所暗含的新形式的审美经验,以及由此引发的新的认识方式和与世界的新关系。它力图激发一种不安全感、焦虑感和不确定感。前面已经提过,这种感知性的促发动因是世界的物质转变,包括远程通信、生物与化学技术,它们显著地改变了我们感知物质性的方式。利奥塔在展览画册的"图录"("Album")部分强调了这一点:

> 我们想要唤醒一种感知性,而不是给精神灌输教义。这个展览遵循一种后现代的剧作法(dramaturgy)。没有主角,没有故事,只有一个由问题所组建的情境迷宫——我们的站点(sites);一个由便携式耳机接收的声音结构——我们的音轨。独行的参观者,在十字路口那迷住他的情节和召唤他的声音中,应感召而去选择自己的道路。①

查普进一步阐述道:

> 当真实变得不确定,当存在失去了它的摩尼教(Manicheism)而沦为一种疑似在场的密度状态,则"领

---

① Les Immatériaux. Album[R]. Paris: Centre Pompidou, 1985: 4. 由本书作者英译。

会"(grasping)就变得模糊不清。逃离知性的霸权(徒有虚名?),"非物质"展召唤一种秘密的感知性。①

这种秘密的感知性本身就是展览的对象,它以人类面对非物质时产生的不安全感或认同丧失感为特征。这种非物质是如何被分析的?我们不妨提醒自己,利奥塔也参与了"语言学转向"。当他在1983年开始从事策展工作的时候(尽管整个项目事实上前几年就已经在查普的组织下开始了,而后被搁置),他刚刚发表了《异识》(*Le Différend*, 1983)——一本致力于对维特根斯坦的语言哲学和康德的批判哲学进行平行阅读的书。因此,语言问题在利奥塔的展览构想中是根本性的,因为远程通信技术创造了一种在发送者和接收者之间的语言的新物质性;或者更根本地讲,这种技术正是后现代的物质基础。对于利奥塔,非物质的通信模型能作为一种手段,去瓦解那些易于识别的对于存在的牢固理解,诸如亚里士多德的形式质料说或笛卡尔的二元论。自以为自给自足的人之形象遭到了自身技术外化的颠覆。"互动"(或"交互"),一个在当时与新技术密切相关的术语,被利奥塔频繁用来描述一种可能的新的形而上学,其中人类主体完全"溶解"了,变得跟粒子运动和波的活动差不多:

---

① Les Immatériaux. Album[R]. Paris: Centre Pompidou, 1985: 5. 由本书作者英译。

人的可塑性意味着今天这种通信结构似乎不再是某种能为人提供固定身份的东西：比如，我们无法再说，在这种通信结构中，人作为发送者的角色要大于作为接收者的角色。①

这一构想使得利奥塔基于通信模型发展出了一套关于物质或非物质的存有论：

五大范畴中的每一个都不是仅仅作为一种事实而被提出的，而是同时作为这些变化引起的不安全感而被提出的。比方说，在展览手册的"盘点"（"Inventaire"）部分，利奥塔对术语 *Matériau* 的理解如下：

> *Matériau*——信息铭刻于其上，它是信息的载体。它抵抗。必须明白如何接受它和征服它。它是手艺（*métier*），将树木变成桌子［……］朝向设计和计算机工程的技艺进化。劳动、经验、意愿和解放中附着的价值的衰落［……］迫在眉睫的问题是：随载体（*Matériau*）的消失而来的，是我们失业的命运吗？②

---

① LYOTARD J-F. After 6 months of work... [M]//HUI Y, BROECKMANN A. 30 Years after Les Immatériaux. Lüneburg: Meson Press, 2015: 37.
② Les Immatériaux. Inventaire[R]. Paris: Centre Pompidou, 1985: 11. 由本书作者英译。

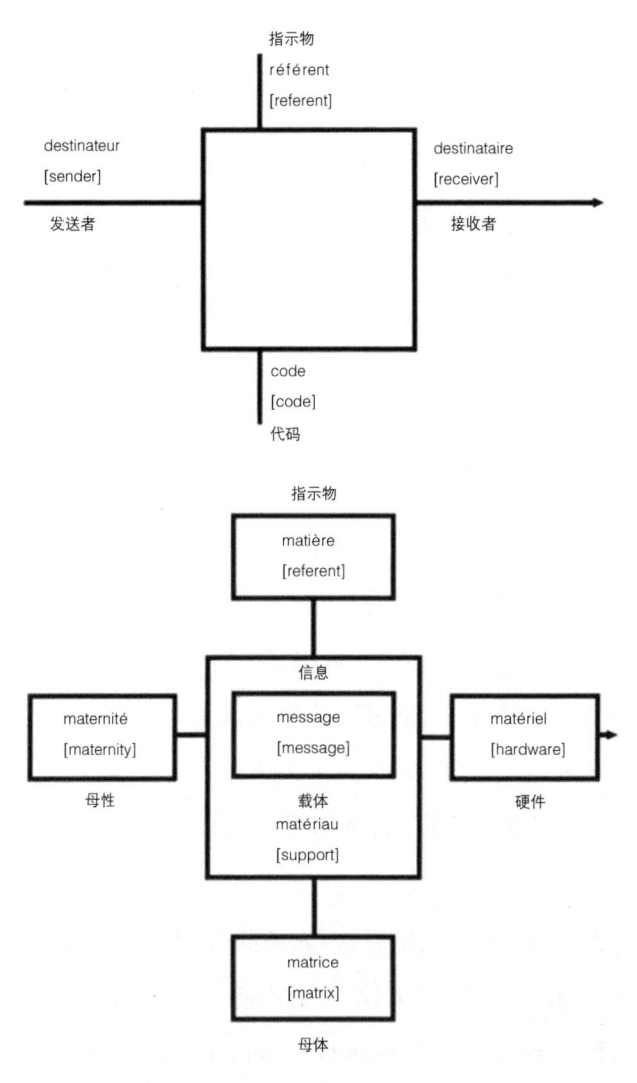

展览与感知化:"非物质"展的再语境化

图1: 通信图解(来源: *Petit Journal*, 28 March – 15 July 1985, Paris, p. 2. Centre Pompidou, MNAM, Bibliothèque Kandinsky.)

245

失业的不安全感遇上了由自动化技术引发的新形式的知识生产。展览中的物体和艺术作品,以及作品所围绕的"站点",都基于这五大范畴被分类和排序。在入口处有一尊埃及浅浮雕,伴有展览画册"盘点"部分的如下文字:"人得到了生命和意义:灵魂。他们不得不原封不动、完好无损地将其归还。今天还有什么是留给他们的?这是本次展览的主要问题。"①参观者由此进入了一条长而黑暗的甬道。观者可以戴上耳机,聆听音轨,这些由语音文本构成的音轨呼应着展览空间中 26 个不同区域的内容。通过甬道之后,人们将进入向塞缪尔·贝克特(Samuel Beckett)致敬的"非身体剧场"("Théatre du non-corps"),这里展出了由贝克特的布景设计师让-克劳德·法勒(Jean-Claude Fall)制作的五件实景模型装置。这里面没有演员,或者说这里的演员都没有身体,这是对现代凝视的第一次直接反思。由这个地方开始,出现了非常不同的、相互交叉的道路,分别通往六十多个站点。比如,呼应于 *Matériau* 这个范畴,名为"第二皮肤"("Deuxième peau")的站点展示了由猪皮、培养肤、人造肤等构成的不同类型的移植皮肤。另一个名为"天使"("L'Ange")的站点,展示了安尼格里特·索尔托(Annegret Soltau)的巨幅照片《怀孕》(*Schwanger*, 1978),画面展现了艺术家孕期不同阶段的身体。

---

① Les Immatériaux. Inventaire[R]. Paris: Centre Pompidou, 1985: 5. 由本书作者英译。

我们不会尽述展览中呈现的物品,因为它们都已经出现在展览画册的"盘点"中。这个展览,或者用利奥塔偏爱的说法来说,这一显现,是以世界的新物质构造为表现的划时代变化之证明,它将观众带入了一种"失向"(disorientation)之中。观者不会感到宾至如归,反而像在《爱丽丝梦游仙境记》(*Alice in Wonderland*)中那样,一切都有意变得既熟悉又陌生。更宽泛地说,"非物质"展呈现了对于规则、编码等桎梏的挣脱,表达了对现代性的异议;它是一次庆典,明显地体现在该展览涵盖的几乎所有领域中:营养、香味、建筑、城市规划、艺术、天体物理学和物理学、生物学和遗传学、写作、栖居地、数学、钱、音乐、戏剧、舞蹈,等等。这些对象正被纳入新的形态和新的构成,我们通常却没有注意到。展览通过对其站点的组织,呈现出一个迷失方向的世界,一个所有物体都似曾相识而又陌生的迷宫。

§3 展览和感知性唤起

记住"非物质"展的主要展品不是艺术作品或任何特定主题,而是"感知性",我们须将这一展览与同时期发生的"新媒体艺术"类型的展览区分开来。① 它有意成为一次迷失的体验,意在使人失去方向,无法辨认日常熟悉的事物,同时打开一种新的可能性、一种断裂,如其前缀 im-(非)所示。在展览的通讯稿中,人们可以读到"非物质"展"用一种剧作法,设定在一个时期的完成感和后现代性伊始之际的焦虑感之间。从这个意义上说,它同时是哲学的项目和艺术的项目。它力图唤醒已经存在的感知性,从而使人在熟悉中感受陌生,并意识到要认清正在发生的变化是多么困难"②。在设想展览空间的构造时,利奥塔提议回到德尼·狄德罗在"1767 沙龙"上回顾克劳德-约瑟夫·韦尔内(Claude-Joseph Vernet)的七幅画作时写下的《漫步韦尔内》("Promenade Vernet")。③ 在这篇文章中,哲学家并不将这些画作描述为供人观看的图片,遵循画廊空间分区的传统逻辑,而是将其视为真正的站点(或者说是"站点机器"[machine à sites])。

利奥塔与查普并不想仅仅展示计算机化在社会中是如何起作用的,也绝非尝试对未来的走向作出预言,而是要去想象一种新的知识型,一种已经到达却未经审问,也未得以呈现的

---

① 比如说,1983 年在巴黎现代艺术博物馆举办的展览 Electra. Electricity and Electronics in the Art of the XXth Century。
② Les Immatériaux. Texte de la cassette-son remise à la presse in Les Immatériaux Press Release[R]. Centre Pompidou, 1985: 9. 由本书作者英译。
③ DIDEROT D. Salon de 1767[M]//Ed. VERSINI L. Œuvres. Paris: Laffont, 1994–1998.

东西。展览邀请观众去体验这种新的感知性,并通过它去看见全新的世界。换句话说,该展览是一次感知性的教育。感知性本身不能被展示出来,但可以作为展览的"附加物"(à-côté)被察觉。它是一种本身不在场但恰恰因缺席才得以被感知的东西,正如利奥塔在他的著作《孰画?》(Que peindre)中所宣称的:"当你转向一个雕塑的正面时,你会发现自己在它的背面,而当你看着它的背面时,那里出现了正面所没有的东西。"[1]不可呈现者成为呈现的主体,而艺术正是在这种表面的矛盾中接管了哲学。

"非物质"展也可以被视为对于当时欧洲出现的新媒体艺术展和大肆宣扬的"信息革命"的回应。首先,据说《后现代状况》是对另一份名为《社会的计算机化》("The Computerization of Society")[2]的报告的回应。这份报告由两位计算机科学家西蒙·诺拉(Simon Nora)和阿兰·曼克(Alain Minc)撰写。其次,当时博物馆学的流行论述集中在美术馆的计算机化上,这种规定是由后来成为蓬皮杜中心总监的蓬杜·于尔丹(Pontus Hultén)等人提出的。于尔丹称美术馆空间为一种"通信空间",以回应"正在发展的真正的信息科学,以及与其息息相关

---

[1] LYOTARD J-F. Que peindre?[M]. Paris: Hermann Philosophie, 2008: 169. 由本书作者英译。

[2] MINC A, NORA S. The computerization of society, a report to the president of France [M]. Cambridge: MIT Press, 1980. [L'Informatisation de la société / rapport à M. le Président de la République, La Documentation française, 1978.]

的科学和人文领域的新动向:对艺术史、计算机科学、控制论、语言学和符号学,以及对理论、历史、时空、符号等概念的怀疑"①。让我们注意,于尔丹提出的美术馆计算机化今天仍在继续,现在叫作人工智能和数据分析,目的是使美术馆自动化并提升参观者的体验。然而,"非物质"展并不是一次对社会计算机化的背书。对于社会计算机化,利奥塔的《后现代状况》已经足具批判性。"非物质"展也不是一次对计算机化的谴责,因为计算机化是非物质存在的条件,没有它的话,后现代的感知性便无可能。因此我们面对的是一种矛盾,即我们可以将计算机化"同时"设想为霸权和抵抗:它是一种霸权,因为它施加了系统的支配;它是一种抵抗,因为它提供了抵抗这种支配的手段。正是感知性的问题帮助我们解开这个悖论,因为这个展览既不是简单的拒绝,也不是对技术的背书,而是暗示一种新的知识型并使之呈现的项目,这种知识型能够影响我们与技术的关系和我们对技术的感受。

因此,"非物质"展提出了一个问题,即以展览作为"感知性唤起"的一种形式,回应技术所提出的问题和它带来的可能

---

① Hultén P. Le musée, lieu de communication[J]. Skira annuel, 1975(75):126. 由本书作者英译。于尔丹将其设想为四种由信息所定义的同心圆:1.初级信息(有远程前景的通信);2.用于信息加工的空间和工具(面向公众、艺术家和美术馆员工的工作坊);3.加工过的信息(艺术展览、电影、音乐、舞蹈、喜剧……);4.艺术收藏、电影档案……(被加工和保存的信息:记忆),也见 YANN P. Vers le musée du futur: entretien avec Pontus Hultén[J]. Opus International, 1971(24/25):58-61. 更多的详细分析见 HUI Y, MEY A. L'exposition comme médium. Quelques observations sur la cybernétisation de l'institution et de l'exposition[J]. Appareil, 2017(18)。

性。就我看来,这是利奥塔交给艺术的一项任务,作为对这个集置时代的一种回应。让我们回顾一下海德格尔在其1949年的讲座"论技术问题"①中提出的对技术和技术本质的区分。对于海德格尔来说,本质的问题超出了技术作为一种功用和工具的范畴而关涉到存在。如果希腊语单词 technē 是指 poiesis(或"带出", Hervorbringen),那么现代技术的本质就是"集置":它的去蔽(unconcealment)的模式不再是带出(bringing forth),而是挑衅(challenge);它将一切视作资源或储备资源。数字技术是"集置"的延续,也就是说,它的本质就是集置。但是,"非物质"展并非像海德格尔会做的那样,去简单地谴责作为"集置"的数字技术,而是建议我们看清其中不可化约的双重性,尝试将其转换为一种视现代技术为偶然的新条件。换句话说,"非物质"展提出将"集置"理解为一种新的知识型,而非在自然和技术的对立中保存它的锚地。如果我们的假想是正确的,即"非物质"展是展出新的知识型的一次尝试,是一条在今天几乎已关闭的通路(自1998年利奥塔逝世以来的后现代及其诠释的式微之后)。鉴于技术加速趋向与日俱增的自动化,重提这一问题迫在眉睫。

据菲利佩·帕雷诺(Philippe Parreno)所说,利奥塔在"非物质"展之后想要构思一个名为"抵抗"("Les Résistances")的

---

① HEIDEGGER M. Question concerning technology and other essays[M]. Trans. LOVITT W. New York: Garland, 1977. ["Die Frage nach der Technik", in Vorträge und Aufsätze, Garland Publishing, 1954.]

后续展览。虽没有文献证据支撑这一说法,但抵抗这一概念在他举办"非物质"展之后的写作中显然随处可见(如1988年的《非人》,以及他身后出版的《哲学的贫困》[*Misère de la philosophie*])。我们此处的任务不是去详细阐述技术问题和利奥塔晚期思想,[①]我们的目的是以"非物质"展为切入口,去详述作为感知化的展览。展览并不是去展示什么是时兴的和有趣的,比如展示人工智能和机器学习能做些什么,以及艺术家在运用大数据创作上是多么有创意,而是去唤醒一种感知性,它不仅回应时代,也能复原和转变"集置",并进一步改善盲目追求进步与加速导致的想象力的贫乏。我们必须强调感知性的唤起并不代表减速,而是将技术引向另一个方向,如"非物质"展的尝试和"抵抗"展想继续做的。感知性唤起意味着通过美学问题的激进化来干预和改变这个时代。

(本文译者:蒋斐然)

[①] 我在《论中国的技术问题》中专门讨论了这个问题,见 HUI Y. The question concerning technology in China: an essay in cosmotechnics[M]. Falmouth: Urbanomic, 2016。更广泛的论述参见许煜.递归与偶然[M].苏子滢,译.上海:华东师范大学出版社,2020。

不可运算与不可计算[1]

今天我选择这个主题,是因为在我看来"不可计算"(incalculable)这一概念是斯蒂格勒思想的核心,也是他关于运算理论新基础的研究项目的核心。

§1

在《递归与偶然》[2]一书中,我尝试通过递归性和偶然性这

---

[1] 作者原计划于2020年8月底在法国南部阿尔勒举行的讨论计算机理论新基础的会议上宣读此文,但斯蒂格勒于8月初离世,该会议按原计划如期召开,而这篇文章也成为纪念斯蒂格勒的论文。

[2] HUI Y. Recursivity and contingency[M]. London: Rowman and Littlefiled International, 2019;中译本见许煜.递归与偶然[M].苏子滢,译.上海:华东师范大学出版社, 2020。

两个概念,对莱布尼茨以来的西方哲学史做出解读。我们知道,递归函数是计算机科学的学生和从业者都十分熟悉的。对于包括曾经的我在内的大多数计算机科学一年级学生来说,递归是个困难而又令人兴奋的课题。同时,熟悉控制论的人也一定知道,递归或递归性在所谓二阶控制论中,被用作"反馈"(feedback)一词的代名词。因此,递归这个术语直接包含着许多含义,也正是这种模糊性,允许我们开创一个新的概念领域,以反思计算机科学和哲学之间的关系,并把递归概念扩展至计算机科学和欧洲现代哲学之外。但更重要的是,我希望通过区分不可计算性和不可运算性(incomputable),把递归概念当作阐释不可计算性的基础。

在《递归与偶然》中,我指出递归的概念可以追溯至康德在1790年出版的《判断力批判》中所说的"反思"。康德开启了一种新的认识论,不同于他在1781年的《纯粹理性批判》中发展的那种认识论。这种认识方式在《道德形而上学基础》(*Groundwork of the Metaphysics of Morals*, 1785)以及稍后的《实践理性批判》(*Critique of Practical Reason*, 1788)关于定言命令(*kategorischer Imperativ*)的部分中已经被讨论过,但到了第三批判中才得到充分的阐释。正因如此,康德在序言中表示,第三批判是第一批判和第二批判之间的桥梁。这一关键是康德在《判断力批判》中所阐述的反思性判断,这是审美判断和目的论判断的基础。反思性判断与规定性判断不同。

在康德看来,规定性判断是一种把普遍者应用到特殊者之上的判断,比如当先验范畴被看作感官材料必须服从的框架的时候。范畴是普遍的,对一个对象的经验则是特殊的。反思性判断不是将普遍套用于特殊,相反,它从特殊者开始,通过启发式地推导出自己的规律而走向普遍。

规定性判断和反思性判断的差别很大,从认识论的角度看,人们可以说规定性判断对应着一种机械论的世界观,按照这种态度,所有的存在都是机械的存在。就像在笛卡尔那里,可以把人体理解为教堂里的管风琴:管道是容器,风是动物的灵魂。反思性判断则与有机体类似,因为它不是预先规定好的,它的存在类似于一种生命形式。规定性判断和反思性判断的差异,是假言命令(*hypothetischer Imperativ*)和定言命令、构成性(*konstitutiv*)和调节性(*regulativ*),或者更进一步来说,机械体和有机体之间的差异。这一差异对于包括费希特、谢林和黑格尔在内的后康德观念论者来说是根本的,他们都分别讨论过反思性判断并发展出自己的递归模型。笛卡尔的机械体是有限的,它无法解释机械性的目的以外的存在,因此前"批判"时期的康德已经激烈反应:动物身体如何可能?! 动物身体不像钟表:钟表的每个部分都与邻近的部分相连接,但独立于整体;而动物身体只能被理解为一个全体,其中每个部分都相互关联,也都和全体关联。用我们现代的语言来说,机械暗含着一种线性逻辑,即 A-B-C;而有机意味着一种非线性逻辑,即 A-B-C-A′。

在《递归与偶然》中,我试图通过把递归性从运算和控制论领域延伸到不限于机器操作的广义逻辑,来拓展递归性的概念,因为在人与机器、技术与环境、有机与无机之间的关系中,也能发现递归性。康德的《判断力批判》深受他那个时代有机概念的影响,如今它已经发展为一种有机主义。概括地说来,我们可以总结出三种由此产生的思路。第一种是胚胎学的研究者和历史学者提倡的有机主义;第二种是控制论,或者我所说的机械有机主义(mechano-organism),它始于1948年左右,以机器学习和人工智能的形式延续至今;第三种是器官学(organology),它始于1907年在法国出版的柏格森的《创造进化论》(*Creative Evolution*),后来在乔治·康吉莱姆于1947年发表的《机器与有机体》("Machine et Organisme")一文中被明确表达,再由西蒙东和斯蒂格勒等人进一步阐释。[①] 在这里,我将只关注机械有机主义,并在结尾处提到器官学。在某种程度上,我希望表明这种路径如何有助于信息学理论的重建。

[①] 许煜.递归与偶然[M].苏子滢,译.上海:华东师范大学出版社,2020,第三节、第四节。

§2

　　诺伯特·维纳在1948年出版了《控制论:或关于在动物和机器中控制和通信的科学》,书的第一章的标题为《牛顿时间和柏格森时间》("Newtonian versus Bergsonian Time")。在这一章中,维纳提出这样一个论点:机械论和生机论之间的经典区分已不再有效。机械论是线性的、重复的,柏格森的时间概念所阐释的生机论则是非线性的、创造性的;然而维纳表示,柏格森主义的时间,也就是说有机体的行为,可以被控制论机器吸收。控制论机器不同于时钟那样的传统机械论机器,因为它具有基于反馈和信息的操作,这种技术在詹姆斯·瓦特(James Watt)蒸汽机的"调速器"中已经有所应用。

　　正是在这种情况下,维纳声称,"现代自动化和活的有机体一样,存在于柏格森式的时间中,按照柏格森的思路,没有理由认为活的有机体的基本运作模式不应该与这一类自动化相同……事实上,整个机械论与生机论的争论已经被降级为表述不恰当的问题"。之后,我们还可以在《生命现象》作者、哲学家汉斯·约纳斯那里读到这样的确认:"对经典文献因疏忽而留下的二元论的克服:自亚里士多德以来,我们第一次有了一种统一的学说……对现实的再现(representation)。"

在所谓一阶控制论中,"反馈"的说法是用来描述自我调节的机制的。在二阶控制论中,"递归"一词更经常被扩展到机器操作以外的其他社会和政治领域。例如,尼克拉斯·卢曼将梅图拉纳和弗朗西斯克·瓦雷拉的自创生(autopoiesis)概念应用于对社会运作的研究,发展出了被称为系统理论(systems theory)的社会学领域。递归是自动化的关键,这种形式的自动化基于可计算性的原则。在详细解释可运算的/不可运算的与不可计算的区别之前,让我们先来看看递归和可计算性的关系。

在计算机科学中,递归函数仅意味着"一个函数在执行过程中调用自己"。给一年级计算机科学学生的递归函数的一个简单例子,可以产生一个有限的斐波那契数列:0,1,1,2,3,5,8,13,21,34……数列中后面的数字是前面两个数字之和。这样,34之后的下一个数字将是55(21+34)。如果要求我们列出数字n之前的所有斐波那契数(n可以是任何数字),简单的办法是创建一个计数到n的迭代(循环)。尽管它被称为循环,我们还是可以把这种循环方式理解为线性的重复。递归的版本则没有这么直观。它指一个函数调用自己,比如 $f(n)=f(n-1)+a$。我们设 $n=5$,或许能更清楚地看到它每次是如何调用自己并展开的:

fib(5)

fib(4)+fib(3)

fib(3)+fib(2)fib(2)+fib(1)

递归产生了超出迭代(只是重复)的复杂性,因为它由许多个螺旋式循环组成,而不只是一个机械的重复循环。迭代听起来像是环状的,但它其实是一种线性逻辑,因为它线性地重复同一个过程。从运算的角度来看,递归可以让运算时间(到达输出的时间)大大减少。而且这不只是单纯的效率问题。递归可枚举的(recursively enumerable)也意味着可运算的,也就是说,人们可以找到一种能在有限的步骤中产生这个数字的算法。如果一个数字不是递归可枚举的,它就是不可运算或不可判定的。例如,库尔特·哥德尔否定地证明了戴维·希尔伯特(David Hilbert)在1928年所说的判定性问题(*Entscheidungsproblem*),即一种算法,它能在给定一组公理和一个数学命题的情况下,判断这个命题能否由公理证明。哥德尔的创见主要可以从两个方面来理解。首先,哥德尔把逻辑命题转换为数字,如今这种方法被称为哥德尔配数法(Gödel numbering),如下表所示:

符号	配数	符号	配数
0	1	x	9
S	2	1	10

续表

符号	配数	符号	配数
+	3	⊢	11
×	4	∧	12
=	5	∃	13
(	6	∀	14
)	7	→	15
.	8		

用数字取代限定词,使哥德尔能把符号命题转化为算术,这样人们就能专注于计算而不是不同命题的形式逻辑推演。其次,哥德尔还开发了一个递归函数以执行数学证明。① 哥德尔在1934年发展了现在人们说的一般递归函数。② 他的一般递归函数在数学上等价于通用图灵机和阿隆佐·邱奇(Alonzo Church)的 λ 演算。

---

① 在哥德尔之前,托拉尔夫·斯科伦(Thoralf Skolem)已经提出用数字取代逻辑限定词,以递归地证明一个逻辑命题的有效性。引自 ADAMS R. An early history of recursive functions and computability: from Gödel to Turing[M]. Docent Press, 2011: 22;另见 HUI Y. On the existence of digital objects[M]. Minneapolis: University of Minnesota Press, 2016, chapter 6,"如果我们认为算数的基本定理是有功能的断言,并把思维递归模式看作基本,那么科学就可以严格地建立起来,用不着罗素和怀特海的'总是'和'有时'的概念",这也可以表述为:可以为运算提供逻辑基础,无须使用明显的逻辑变量。
② 在哥德尔之前,也已经有理查德·戴德金(Richard Dedekind)这样的先驱,他提出用递归函数把数学操作形式化。

运算递归性(computational recursivity)提供了自生结构(genetic structure)的认识论证明,正如费希特、谢林、黑格尔这些浪漫主义者和观念论者试图构建的那样。(在法国,我们可以在皮埃尔·利维[Pierre Livet]和让-克里斯多夫·戈达德[Jean-Christophe Goddard]的早期作品中看到这种构建。[①])观念是自我设定(*Selbstsetzung*)、自我决定(*Selbstbedingung*)的,因此它对观念论者和概念艺术家来说有巨大的潜力。在今天的递归算法中,这种对观念的"机械证明"会造成什么呢?一些观察者设想这样一个观念:宇宙是一个完美的递归生成的整体,其中每个生命都是同一发生过程中的独特实例。我们可以称之为柏拉图式的证明,就像柏拉图在《蒂迈欧篇》中谈到的造物主对世界的数学设计,其中实存的世界只不过是观念世界的实例。

这正是现代运算理论的基础,如果我们讨论一个运算的世界,就意味着在这个世界中,一切在有限步骤内都是可枚举的。即使递归是运算的基础,这也并不是说所有用编程语言实现的思想都是递归的。比如我们可以写一个简单的程序,输出"Hello, World!"。

---

① 见 LIVET P. La notion de récursivité, de la p remière cybernéti que au connexionnisme [J]. Intellectica, 2004(39), 2: 125-137, 以及 GODDARD J C. Autonomie, re duction et re flexivite: la philosophie naturelle de Francisco J. Vare la et le projet transcendental [J]. Intellectica, 2003(36/37): 205-225。

```
int main( )
{
  printf("Hello, World!");
  return 0;
}
```

即使这个执行在硬件层面上是递归的,程序的逻辑也只是程序性的或机械性的。当我们根据不同数量级(orders of magnitude)而不只是抽象的普遍意义来分析递归性的概念时,我们必须记住这一点:递归不只是运算性的思维,它更是一种与机械论对立的认识论。我们在今天的机器智能中,也能发现格雷戈里·贝特森(Gregory Bateson)所说的这种"递归认识论"。我们知道,神经网络最初是由沃伦·麦卡洛克和沃尔特·皮茨(Warren S. McCulloch and Walter H. Pitts,1943)提出的,他们把神经元想象为布尔函数(Boolean functions),把网络想象为多层神经元,它们的运作允许逻辑推论。神经网络的进一步发展,使马文·明斯基(Marvin Lee Minsky)做出了这样的声明:"具有布尔神经元的神经网络可以模拟任意的有限自动机。"(1967)海基·海蒂涅米(Heikki Hyötyniemi)之后也声明道:"神经网络可以模拟任意图灵机。"(1996)[1]

---

[1] BURGIN M. Super recursive algorithm[M]. New York: Springer, 2005: 66.

到目前为止，我们可以看到递归是运算的发展的一种基本认识论。如果一个问题可被编程为递归函数，就说明它是可运算的。如果有可运算者，就有不可运算者，也就是不可判定者（undecidable）；但是不可运算者，或者说不完整性，并非不可计算的，这恰恰是因为按照定义，不可计算性不能是一个数学概念。我们可以说存在是不可计算的，正因为它不是数学概念。我们或许还想补充说，这是以生命为研究对象的器官学和机械有机主义之间的根本区别。当我们说上帝是不可运算的，上帝就沦为一个数学概念，因为不可运算性仍然是一个数学概念，换句话说，它是通过与可运算性的对立获得意义的。

§3

不可计算性在今天的运算中是如何具体体现的？

在此我们或许可以回溯人工智能的历史，看看不可计算的问题如何被误解为认知问题，以及（如果我们在这里愿意遵循斯蒂格勒关于重建运算理论的基础的建议）我们如今该如何重新解释它。

二十世纪七十年代，美国哲学家休伯特·德莱弗斯（Hubert Dreyfus）发表了一系列关于人工智能的限度的著作，尤其是他的《计算机不能做什么？人工理性批判》(*What Computers Cannot Do？A Critique of Artificial Reason*)。在书中，他指责人工智能科学家，尤其是明斯基，把认知局限于"特定的知识或模型结构"。事实上，明斯基并非没有注意到这一批判，这位人工智能的创始人在1961年的重要论文《走向人工智能》("Steps Towards Artificial Intelligence")中承认道："当然，关于'智能'并不存在一种被普遍接受的理论；这里的分析是我们自己的，它或许很有争议。"[①]这意味着大概没有对智能的"客观"或"普遍"定义，因此它向各种解读开放。

可以把德莱弗斯的批判理解为对海德格尔《存在与时间》第一部分(尤其是第17和18节)的一种实用的解读。第17节、18节的标题分别是《指示与符号》("Reference and Signs")和《相互关联性与意义：世界的世界性》("Involvement and Significance: the Worldhood of the World")，海德格尔在这里确立了分析工具和符号，即指示(reference, *Verweisungen*)的存有论基础，以及相互关联性(involvement, *Bewandtnis*)如何规定指示的结构，例如工具与人的此在的相遇。德莱弗斯继海德格尔之后表明，明斯基等人对认知的本体论假设从根本上说是笛卡尔式的。或者用海德格尔的话说，笛卡尔式的智能把它前面的对象简单地看作在手之物(*Vorhandene*)，立于主体的对

---

① MINSKY M. Steps toward artificial intelligence[J]. Proceedings of the IRE, 1961(49), 01: 8-30, 8.

立面(*Gegenstand*),且必须被当作某些属性的持有者。这种在手预设了笛卡尔式的机械逻辑。

德莱弗斯主张考虑一种与海德格尔所说的"上手"(*Zuhandene*)相对应的具体化的认知,这意味着我面前的事物不仅作为某些属性的持有者出现。而且,它的存在方式会受到世界的制约——世界是一种时间结构,它把认知和遭遇的对象联系在一起。比如在使用锤子时,我们并不思索锤子的形状和颜色,因为一个呈现为关系之网或指示之全体的世界,已经内嵌于认知之中。[1] 我们可以把德莱弗斯的说法解读为对按照线性机械思维(而非递归的有机思维)来理解认知的批判。他的结论是,人工智能的困境也是西方形而上学的困境,而海德格尔思想作为超越形而上学的尝试,提供了一种替代方向。人们可以设想一种海德格尔式的人工智能,尽管讽刺的是,一种海德格尔式的人工智能恰恰意味着海德格尔试图摧毁的形而上学的延续。虽然把弱人工智能与从柏拉图到莱布尼茨的哲学史等同起来的做法,有时略欠精细,但德莱弗斯无疑表明了人们必须考察运算的存有论、认识论和心理学假

---

[1] 许煜.论数码物的存在[M].李婉楠,译.上海:上海人民出版社,2019,第三章。

设,并质疑它们的局限性和合法性。①

德莱弗斯对海德格尔和人工智能的解读在今天仍然有回响,比如布莱恩·坎特威尔·史密斯(Brian Cantwell Smith)最近的作品。② 不过,我们必须把自己的立场与德莱弗斯区分开,因为作为整体的世界是不可计算的,它已经处在计算的思维能力之外。我们要认识到,除了德莱弗斯对海德格尔的认知主义解读,还有另一种处理世界的方式。可以说,德莱弗斯的智能概念仍然属于海德格尔在《存在与时间》中概述的"对世界的现象学理解"的范围内。而海德格尔朝存在及其历史的转向,标志着他的哲学的转向,这超出了德莱弗斯对人工智能的解读。在海德格尔的《哲学论稿》一书中,他指出《存在与时间》是朝转向的过渡:这一过渡也是从对世界的现象学解释到对未知的合理化的转变(在这里,未知是存在,是敞开性,是最后之神)。如果以这种方式解读《存在与时间》,那么我们便能明白:任何想完全模仿人类智能的机器都不能把智能限制于两种活动,比如机械的活动和有机的活动,因为这样便忽略了意义并非存在者的属性,它的深度来自无根基之物。

---

① 我们可以说,德莱弗斯强调了对世界的诠释学——世界是一种前结构(vor-structure),它决定了当下的意义,以及逾越(transgressions)如何相应地改变着世界本身。德莱弗斯强调了与早期人工智能的笛卡尔机械论相反的人的诠释、人的思考的递归性质。他没有讨论现代运算,但他把现代运算与联结主义(connectionism)等同。

② SMITH B C. The promise of artificial intelligence: reckoning and judgment [M]. Cambridge: MIT Press, 2019.

我们已经看到递归性是运算的基础,且世界也是递归的,但这不意味着世界是可运算的或不可运算的。在海德格尔的意义上,当我们的环境变得可运算或不可运算,世界就被抛弃了。海德格尔描述的世界从一开始就是认知的他者,它不可还原为认知,因为是世界使认知成为可能。我们可以用格式塔理论中背景与图形的关系,来理解世界与认知。世界是由指示的复杂全体构成的,认知要依赖这些指示来推理。换句话说,认知是世界的一部分,如部分与整体。然而,世界已不再是海德格尔所描述的现象学世界,而是一个日益被移动设备和传感器捕捉、重构的世界,这也是重新解读《存在与时间》第17、18节的关键所在。这个世界很大程度上是显示在屏幕上的,尤其当我们想到今天的人几乎可以用手机应用做一切事情。智能城市、传感器和平台预设了一个完全基于可分析、可建模的数据的世界。也就是说,随着世界成为一个技术系统,海德格尔描述的作为真理("无蔽",*Aletheia*)基础的世界,已被简化为可用逻辑分析的数据集。

正因如此,我们觉得如今的人工智能正日益强大,海德格尔和德莱弗斯所强调的世界的问题则不再重要了。我们生活在一个数字化的世界、一个"座架"或"集置"(*Gestell*)的世界中,人工智能的力量基于把世界简化为可运算的模型。这不是说还原论彻底是坏的,而是说以为被还原的便是现实的全部的还原论是坏的,十八世纪的机械论的错误也在于此。随着运算性的环境取代世界,世界的不可计算性进一步远离了我们,直到问题本身也消失或灾难显现。我们只看到肯定性的技术加速、人类进步和地球工程。世界的消失开启了一种注意力的生态学,因为规定现象的显现的已不再是世界。数字时代的注意力经济学不仅是眼睛和屏幕的经济学,更重要的一点是,现象出现的相关性是由计算确定的。从社交媒体的消费推荐到政治选举中的选票操纵,随着世界越来越可计算,注意力经济变得愈发重要。运算性环境取代了世界,这并不意味着世界消失了,它只是变得沉默了。

§4

我们必须把世界的递归性与技术在控制过程中的递归性区分开来。每当技术寻找背景,它就失去背景,因为技术本身渴望成为一切存在的背景。图形和背景之间的交互结构,表明了一种本体论上的拒绝,即世界不能被简化为一堆递归算法,无论这些算法在产生类似于自然的涌现现象方面多么强大。另一种存有论的拒绝是,可运算者同时也暗示了不可运算者,也就是说宇宙中存在不可递归枚举的存在。这两种本体论的拒绝是有区别的。仅有不可运算者还不够,因为它只是为运算设定了限度,而不能释放它的潜力。不可运算者还不是不可计算者。不可运算者只是对可运算者的否定,而不可计算者是对基底/背景的肯定。不可计算者不能被还原为不可运算者,尽管后者可以为前者提供在可运算领域之外的"理性主义"支撑。

我们的问题是(我相信斯蒂格勒的问题也在于此),如何把不可计算者整合进运算性之中,这不是说要让不可计算者变得可被运算,而是呼吁一种新的认识论和知识观,我称之为未知的认识论(epistemology of the Unknown)。我在《艺术与宇宙技术》(*Art and Cosmotechnics*)①中详细讨论了这一点。不可计算者具体表现在我们刚才讨论的世界的问题中。它并不神秘,而是具体的(*konkret*)、现实的(*wirklich*)。不可计算者不仅服务于精神和宗教目的,也是一切超越可计算性的经济和政治的核心。它可以在精神经济或力比多经济中发挥具体的功能——我相信这种功能也是斯蒂格勒试图实现的,我们需要进一步发展它。

(本文译者:苏子滢)

---

① HUI Y. Art and cosmotechnics[M]. Minneapolis: University of Minnesota Press, 2021.

想象力与无限：人工想象力的批判[①]

现在我们来思考运算之后的创造力。"之后"一词表明了我们依照惯例来理解的创造力已被运算消耗殆尽，于是，我们期待着一种不那么激进的对创造力的新理解。那这种不会被运算耗尽的新创造力是什么？或者我们以更怀疑的姿态问：这不就只是时间问题吗？也就是说，人们可以像休伯特·德莱弗斯那样列一个清单来说明如今机器还做不了的事，但这并不意味着未来机器做不了这些事。所有针对机器的怀疑论都只是暂时的，因而也只是羸弱的批判。不过我们还是会在本文中，通过谨慎地探讨想象力的问题来迎接这一挑战。

[①] 艺术家格雷戈里·查顿斯基（Gregory Chatonsky）组织了一系列以"人工想象力"为主题的研讨会，应他的邀请，我于2018年1月在法国巴黎高等师范学院首次发表了这篇文章。多年来我一直在修订这篇文章。

不过，我们能完全处理机器的极限吗？自从工业革命前后技术意识兴起以来，我们一直被未来由技术全权决定的问题困扰着。与此同时，想要清楚地表述这一过程的结束又几乎是不可能的，热忱与恐惧混合在一起五味杂陈的情感也因而被扑灭了。在《快乐的科学》(*The Gay Science*)第124节《无尽的视野》("In the Horizon of the Infinite")中，尼采描述了现代人抛弃了他们的村庄，烧毁了桥梁，并乘船驶向无尽的海洋，然而，"届时你将看到大海浩渺无垠，没有什么比这更可怕了"。现代人就像那"可怜的小鸟，它好像感到自己自由了……可现在又撞在这笼子的笼壁上"①。《快乐的科学》中这段话提醒着我们关于无限(the infinite)的悖论，这产生了一种精神忧郁症；无限是自由，也是牢笼。

§1 再思席勒的美学教育

如今技术的大加速让我们越来越处于困惑之中，而宏大的太空探索项目预示着地球号宇宙飞船的末日。人工器官以如此之快的速度和体量扩张，连人类灵魂都再也无法容纳它们了。灵魂与人工器官之间的这种不相称是傲慢的根源，也

---

① NIETZSCHE F. The gay science[M]. Trans. NAUCKHO J. Cambridge: Cambridge University Press, 2001: 119.

是如今欧洲的,乃至未来全球的战争的根源。在思考运算之后的创造力的这种背景下,人们可能会问:在器官学加速的过程里,艺术何为?或者我们首先应该问:机器日益增长的力量会最终使得艺术过时吗?机器学习算法现在能够生成难以辨别作者的图像,这可能会让所有绘画名家吃惊。我们可以称之为人工想象力(artificial imagination),并提问:这是不是无限的终结?这是否意味着无限之中已没有什么好怕的了,因为人类凭借他们精尖的技术,将会攻克它?抑或是这个无限本身是一个尚未被无限化(infinited)的界限(limit)?我希望通过这些问题,我们能够对无限之终结做出一种新的诠释,并且回应以上有关运算"之后"的艺术的问题。

在处理这些问题之前,我们还需要回答两个更根本的问题:什么是想象力?想象力起什么作用?这些都是至关重要的,因为如果不详细阐述它们的话,我们便不能正确地理解人工想象力并继续仅将其视为图像的生产。我们将越来越着迷于那些算法的复杂性,因为它们生成图像的能力足以超出人类的想象,例如近期由 AI 和机械手臂绘制的插图,以及 Tensorflow 和 Midjourney 等生成软件的广泛应用。机器由于其日益提高的精确性和精美程度已经被认为能够取代艺术创作。然而,首先我想指出,想象力不仅仅与图像的生产有关;正相反,要思考想象力就必须超越图像。将人工想象力等同于人类想象力是一种谬误,这不仅将徒劳无获,而且会阻碍我们发现其中隐藏的问题,在康德眼中,那是官能的冲突,也是系科之争。

不过就像我们在新冠疫情期间共同经历的那样,基于大规模计算的决定论已经到来。"想象力"这个词如果仅仅代表一种基于计算而先发制人的逻辑,那它就显得有些陈词滥调了,尽管这一理解在国家治理和政治中有着重要含义。鉴于机器在决策以及塑造我们环境方面所发挥的作用,人工想象力的问题必须被置于美育、艺术创作,还有政治等更广泛的背景下来讨论。当我说美育时,指的是席勒的审美教育(Ästhetische Erziehung),它并不是正式教育,而是注重对审美形式之感知性(sensibility)的培养。席勒那时处理的问题与我们如今所面对的问题十分类似,即自然律法与人类自由之间的冲突。席勒不是第一个意识到这个问题的人,但他可能确实是第一个想要明确地通过美育来解决这个问题的人。在他之前,哲学家康德在《纯粹理性批判》中提出了自然律法和自由之间的二律背反,其著作《判断力批判》也启发了席勒的思想。所以,我们有必要回顾康德提出的第三组二律背反,它提示了我们该问题的复杂性,并展示出康德是如何处理该问题的。

> 正题:按照自然律的因果性并不是世界的全部现象都可以由之导出的唯一因果性。为了解释这些现象,还

有必要假定一种由自由而来的因果性。

反题:没有什么自由,相反地,世界上一切东西都只是按照自然律而发生的。①

康德这时还没有从实践理性的角度来处理自由的问题,而只是从纯粹理性的角度来处理。康德以他的先验理念,将正题与物自身、反题与现象联系起来,从而疏解这组二律背反。就物自身而言,它可能不受自然律因果性的约束,但诸现象都要遵循自然律法则。所以,依照康德的观点,这里的正题和反题都为真。而席勒的创造性在于,他从法国大革命的角度把自然律和自由之间的对立改造成了政治性的,体现为国家暴政与个体自由之间的对立。他希望以第三种方式——艺术来克服或弥合这些对立。在这一建构中,审美关系承担着器官学的功能,它作为一种聚合统一的力量,建构了一种具有生命力的造型(*lebende Gestalt*)。我说席勒提出了一个与我们所面临的问题相似的问题,这是因为以计算之名的理性强迫正体现于我们这个时代:我们每天都能在社交媒体上看到这些,尤其是大数据在人工智能、机器学习、监控技术等方面的应用。这个问题现在大到我们无法直接处理,我希望把它留

---

① KANT I. Critique of pure reason[M]. Trans. PLUHAR W S. Indianapolis: Hackett, 1996: A445, B473;伊曼努尔·康德.纯粹理性批判[M].邓晓芒译,杨祖陶校订.台北:联经出版社,2004:441.

在幕后,而我们的讨论将会不断回到这上面来。

§2 想象力的人工性与机器的决定性

人工想象力究竟意味着什么？首先,我想指出想象力从根本上来说已经是人工的了。很显然,"想象力"(imagination)这个词已经涵盖了"图像"(image)一词,而德文词 Einbildungskraft(形象力)亦是如此,einbilden 恰恰指的是生产图像的力量。想象力使得不在我面前的东西在场并呈现在我面前。在柏拉图对话集中带有想象力含义的希腊语是 εικασία 和 φαντασία,即猜测和幻想。猜测便是要预期尚未发生的,而幻想则是去想象一些通常不会发生的。正是因为想象是一种自由的行为,它始于预先给定而达到一个内在于其自身能力的目的(telos),想象力终究成为一种神秘的力量,这也是艺术家和诗人被发难的原因之一。

康德在《纯粹理性批判》中指出,"想象力应当把直观杂多纳入一个形象"。[①] 他认为"先验想象力"是感知性和知性,或者接受性和自发性生长的土壤。海德格尔把先验想象力解释

---

① KANT I. Critique of pure reason[M]. Trans. PLUHAR W S. Indianapolis: Hackett, 1996: A120;伊曼努尔·康德.纯粹理性批判[M].邓晓芒译,杨祖陶校订.台北:联经出版社,2004:151.

为自发的接受性或接受的自发性。但想象力的基底（ground）却是不明的，先验想象力在先验统觉（transcendental apperception）中是一股奇怪的力量。康德认为一般综合只不过是纯粹的先验想象力的效果，然而，它又是"灵魂的不可或缺的机能"①。我们知道B版的《纯粹理性批判》（1786）比A版晚了六年，在B版中，康德改写了先验想象力的地位，使其从属于知性，而知性则独自承担起了图式化（schematization）的任务。海德格尔在他的《康德和形而上学疑难》（*Kant and the Problem of Metaphysics*, 1997[1929]）中着重探究了康德的这一次修订，现在看来，这本书也可以被视为对那些希望把科学，尤其是数理逻辑当作康德先验哲学基础的新康德主义者的批判。相反，海德格尔用这次修订来表明康德在B版中的退让恰恰揭示了形而上学的基础，因为想象力并不是一种逻辑运作，而是时间运作，这应当置于此在的有限性之内。

斯蒂格勒在他的《技术与时间》第三卷（*Technics and Time* vol.3, 2010）中试图向我们展示如若没有第四类**人工综合**的话，康德的三重综合，即直观中领会的综合、想象中再生的综合，以及概念中认定的综合，是无法实现它们的机能的，因为要认定某物就意味着那些东西已经被储存在记忆里了，而这记忆同样也将依赖于外化的记忆，例如符号，就像无限的概念

---

① KANT I. Critique of pure reason[M]. Trans. PLUHAR W S. Indianapolis: Hackett, 1996: A78, B103.

只能透过符号∞被把握。这里我们可以顺着斯蒂格勒的思路将其称为第四综合。于是,想象力不仅仅局限于人类的思维,还涉及物质(包含了符号)支撑,没有它们,人类思维将仅限于一些重复的活动,比如说,如果我们只是用数数的方式把握数字的话,那么我们永远无法把握无限。一种新近的观点是:第四综合已经开始进行一种演化,第四综合和想象力之间的动态关系随着时间的推移而变化。[①] 伴随着数字技术的进步,第四综合构成了一种计算性诠释学,其中,人与机器的关系必须被理解为递归的耦合,而后者正变得越来越有能力去决定前者。我们并没有把人类和递归算法分开来谈,因为现实是我们都被整合进了巨大的递归操作中,例如谷歌搜索。

就算我们遵循以上的论证,即想象力从根本上来说是人工的,我们也还需要澄清"人工想象力"在机器中的作用,因为机器不再只是被动的支撑媒介,它还能够主动地参与想象力的认知过程。但这并不是说计算时代之前的人造物就不能参与这一过程。艺术就是反例,因为想象力的问题是艺术(人工的)创作和表达的根本。鉴于"人工想象力"一词被赋予的一些陈词滥调,即机器在艺术创作方面能够取代视觉艺术家,艺术的任务就将是通过赋予想象力一个新的角色并超越工业化预期的极限来**重提**想象力的问题。现在,既然我们认识到想

---

① HUI Y. On the existence of digital objects[M]. Minneapolis: University of Minnesota Press, 2016.

象力的人工性，那么还有待质询的问题就是这种人工性的作用是什么，以及它如何影响我们对运算之后的创造力的探究。

把现代运算机器与笛卡尔时代那些本质上仅仅是机械的机器等同起来是不公平的，正如我在《递归与偶然》中所主张的，现代运算机器正变得有机而非机械。① 尽管如此，特别是在机器学习领域，用诸如"无监督学习"（non-supervised machine learning）等术语来给人工想象力投下神秘的光环同样是种谬误，许多人认为这术语是指没有特定的"目的"；事实并非如此，"无监督学习"就仅仅是指允许机器自动地定义数据，比如通过给原始数据制定结构来给它们分类，而非依照预先给定的规则。机器学习产生的想象力的递归过程与人类生产想象力的递归过程之间的差异需要以不同的方式进行澄清，这便是我现在所提议的讨论无限的概念。

有人可能会认为，由于受到记忆、存储和算力的限制，机器的想象力是有限的，而人类的想象力是无限的。但这绝不是一种好的划分，因为首先人便是为有限性，即会死性（mortality）所定义的。其次，计算机的强大且越来越强大之处恰恰在于它们能够处理无限/无穷大。所以，问题不仅是有限和无限之间的对立。我们将会进一步详细阐述无限的概念，展现不同类型的无限性，而这或许有助于我们处理有限与无

---

① HUI Y. Recursivity and contingency[M]. London: Rowman & Littlefield, 2019.

限之间的区别。

§3 数学与审美中的无限和有限

第一种类型的无限当然就是黑格尔意义上的"坏无限"（bad infinity），它是一种没有终止的同质增长，就像无限加法。这仅仅是永无止境的重复。举一个更准确的例子：找到最大的素数。这也是过去阻止共享计算机的办法，因为如此一来就没人能继续使用它了。这种坏的无限会耗尽所有存在者，无论是人还是机器。第二种无限性便是数学上的无限，这对计算至关重要。莱布尼茨的形而上学论和微积分都奠基于无穷小（infinitesimal）的概念，无穷小不可分割但也没有最小值。莱布尼茨的微积分把曲线分割成无穷小的部分，而曲线下面的区域就是无穷小部分的总和。海浪的声音由无穷微小的声响和噪声组成，就像曲线，虽然这些"微知觉"（petites perceptions）不能单独地被区分，但它们有权存在。无穷小可以用有限的符号来表示。这是莱布尼茨物质哲学（比如个体物质的全整概念）及其单子（monad）的基本原则，这个符号系统在有限度内包含了无限。但笛卡尔主义者无法接受这一点，因为寓无限于有限中基于有机体的概念，而这只能是因为灵魂，但若此论证为真，那么也可以说石头是有灵魂的了。莱布尼茨反驳道,笛卡尔主义者更多的是根据诸符号而非他们所相信的来思考。在这里,举一个简单的例子便足矣。对莱布尼茨来说,我们称之为超越数(transcendental number)的 π 值可以通过一个数学公式来表达,尽管它可以延伸到无穷大,但我们依旧能够在有限内把握它:

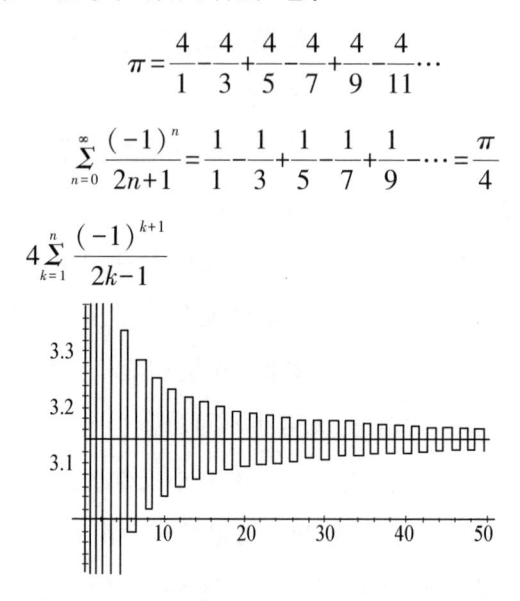

$$\pi = \frac{4}{1} - \frac{4}{3} + \frac{4}{5} - \frac{4}{7} + \frac{4}{9} - \frac{4}{11} \cdots$$

$$\sum_{n=0}^{\infty} \frac{(-1)^n}{2n+1} = \frac{1}{1} - \frac{1}{3} + \frac{1}{5} - \frac{1}{7} + \frac{1}{9} - \cdots = \frac{\pi}{4}$$

$$4\sum_{k=1}^{n} \frac{(-1)^{k+1}}{2k-1}$$

图1:用于计算超越数 π 的莱布尼茨公式

莱布尼茨公式可以用特定精度的递归算法来模拟:

```
public static double Algorithm(int m, double Pi)
{
Pi += 4 * (Math.pow(-1, m-1) / ((2 * m) - 1));
```

```
if (countDigits(Pi) < 6)
Pi += Algorithm(m+1,Pi);
return Pi;
}
```

依照莱布尼茨的说法,我们在计算机算法中发现了一种与个体物质的全整概念相类似的全整性。在递归的概念中,这种物质性是通过表达这种结果所需的最少量代码来衡量的。在莱布尼茨的《单子论》中,这些递归算法是由镜子来实现的,镜面不断反射镜像并持续到无限。① 无限并非不可能;相反,它能够在数学上被理解为有限的反射步骤。正因为如此,数学家兼算法信息论的先驱格雷戈里·蔡廷(Gregory Chaitin)将莱布尼茨的"最好的可能世界"重新定义为运用最少量的规则来产生最丰富的现象变化②:

> 上帝选择最完美的世界,这个世界同时享有最简单的假设条件和最丰富的现象,就像几何学中的一条线,很简单,而其性质和影响却是极为显著和广泛的……但我

---

① LEIBNIZ G W. Monadology [M]//STRICKLAND L. Leibniz's monadology: a new translation and guide. Edinburgh: Edinburgh University Press, 2014.
② CHAITIN G. Leibniz, information, math and physics[EB/OL]. (2003-05-21)[2023-06-24]. http://arxiv.org/abs/math/0306303.

不是说要以这种方式来解释整个宇宙的巨大奥秘。①

算法包含了一个世界,就好像一个单子能够反射出整个世界,而算法也如单子一般依据简单的公理来建构世界。不过,这个无限性是数值意义上的。计算世界是一个由数字和环境组成,可以用算法来证明其实存的世界。如果我们观察一个图像识别的机器学习算法会发现,一个对象,即图像,是以数字矩阵的形式被分析的,比如说,预先给定一大串手写数字,这时候让机器在这些数字中识别数字8,它必将根据权重和向量的矩阵来分析图像;识别算法本身是递归的,因为它通过不断地远离误差改进自身。

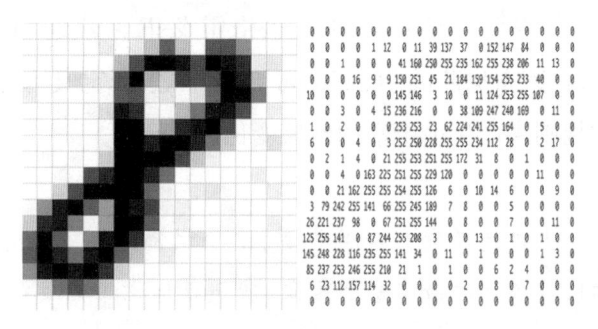

图2: https://medium.com/@ageitgey/machine-learning-is-fun-part-3-deep-learning-and-convolutional-neural-networks-f40359318721

因此,问题不在于人工想象力不能处理无限,而是它有特

---

① LEIBNIZ G W. Discourse on metaphysics and other essays[M]. Trans. GARBER D, ARIEW R. Indianapolis: Hackett, 1989: 29.

定的模式来记录无限。而这些记录的模式有一些共同点。这种共性体现在康德所说的数学的崇高之中,但我们在这里要留意,因为我们有必要对康德的崇高进行一种特殊解读,以在我们的讨论背景下处理审美的问题。审美的无限与数学的无限相类似,但它不能被还原为后者。相较而言,审美的无限总是趋向耗尽想象力,这意味着知性自身无法将崇高当作概念来把握,因此想象力作为综合的力量,将会被理性逼停。想象力是自由的,所以它逐步引发了以理性作为终结者的暴力干预。可以说,康德式机器的数学崇高是机器进入了一个无限循环的大小比较和计算,以至需要外力介入来防止机器耗尽其所有资源。我们可以参考康德用的金字塔的例子,当我们离得太近的时候,我们的注意力总是停留在接连不断的感知（*Auffassung*）之中,但却无法将金字塔当作一个整体来统摄（*Zusammenfassen*）。① 理性的力量在于,它打断想象并对想象力施加暴力,以迫使其进入一种宕机状态,从而使得主体能够理解自己的极限。动态的崇高也是如此,在其中机器被它必须处理而又不可估量、不可控制的数据淹没,这时便出现了恐惧的情绪,并产生了敬仰（*Achtung*）,即主体被提升到了道德和宗教领域。

我们在这里将看到数学和审美的共通之处,这解释了为什么有必要只把二者视为可类比的,因为自由的问题对崇高

---

① Kant I. Kritik der Urteilskraft[M]. Frankfurt am Main: Suhrkamp Verlag, 1790: §26.

分析至关重要,且我认为席勒对康德问题的重新表述对我们的讨论而言也十分重要。当康德写下与自然有关的美和崇高,他并没有讨论艺术作品,至少不彻底。而另一边,席勒、谢林还有黑格尔承接了崇高的概念并将其归为一般的艺术。对席勒来说,以审美抵达无穷(*Unendlich*)或无限(*Unbegrenzt*)的通路彰显了"崇高的人性",其中游戏驱力(*Spieltrieb*)克服了由感性主导的物质驱力(*Stofftrieb*)之决定性和由理性主导的形式驱力(*Formtrieb*)之决定性间的相互对立。艺术并不是要统合二者,因为它们之间的鸿沟是无限的;相反,艺术作为一种审美的生命造型,扬弃了感性和理性间强制的矛盾。艺术在把二者提升为必然性之前,将它们转化为偶然的,并因此同时保留了感性和理性——这个运作便是后来黑格尔所发展的扬弃(*Aufhebung*)的概念:

> 当享受美或审美统一体的时候,在材料与形式之间、被动与主动之间发生着一种瞬息的统一和相互调换,这恰好证明这两种天性的可相容性,即无限在有限中的可实现性,从而也证明了最崇高的人性的可能性。①

---

① SCHILLER J C F. On the aesthetic education of man in a series of letters[M]. Trans. WILKINSON E M, WILLOUGHBY L A. Oxford: Oxford University Press, 1983: 189; 中译引自弗里德里希·席勒.审美教育书简[M].冯至,范大灿,译.上海:上海人民出版社,2022,第二十五封信。

对谢林而言,无限和有限的统一正是自然和精神的统一,就像斯宾诺莎的能生产的自然和被生产的自然,它们构成了自然的活动和表现。想象力必须应对并同时调和包含着有限与无限、偶然与必然的冲突。就像在希腊悲剧中,冲突是一种必然性,而英雄的行为克服了这样的冲突,进而产生了崇高的情感。俄狄浦斯(Oedipus)尽管聪明到能够解开人面狮身兽史芬克斯的谜语,却也依旧无法逃脱注定的命运,但接受命运的安排使得俄狄浦斯最终刺瞎了自己的双眼并自我放逐。古希腊悲剧的功能是调和偶然性与必然性、有限与无限。艺术依赖于这种调和的可能性,以矛盾为必然并且放飞想象力来发现作为自由的真实。

有了上述的康德思想,现在我们也可以尝试理解东方和西方之间审美想象力的差异。虽然在这里我只能粗浅地提一下,但我还是想指出,这种比较呈现了与希腊悲剧截然不同的模型。① 我们知道在康德那里,现象和本体之间存在认识论上的差异。人类经验只能穿透现象,无法触及自在之物本身。这恰恰是因为人类只能拥有感性直观而没有智性直观,康德把后者归于上帝。中国新儒家学者牟宗三,是康德"三大批判"的中文译者之一,他试图表明康德的批判哲学所施加的这种限制正是中国哲学与西方哲学之间的分野,如果说后康德

---

① HUI Y. Art and cosmotechnics[M]. Minneapolis: University of Minnesota Press, 2021. 在《艺术与宇宙技术》中,我尝试呈现一个不同的递归逻辑,这体现于中国山水画和道家思想中。

哲学因为崇尚科学而必须拒绝对本体的思辨,那么中国哲学从一开始便是对本体的探究,以及对智性如何穿透本体的探索。① 在这里我们的首要目的并不是为牟宗三的主张辩护。不过,如果我们按照他对宋明理学的分析,牟宗三声称本体或无限正是中国哲学和艺术所追求的东西,他这样说也不无道理。

这对我们探究艺术创作和想象力来说意味着什么?心理学家们想要指出,禅宗绘画与西方绘画之间的区别在于:前者注重背景;相反,在西方绘画中,无论是静物画还是风景画,强调的都是图形。这里的图形和背景概念来自格式塔心理学。这种比较广为流传,但它在哲学层面上并不是没有问题的,因为对背景的理解不尽相同。东方绘画是通达本体的途径,尤其见于山水画和禅宗绘画,这意味着想象力可以通过它跃入无限。这条从有限的绘画进入无限的通路,体现了东方艺术创作的精神。我们在欣赏一幅中国山水画时,会发现它并没有呈现出景观的透视,它不遵循任何射影几何学或透视法则,而是试图产生一条超越形象的通路。与我们先前所讨论的寓无限于有限中相比较,这里的产生从有限到无限的通路意味着什么?在这里我们谈论的是两种不同的途径,但两条通路都能够带领想象力超越图像。而在东方思想中,这种对无限的记录并不像希腊悲剧那样表现为矛盾或冲突,它是一次必

---

① 牟宗三. 智的直觉与中国哲学[M]. 台北:台湾商务印书馆,2006.

要的跃迁,凭此想象力能够参天地。也正是从这个角度出发,我们可以来谈论**艺术体验的多样性**。①

无论人工想象力有多强大,它还是停留在数学的无限性上面。莱布尼茨的无穷小和格奥尔格·康托尔(Georg Cantor)的超限(transfinite)都是数学和形而上学的概念,它们更新了艺术与哲学中的形式概念,允许超越人类感官的表达式进入无限,尽管它是数值的,这也使得我们可以在现代计算中通过递归算法来辨识它。但在艺术中,情况有些不同,有限和无限的关系采用了另外一种表达形式。我们建议在运算之后重新概念化创造力的问题,那便是要通过运算来寻求超出运算范围的创造力。于是,在这背景下人工想象力绝不是只关乎图像的生产,更重要的是超越形象的通路,建立精神与世界、人与世界之间的关系。

§4 运算之后的审美教育

也许有人会对上述立场提出异议,认为我们只是在保护人类能力,使其不受人工能力的影响。席勒归根结底是他那个时代的人文主义者,而我们采用席勒的研究并超越康德的

---

① HUI Y. On the varieties of experience of art[J]. Theory Culture and Society, 2023. DOI: 10.17.7/02632764221147673

研究,这不是在老调重弹吗?首先,恰恰相反,因为没有什么人类能力要去保护和捍卫;其次,我们的出发点就是人类能力的极限和不足。今天显得有问题的是将这两种能力对立起来,就好像其中一个是在模拟或模仿另外一个;相反,我们需要认识到这一官能的冲突也是系科之争,并因此进行器官学的思考。这不是为了展示哪种想象力更强大,而是为了思考想象力在器官学上的统一如何能够使我们通达未知。

因此,上文所尝试的是去澄清人工想象力的潜力和极限。我们已表明想象力依赖并受制于第四综合,依照康德提出的模型,想象力已经是人工性的了。这意味着想象力的器官学将承担起反思运算之后的创造力问题的任务。不仅如此,我们还探究了"人工想象力"的本质。最后,我们试图在数学、艺术以及东方思想中展示对于有限与无限的不同思维方式。考虑到这些差异,我们主张规避机器和人类的对立,同样也避免一种对机器学习或人工想象力的神秘化,我们要借此机会重新阐述审美教育的问题,就像席勒曾提出的那样。

问题是:人工想象力作为审美领会的一部分,如何能够开辟一条新的途径来克服我们之前所提及的张力?我们要承认人工想象力凭借其日益增长的力量正给我们施加更强的影响,并且正在限制我们行动的能力吗?基于技术和媒体的艺术家试图为公众带来一种新形式的视听体验,但他们是否成功地使之超越形象呢?还是说,他们仍在被要创作更多的图像和带来更丰富的感官体验的潮流误导?

我认为利奥塔在二十世纪八十年代发展后现代理论时就看到了类似的问题。在一篇名为《崇高之后，美学的状态》的文章里，利奥塔宣称，"过去整个世纪，艺术主要关注的不再是美，而是崇高"①。对利奥塔来说，崇高的问题对现代主义和先锋派至关重要，因为现代绘画中对非具象的转向以及先锋派对超越客观规则的渴望，植根于试图在有限的艺术作品中把握无限。正是出于这个原因，不可呈现者（*Undarstellbar*）和可感的（*aistheton*）成为先锋派的核心理念。例如，在音乐的音色和色调中，人们发现"一种无限性，在这种被符号身份决定的范畴中引入了和谐的非决定性"②，或者巴尼特·纽曼绘画中的"此时此地"（here and now）。不可呈现者激起了理性和想象力之间的对峙，最终通向了不可再现者（*Unvorstellbar*）。但利奥塔在崇高的论述之后，也就是在主体性哲学之后，对艺术的状态进行了质疑。利奥塔自己的回答体现于对物的转向，一种非物质的物质性的物。这一主题在二十世纪八十年代深深地吸引着利奥塔，并且促成了传奇展览"非物质"展，该展览致力于探寻新的物质性带来的新的感知性，尤其是我们今天所说的数字技术和纳米技术。也正是在这个场合，德里达、拉图尔以及诸多哲学家作为该展览的参与者，首次尝试用电脑

---

① LYOTARD J-F. The inhuman: reflections on time [M]. Trans. BENNINGTON G, BOWLBY R. Stanford: Stanford University Press, 1991: 135.
② LYOTARD J-F. The inhuman: reflections on time [M]. Trans. BENNINGTON G, BOWLBY R. Stanford: Stanford University Press, 1991: 140.

进行写作。

"崇高之后"艺术的悖论是,艺术转向一个没有朝向精神的物,它想要一个物,或者它看中(has it in for)一个对艺术无所求的物。崇高之后,我们也发现自己处于意愿之后。提到质料,我指的是物(the Thing)。物不期待人们对它加以决定,它什么也不期待,它不求助于精神。精神要如何定位自身,与从每段关系中都抽离出来的东西建立联系?①

利奥塔的这段话听起来像是今天所谓物导向的哲学。但利奥塔的目标并不在此。因此,崇高之后的艺术径直从精神转向物,转向非物质的物质性,转向物的能动性;与此同时,为了与物产生联系,精神将不得不定位自己——这是席勒在谈论感知性教育(*Ausbildung des Empfindungsvermögens*)时所提到的一项任务。感知性教育是由新的物质性和对机器的新操作激活的,而正是基于这种可能性,我们拷问运算之后的创造力可能会意味着什么。

(本文译者:李仁杰)

---

① LYOTARD J-F. The inhuman: reflections on time [M]. Trans. BENNINGTON G, BOWLBY R. Stanford: Stanford University Press, 1991: 142.

论艺术体验的多样性

  哲学之终结显示为一个科学技术世界以及相应于这个世界的社会秩序的可控制的设置的胜利。哲学之终结就意味着植根于西欧思想的世界文明之开端。

——海德格尔,《哲学的终结与思的任务》

  海德格尔在宣称西方哲学之终结时,将形而上学的顶点或最终形式归于控制论(cybernetics)。简而言之,控制论逻辑宣告以反馈和信息的概念,消除了哲学的二元论范畴。而最显著的便是对机械论和有机论二元对立的克服。这组概念分别代表了无生命的技术和可解释的主体,而这也是康德《判断力批判》的基础。康德自1790年《判断力批判》发表以来,就将有机概念当作哲学思考的新条件,而控制论则为康德以后的哲学思考施加了新的条件。海德格尔的论断不仅仅有关西方哲学的命运，同时也有关哲学的地缘政治。在1964年的文章中，海德格尔认为哲学之终结同时意味着西方哲学在控制论中的完成，而西欧思想也将成为世界文明的基础。控制论是黑格尔逻辑的化身，它始终朝着总体化和统一运动，就像黑格尔自己对于世界历史的看法一样。① 控制论之后的思考需要以碎片化(fragmentation)来揭示哲学、美学以及技术思考的多样性。碎片化是非辩证法的，它倾向于打破辩证法的总体化趋势，并解放那些因历史进步论的主导而相对被忽略的思考。如前所述，我们可以理解，海德格尔关于哲学的终结的论述正是对哲学思考的新条件的描述，而关于新条件的问题尚待解决。

正是在这种背景下，哲学家兼汉学家弗朗索瓦·于连(Francois Jullien)的著作对我们构想哲学终结之后的思考任务至关重要，或许我们可以称之为一种后欧洲哲学(post-European philosophy)。于连不仅仅是一位对中国历史和哲学感兴趣的汉学家，还从方法论上描述了中国和欧洲具有两种截然不同的哲学气质。通过大胆地尝试阐述这些差异，于连开辟了一个特别的空间，新思想在这里得以发展和适应。这篇文章首先围绕着于连对于中西美学思想差异的洞见来进入

---

① HUI Y. Recursivity and contingency[M]. London: Rowman and Littlefield, 2019.

与他的对谈,考虑到海德格尔所称"植根于西欧思想的世界文明之开端"①,我们还将扩展到于连之外去思考进行这样一种比较的重要性。对我们来说,于连的写作不仅如他自己所说是一条为了让欧洲能够认识自身的迂回之路,并且能够供所有人思考非欧洲思想的可能性及未来,而中国思想是其中一个例子。这项任务需要新的语言和对目标的重新表述。

§1　后欧洲的艺术思想

如果非欧洲思想无力去反思自己并思考哲学的存在条件,从而将自己重塑为一种变革力量,那么我们就永远无法构建一种后欧洲哲学,而艺术与技术的未来将更模糊不清。我的印象是,东亚历经数百年的现代化,即使人们在保存儒家、道家和佛教思想,比较东西方等方面做出了种种巨大努力,但我们还仍未触及一种后欧洲哲学的含义。事实上,日本的京都学派和中国的新儒家似乎都未能做到这一点。所有的这些思想在技术加速面前都显得无能为力,因为物质和技术的变革使得精神无法适应自己的创造。可惜! 儒家道德哲学与二十一世纪的自动驾驶汽车和性爱机器人有何种联系? 抑或这

---

① HEIDEGGER M. On time and being[M]. Trans. STAMBAUGH J. New York: Harper & Row, 1972: 59.

些思想不过是新时代的心理治疗类型？

通往后欧洲哲学的道路仅能以反思来预备，通过思维剖析来将其投射到一个不被当前技术发展决定的未来。在偶然和抵抗的形式中，会保留一个惊奇。如海德格尔声称的那样，这是一个基于西欧思想的世界文明，而其需要碎片化和多样化。需要强调的是，我们并不主张全球化/现代化或者现代科技是邪恶的，进而我们必须否认或者抵制它。因为在这种情况下，我们仍然受到二元论的困扰。我们不断批评现代技术，如此只会导致我们要么愚蠢，要么虚伪。而这绝不是我们的意图。我们试图传达的是：退回到历史之中并援引其他思想，它让我们得以变革如今的技术情形。变革，意味着给予新的形式和框架去重构集置，海德格尔将其定义为现代技术的本质。①

我建议将碎片化当作对形而上学之完成的回应，以重提技术多样性和一般多样性的问题，作为对地缘政治的重新表述。碎片化首先意味着回到地方性（locality）的问题上来。人类有着中国艺术、日本艺术、欧洲艺术等，但除国家和民族之名外，艺术的地方性还意味着什么？艺术的本质是其地方性，而正是通过对地方性的解读，我们能够在尼采的意义上共同进行悲剧的思考，并且超越悲剧。2016年12月，在伦敦金匠

---

① HEIDEGGER M. The question concerning technology and other essays[M]. Trans. LOVITT W. New York: Garland, 1977.

学院,在一场由斯科特·拉什(Scott Lash)组织的小组讨论会上,美国诗人兼艺术评论家巴里·施瓦布斯基(Barry Schwabsky)提出了一个问题:希腊意义上的悲剧是否存在于中国?如果不存在,那么为什么这样的悲剧观念没有在那里出现呢?我仍记得于连的回答,他立即说道,因为中国人发明了避免悲剧的思维形式(*Les chinois ont inventé une pensée pour éviter la tragédie*)。是否真如于连所言,中国人想要避免悲剧?中国没有悲剧思维生发的土壤吗?是不是说,这样一种心理学仅仅属于公元前六世纪至公元前五世纪的希腊?悲剧艺术在西方艺术中有着非常特别的位置。用叔本华的话说,悲剧艺术乃"诗歌艺术的顶峰"和"最高的诗歌成就"。[①] 悲剧思维是西方审美思维的核心,然而它从未成为东方思想的主题。例如,乔治·斯坦纳(George Steiner)在《悲剧之死》(*The Death of Tragedy*)中写道:

> 东方艺术懂得暴力、悲伤、自然或人为灾难的冲击,日本戏剧里充满了残忍和仪式性的死亡。但我们称之为悲剧的那种对个人苦难和英雄主义的再现是西方传统中独有的部分。[②]

---

① SCHOPENHAUER A. The world as will and representation, vol. 1[M]. Trans. PAYNE E F J. New York: Dover, 1969.
② STEINER G. The death of tragedy[M]. New Haven: Yale University Press, 1996[1961].

斯坦纳这样说不无道理,在中国,被人们熟知的悲剧大多出现在元朝。在戏剧的形式中,悲剧表达了命运的必然性和人类自由的偶然性之间的矛盾。这种矛盾被投射在神与人、国家与家庭的对立上。

与这种起源于公元前六世纪至公元前五世纪的希腊,且在十八世纪末通过谢林、黑格尔和荷尔德林等人在德国复兴的悲剧思想不同,东方最高的艺术表现见于山水画中。这种差异已是历史事实,但我们还远远没有完全理解它们的意义和内涵。它促使我们审视艺术体验的多样性,从而窥探这些多重体验背后的美学和哲学思考。海德格尔自二十世纪三十年代以来致力于退回历史中思考艺术作品的本源,尤其是在其《艺术作品的本源》("Der Ursprung des Kunstwerks", 1935/1936)一文中,肯定了艺术与技术间的亲密性,以及通过艺术重提存在(Being)问题的可能性——作为技艺(*technē*)的艺术对存在的去蔽起作用。

京都学派的创始人西田几多郎曾表明:如果西方思想的核心问题是存在,那么东方思想则主要关注无;如果西方艺术探究的是形式,则东方艺术探究的是无形。[①] 当然,存在与无、

---

① NISHIDA K. The form of culture of the classical periods of East and West seen from a metaphysical perspective in Sourcebook for modern Japanese philosophy[M]. Translated and edited by DILWORTH D A, VIGLIELMO V H, ZAVALA A J. London: Greenwood, 1998.

有形与无形的概念仍有待阐明。在这里我们的目的不在于对西田几多郎的观点进行详细说明和判断，但是，西田几多郎以拒绝存有论作为东方思想的开端指向了一个新的探索空间。相较于京都学派的进路，我们将绕个弯，从弗朗索瓦·于连的思路上前进。他也通过道家思想，尤其是老子的《道德经》，提出了与西田几多郎类似的主张。今天，当我们审视艺术学科与艺术创作，还有我们所面对的社会、经济和政治环境时，我们的问题似乎毫无意义，因其没有直接的实际用途。但或许，就像《中庸》中所说，"莫见乎隐，莫显乎微"。它仍待被当作主题来探讨。本文试图理解如何在哲学思考的新条件和碎片化的精神下去思考艺术的问题。

§2　通往真理的途径

于连在《大象无形：或论绘画之非客体》(*Grande image n'a pass de forme ou du non-objet par la peinture*)一书中提出了中国思想实际上几乎没有存有论的问题，因为存在问题不是中国思想的核心。这本书书名取自老子《道德经》第四十一章，老子告诉我们不能在有限的事物中寻求最大，"大方无隅，大器晚成，大音希声，大象无形"。于连把"大象"翻译为 great image(伟大的图像)；象的字面意思有"大象"(elephant)、"现象"(phenomenon)和"图像"(image),且从词源上讲,形是象的同义词,其通常被翻译为"形式"(form)、"形状"(shape)和"轮廓"(contour)。《易经》便是根据对各种象的观察来进行卜卦。于连试图用"大象无形"来证明中国画并不追求形式。他特别举了五代时期画家董源的例子,董源开创了一种以江南风景为特色的新山水画风格。董源在绘画中并不强调描绘形式,而是努力削弱形式的概念。这种削弱形式或者说非具象化的生产与西方传统相悖,因为自亚里士多德以来形质论一直被视为最高原则。在古希腊,*hylē* 代表质料,*morphē* 代表形式,形质论意味着形式是本质(essence),而惰性质料根据形式获得其特性。这与柏拉图理念的世界/理型(*eidos*)相似,它超越了所有实际经验。然而,我们必须留意柏拉图和亚里士多德之间的显著区别:亚里士多德是经验主义者,形式对他来说存在于这个世界之中而非之外。在此语境下,形式就是一般形状和几何透视,这些元素在西方绘画中有着存有论意义,在中国画里则不然。于连从这种形式的缺失中看到了一种完全不同的美学和艺术体验。在提到董源的画作时,于连说道:

> 董源的风景,"浮现而隐没","介于有无之间",让我们远离(在场的)奇迹,也远离(缺席的)悲怆。它们朝向远方或不如说是朝向近处敞开,通往狂喜与悲剧的彼岸。换句话说,我希望董源的绘画能打开一条非神学、非存有

论的通路。①

于连的主张大胆且值得商榷,但它们依然令人兴奋。对于连来说,"浮现而隐没"和"介于有无之间"超越了在场与缺席之间的对立,也就是超越了二元论,它是西方哲学传统的核心。于连从海德格尔那里汲取一条批判路线,并在其他作品中不断探索,例如《不可能的裸体》(The Impossible Nude)和《美这个奇怪的观念》(This Strange Idea of the Beautiful)。因此,于连声称这种对再现的抵抗促成了一种既非存有论也非神学的通路。在这段引文中,有两个问题,于连并没有完全回答,而矛盾的是,这两个问题也揭示了其与于连观点的张力。首先,如果中国是非存有论的,而西方是存有论的,于连的论点不仍是一种建立在东西绝对对立基础上的二元论吗?这种绝对对立的本质是什么?其次,在于连援引"非神学、非存有论的通路"时,这种通路欲求什么?它要如何实现?我将尝试解决这两个问题以概述一些我自己的理解,且更重要的是,勾画一种方法论的途径。

在开始之前,我们首先应该回到艺术本身的问题上。让我们回忆一下黑格尔在《美学演讲录》(Lectures on Aesthetics)中提出的著名观点:艺术的终结。黑格尔说在古希腊,艺术,

---

① JULLIEN F. The great image has no form: on the nonobject through painting[M]. Trans. TODD J M. Chicago: University of Chicago Press, 2009.

尤其是悲剧艺术,代表着精神生活的最高形式,后来宗教取代了它,因为精神需要一个比艺术更重要的元素,即虔诚(*Andacht*)。黑格尔随后称精神的最高形式不再是艺术或宗教①,而是哲学,因为哲学是通过概念(*Begriff*)来领会绝对的②。讨论这一争辩的论点和黑格尔的艺术终结三部曲并不是我们当下的目的,但我们可以理解到艺术首先关涉精神生活,我希望称之为非理性(non-rational)。精神既不是理性的(rational),也不是不理性的(irrational),而是非理性的,正如我们在海德格尔的作品中遇到的存在问题。

海德格尔声称对希腊来说,技艺同时指艺术和技术,主要意味着对存在的去蔽,即希腊人说的真理(*Aletheia*)。存在不同于存在者或者实体,例如在我面前作为属性承载者的这个或那个物体。对海德格尔而言,西方形而上学的历史便是一部对存在的遗忘史,因为它试图理解存在者及其整体而忽视了存在,而存在不局限于理性和不理性的范畴。究竟什么是存在?虽然这个问题本身是同义反复的(What is Being?),但是我们仍能说存在可以被体验为无蔽。然而,我们无法像数学证明那样说明存在。存在无法验证,正因为它抵制任何形式的证明而处于自然科学之外。这就解释了为什么海德格尔

---

① HEGEL G W F. Hegel's science of logic[M] Trans. MILLER A V. London: George Allen and Unwin, 1969.
② PIPPIN R. Art after the beautiful: Hegel and the philosophy of pictorial modernism[M]. Chicago: Chicago University Press, 2014.

认为现代科技标示着西方哲学的完成,即成为诸存在者的科学,而非理性往往只能被归纳为神秘主义。

我们必须认识到非理性对于艺术和宗教来说至关重要。它要求一种合理化的过程。这并不是指让非理性者变得理性,变得在形式逻辑上可以推导。合理化在这里意味着在非理性与我们的经验间呈现融贯。在诗歌中,达到非理性的体验要通过对语言的非常规使用去将意义从日常的语言中释放出来。在宗教中,对于神的体验是通过教堂的内部设计、仪式和伦理来实现的。没有人能证明上帝是什么,但正如黑格尔所言,我们可以通过虔诚来体验。这也解释了为什么海德格尔在他的《艺术作品的本源》的后记中声称:

> 自黑格尔的讲座以来,我们已经看到了许多新的艺术作品和艺术运动的兴起,但我们不能因此而回避黑格尔在这些命题中所下的判断。黑格尔并不是想否认新的艺术作品和运动的可能性。然而,问题仍然是:艺术仍然是决定我们历史性此在的真理发生的一种本质且必然的方式吗?还是说艺术已不再具备这种特性了?[1]

这段海德格尔与黑格尔之间的对话,表明了艺术允许我

---

[1] HEIDEGGER M. Off the beaten path[M]. Trans. YOUNG J, HAYNES K. Cambridge: Cambridge University Press, 2002.

们通往非理性,而非理性则需要与科学的理性和纯粹的不理性区分开来,并且它必须居有和转变科学与技术的理性。这是我们无法从艺术中剥离的东西,因此这对我们在技术时代反思艺术的角色具有重要意义。在涉及科学时我希望强调反思艺术的意义,我认同亨利·柏格森所说的,艺术与哲学不能从科学开始,而是应该与科学和技术保持一种密切关系,以开启非理性的体验。艺术和哲学希望通过其现象学意义上的悬置(*epoché*)来打开在其时代中被封闭的东西。换句话说,艺术和哲学属于一个它们想要去悬置的时代,这也是思考总是视自己为陌生人的原因。

或许我们可以将于连引用的"非神学、非存有论的通路"称为道。我们不能否认西方有其合适的通往非理性的方式,且这种否认并不合理。它们之间的差异在于非理性的确切含义和通达的方式。非理性的具体含义与人们在此生活并塑造了他们文化精神的宇宙世界相关,对它的通达方式由艺术和传统表现出来,从某种意义上说,一种独特而超凡的审美经验合理化了非理性,并且为精神生活构建了一个融贯性平面(plane of consistency)。

§3　道和非理性

当我们站在一幅山水画,例如董源或郭熙的作品之前,我们体验到的是主体消解了。主体能够参与非理性,成为更广阔现实的一部分。主体自身既不成为无也不成为有,正是由山水画自身开启的动态重构的体验,悬置了对现代科学而言至关重要的主客体关系。观者与画作之间的距离消失了,它显示了一条引领观者通往非理性的路——道。儒家将这种体验称为"与天地参",这是成为一个道德主体的条件,要对化育其他的存在者负责。

上述对道的理解定义了人的角色及其在宇宙(天地/乾坤)中的位置。我们可以称之为一种贯穿整个中国思想史和艺术的道德宇宙论。相反,在西方,确定本质(ousia)是通过将"多"归于"一"、归于理型来实现的。在此意义上,理型也是"善",因为它是一切的原因,亚里士多德称之为神(to theion)。这种对理型和神的执着构成了海德格尔所说的西方存有神学(onto-theology)的历史,这也说明了当于连说中国思想是非存有论和非神学的时候,他针对的其实是海德格尔对西方哲学的理解。

然而,我们不能说在西方的艺术中没有这样的精神性尝试。相反,它无处不在,只是通达方式千变万化。我们必须牢记这些差异并探索其意义。康德在《判断力批判》中定义了美的四个契机,它们对应着他在《纯粹理性批判》中发展的四类范畴。这四个契机分别是:无利害的愉悦、无目的的合目的性、普遍性和必然性。普遍性和必然性确认了美的存在,而"无利害的愉悦"和"无目的的合目的性"则消极地定义了美。但康德无法给出一个肯定的定义,因为美无法像数学一样进行推理验证。① 它只能被主观地把握为"就好像"(as if)。我们无法客观认识美是什么,就像我们不知道自然的目的是什么,我们只能主观地把它当成"就好像"。康德的美的概念主导了自十八世纪以来的艺术讨论,并似乎呼应了我们所称的非理性,因为美介于理性和无理性之间。虽然在道和康德的美之间存在着显著差异,但我们仍可以将它们都归于非理性的范畴。康德凭借反思性判断来表述美,也就是从特殊出发上升到普遍。这仍是一种主体性哲学,因为主体在面对自然压倒性的力量时认识到它的挫败,继而能够将自身提升到一个道德领域,从自身之中产生敬仰(Achtung)。这一提升是英雄式的、崇高的,因为就其本质而言,它是悲剧主义的(Tragist)。② 悲剧英雄通过肯定作为缺失(default)的命运来

---

① KANT I. Critique of judgement[M]. Trans. MEREDITH J C. Oxford: Oxford University Press, 2007.
② Tragist(悲剧主义)是我在《艺术与宇宙技术》中提出的术语,它指一个克服矛盾的非线性逻辑。

克服必然的矛盾。我们在开头已经暗示,与作为西方艺术里"最高的诗歌成就"的悲剧艺术不同,山水画才是中国艺术里最高的诗性表达。人们感受到的是平淡而非西方艺术中的崇高。这种平淡能够将主体递归式地抛入更广阔的现实中来消解主体,让主体认识到自身渺小,欣然接受它的存在并作为道的一部分,而非作为自然的主人。主体既没有提升(通过超越对立),也没有下沉于虚无,而是涉入天地之间。

我们简短的比较并不能公正地反映我们所尝试解决的问题之复杂性,因为它需要更多合适的阐述,而这超出了本文的篇幅限制。任何归纳总会有例外,但希望这简短的讨论至少能够提供一个窗口,以瞥见不同传统中的美学思想,同时对其进行哲学式的居有。于连的作品对此思路做出了巨大贡献。现在我们或许可以转向第二个问题:通往非理性如何可能?这仅仅是因为形式问题被削弱了吗?形式的削弱和大象的出现之间并没有必然的因果关系,况且没有艺术作品是可避免形式的。于连正确地指出:形式在中国画中并非核心问题,而"大象"才是重点;然而,这并不意味着创作艺术可以不顾及形式。当我们学习书法和山水画时,首要的训练便是描摹文字、石头、鸟、树等的形。如果一个人想画出大象,那就必须避免对形的忠实描绘以及为其精确性所诱惑。因此,不能说中国思想不注重形式,也不能说因为形式是表达道的基础步骤,所有画家就都必须通过临摹形式来学习。然而,形式也正是道想要超越的，因为道既是最小，也是最大，既最遥远，也最接近，它是没有确定形式和维度的自由。因此，更确切地说，中国思想有意识地尝试去超越形式、超越具象，而走向无形。

如果老子说大象无形，我们可以反过来说所有尚未是大象的事物都有形式。道是"大"的另一个名字。在《道德经》第二十五章中我们看到，"吾不知其名，字之曰道，强为之名曰大"。因此，我们必须强调中国思想并非不关注形式，而是它旨在实现能够超越形式的东西，我们将其称为道。如果没有形就不会有象，而如果不走出形和象，就永远不知其道。要理解这一点，就有必要去探寻魏晋时期的思想。魏晋思想调和了儒家和道家，而佛家则被吸收进了道家语言中。也正是在这一时期山水诗（以及山水画）开始形成。王弼作为历史上最重要的老子注解者提出了一个关键思想，这一思想直到今天仍是知识分子的共识："得象忘言，得意忘象。"忘记在这里并不意味着丢弃，而是超越。首先，这是不同于占卜学派的对《易经》的另一种解读，因为王弼提出忽略对不同的象进行详尽的探索，以掌握占卜符号的本质。其次，这也源于对老子的解读，从而形成了一种非线性的逻辑，我们称之为对立的连续性（oppositional continuity）和对立的统一，需要将其区别于悲剧的逻辑。

意与形/象彼此对立。表面上看这似乎是意高于形和象，因而人们可能会同意于连的说法。然而，正如我们之前所说，没有形和象不可能抵达意:我们从形和象开始的目的在于意,但若没有形和象便没有意。形和意之间有着一种相互关系,无和有之间也是如此。无和有构成的相互关系即玄,玄的字面意思是黑色、黑暗、神秘,但实际指的是以一种递归方式统一无和有的第三项,即"玄之又玄"。我们在《道德经》第一章的末尾看到,"此两者,同出而异名,同谓之玄。玄之又玄,众妙之门"。玄在这里既可以作形容词,也可以作动词,这是一种非线性的逻辑。我们称其为道家逻辑(daoist logic)来把它与悲剧逻辑(tragist logic)区分开。根据玄的逻辑,不存在无无之有和无有之无。无和有之间存在着一种连续性而不是非连续性,我们称其为对立的连续性。老子的《道德经》中充满了二元性,因为对立是道的驱动力("反者道之动")。然而,它并不构成一种对立的非连续性的二元论,如同思维(*res cogitans*)和广延(*res extensa*)。对立的连续性更多是和谐而非紧张或暴力。

进一步来说,这场由对立和统一构成的运动被我们称为"玄之又玄",也体现了魏晋时期调和儒家与道家的总体策略。古典学派一致认为魏晋时期玄的理论试图调和名教与自然。儒家专注的是社会中的人伦秩序(名教),而道家则提出摒弃仪式和秩序。魏晋继承了在汉朝占主导地位的儒家思想,随着汉朝的衰落,儒家思想也面临着道家思想的挑战。魏晋的思想家们并不是纯粹的道家思想家,他们希望调和儒家和道家之间明显的对立。解决这一矛盾的方法便是表明事实上这种对立从属于一场统一运动。王弼提出了四种对立,毫不夸张地说,它们对于中国思想至关重要:无—有,本—末,体—用,道—器。同时,王弼也展示了儒道之间的相似之处,并依照玄的递归逻辑来调和它们。我们可以看看这段经常被引用的王弼和学者裴徽之间的对话,裴徽询问王弼孔子和老子的关系:

> 问曰:夫无者诚万物之所资也,然圣人莫肯致言,而老子申之无已者何?
> 弼曰:圣人体无,无又不可以训,故不说也。老子是有者也,故恒言无,所不足。①

学者们经常引用这段对话来证明,对于王弼来说,孔子是高于老子的。然而,这样的比较岂不贻笑大方?这场对话的关键在于无既不是有也非虚无。王弼认为,孔子体认无,但无不能被客观充分地表述出来。孔子选择不谈论无,而老子选择表达无。在《论语》某些段落中,我们可以看到孔子在表述某些东西,尤其是天理和人性时的犹豫。

---

① 陈寿.三国志·魏书二十八·钟会传[EB/OL].[2023]. https://ctext.org/text.pl?node=603245&if=en.

子曰:予欲无言。

子贡曰:子如不言,则小子如何述焉?

子曰:天何言哉?四时行焉,百物生焉,天何言哉?

子贡曰:夫子之文章可得而闻也,夫子之言性与天道不可得而闻也。①

孔子没能将天理表述成无。② 但他即使没能表述出来,也能体认到它。我们可以阅读孔子的著作,但无法读到他的心和天道。讽刺的是,不是代表名教的孔子,而是强调自然的老子在《道德经》中解释了无,尽管他的阐述还不够充分。这种解释虽然不充分,但却是必需的。现在,无(无法表述的体验)和有(表述)的对立被确定为必然。很有戏剧性的是,老子现在是在为孔子辩护,因为他肯定了秩序的必要性,认为只有这样每个人才能通达无、本、体、道。

正是通过在两极之间建立对立的连续性和递归逻辑,我们勾勒了于连所称的"非神学、非存有论的通路"。于连没有用这种方式表述出来是因为他的推理仍基于对立的非连续性。他认为,中国画中对非客体和非形式的表现使得通往道的道路成为可能,因为这不同于西方思想中对于形式的注重。

---

① 孔子.《论语》. 第十七章,第五章. [EB/OL]. [2023]. James Legge 译. https://ctext.org/analects.
② 汤用彤.魏晋玄学论稿[M].上海:上海古籍出版社,2001.

然而，没有形式何来道。同时，我们需要认识到形式的极限，艺术和哲学必须通过认识与肯定媒介的极限来克服这些极限。这便是我们在《系辞》中读到的，"书不尽言，言不尽意"。但其重点并不是说有些东西不会被耗尽，而是为了"尽而不尽"，或者用更准确的说法来说："穷尽极限以达无限。"无限和有限不再被设定为一种矛盾，而是被设定为由一个逻辑运动保障的连续性。在魏晋时期，有一些围绕着"微言尽意"和"妙象尽意"的讨论。① 极限在这里并不是指某物的结束，即一条阻止我们通达的边界。相反，这样的极限恰恰是通达的条件。用尼采的话说，这是一种感官增强的可能条件。② 感官的增强不是指让我们的五感更加敏锐，相反，它意味着要超越这五种感知。也正是在这个意义上，尼采谈到了狂喜或醉（Rausch），以及艺术生理学（a physiology of art）。狂喜，一种醉的状态，是感官增强的一种形式。在非悲剧艺术中，我们用的例子是山水，它是感官增强的另一方式。它在感知性或感觉能力中实现，新儒家学者牟宗三（于连在香港学习期间的老师）跟随康德将其称为智性直观。

---

① 王葆玹.玄学通论[M].台北:五南图书出版有限公司,1996.
② HEIDEGGER M. Nietzsche, vol.1: the will to power as art[M]. Trans. KRELL D F. San Francisco: Harper, 1991.

§4　感官的增强

在结束这篇文章之前,我们也许可以讨论一下"智性直观"的概念,并不是根据康德,而是从牟宗三的角度出发,尽管该概念庞大且历史复杂。牟宗三在阅读和翻译康德的《纯粹理性批判》时,惊讶而又受启发地发现,康德想要限制的思辨理性正是中国哲学想要培养的。在《纯粹理性批判》中,康德厘定思辨理性的方法是把它从狂热(Schwärmerei)中分离出来,并将其封闭在"辽阔而被暴风雨包围"的小岛上。康德区分了两个领域:

> 诸现象(appearances)就其按照范畴的统一性而被思考为对象而言,就叫作现象(phenomena)。但如果我假定诸物只是知性的对象,但仍然能够作为这种对象而被给予某种直观,虽然并非感性直观;那么这样一类物就叫作本体(noumena)。[①]

---

① KANT I. Critique of pure reason[M]. Trans. PLUHAR W S. Indianapolis: Hackett, 1996: A248, B305. 伊曼努尔·康德.纯粹理性批判[M].邓晓芒译,杨祖陶校.北京:人民出版社,2022:173, A249.

人的感性直观不能进入本体，也就是说我们不能肯定地阐明本体性的某物，例如物自身(thing-in-itself)。因此本体在这里是一个否定的概念，它只能通过对应于它的智性直观拥有一个肯定性含义。① 在《纯粹理性批判》中，康德否认了人具备智性直观这种能力，他坚持人类只能拥有感性直观。感性直观是理性劳动的土地，跨过它，理性则可能会溺亡在海洋中。智性直观的概念被后康德唯心主义者接纳，其本身引起了丰富的历史争论。②

在《智的直觉与中国哲学》(1996)以及之后更成熟的《现象与物自身》(1975)中，牟宗三尝试指出智性直观对儒、释、道三家来说都是根本性的。智性直观是综合的理性，它从道德主体而非认识主体的角度来理解自身与其他存在者(或宇宙)间的关系。认识主体想要以分解的方式来理解世界，而道德主体会从综合理性的角度看到世界万物的内在联系，并总是寻求宇宙秩序和道德秩序间的统一，这也是宇宙技术概念的基本定义。③ 牟宗三从张载的著作中找到了智性直观的理论依据，尤其是下面这段：

---

① KANT I. Critique of pure reason[M]. Trans. PLUHAR W S. Indianapolis: Hackett, 1996: B307.
② FÖRSTER E. The twenty-five years of philosophy: a systematic reconstruction[M]. Cambridge: Harvard University Press, 2012; HUI Y. Recursivity and contingency[M]. London: Rowman and Littlefield, 2019.
③ HUI Y. The question concerning technology in China: an essay in cosmotechnics[M]. Falmouth: Urbanomic, 2016.

> 天之明莫大于日,故有目接之,不知其几万里之高也。天之声莫大于雷霆,故有耳属之,莫知其几万里之远也。天之不御莫大于太虚,故心知廓之,莫究其极也。①

牟宗三指出前两句话代表了通过感性直观和知性来认知的可能性。然而,最后一句则暗示了心能够认识现象界以外的事物。对牟宗三来说,"心知廓之"正是智性直观:它不是指由感性直观和知性决定的认知类型,"心知"则是"遍、常、一而无限的道德本心之诚明所发的圆照之知"。②"诚明"出自儒家经典《中庸》。张载说,"诚明所知乃天德良知,非闻见小知而已"③。因此,基于智性直观的认知便是中国美学思想和道德形而上学的特征。我们以《系辞》中一个更具体的例子来说明,牟宗三在评论用龟甲(卜)和蓍草(筮)进行的占卜时说:

> 它们本身虽然是无思、无为的龟壳、蓍草,但你借着它做工夫,你一问,你有问的感应的时候,它一通就通天下之故。……所以感而遂通天下之故,这个等于一通全通,感通全宇宙。**感通全宇宙这种观念先秦儒家最有实**

---

① 牟宗三. 智的直觉与中国哲学[M]. 台北:台湾商务印书馆,2006.
② 牟宗三. 智的直觉与中国哲学[M]. 台北:台湾商务印书馆,2006.
③ 牟宗三. 智的直觉与中国哲学[M]. 台北:台湾商务印书馆,2006.

感,这个就是康德所说的 Intellectual intuition。①

牟宗三把这种感通的能力等同于康德所说的"智性直观"。考察牟宗三所理解的"智性直观"是否与康德一致超出了本文的范围,我们也并不在这里检视它在何种程度上不属于狂热以及它与费希特和谢林对智性直观的解读有多少不同。② 然而,牟宗三已经证明在中国思想中有着不同的精神能力体系、审美体验以及起作用的逻辑。把玄的逻辑和心的能力纳入对于连阐述中国美学思想的阅读中至关重要。我们可以简要地以如下问题总结:这种非存有论和非神学的通路对于我们对后欧洲哲学的挑战来说意味着什么?我已试图指出控制论思想逻辑如何以一个递归且非二元论的形式为特征③,而这种逻辑从它的形式和存有论角度而言,仍缺失地方性④。有其地方性便是将其置于一个不同的语境和现实中而要求一种新的思考。因此,控制论下的哲学之终结需要另一种思想来将技术置于更广阔的现实中,反过来这又需要多种不同的逻辑和感知性。艺术是研究感知的科学。对艺术多重体验的探究便是一份对回到感知性问题的邀请。

---

① 牟宗三.周易哲学演讲录[M].台北:联经出版社,2003. 加粗文字由本书作者标注。
② HUI Y. The question concerning technology in China: an essay in cosmotechnics[M]. Falmouth: Urbanomic, 2016.
③ HUI Y. Recursivity and contingency[M]. London: Rowman and Littlefield, 2019.
④ HUI Y. Machine and ecology[J]. Angelaki, 2020.

更重要的是,我们强调以艺术的能力来增强我们的感官且培养我们的感知性。从于连的作品出发,我们阐述了与悲剧艺术相比,山水画如何展现了一种不同的逻辑和感知性。对于艺术体验的多样性的考察首先是一份研究感官增强及其运作模式的提案。这对西方追求存在、东方追求道或者无都是根本性的。它涉及对审美和哲学直观的培养,但这种直观正由于另一类通过各种技术来增强感官的方式(它与超人类主义意识形态密切相关)而被削弱。感官知觉与媒体技术的关系有一段漫长的历史,本文无法在这里详细阐述,但我们可以将其简化为两种数量级或者尺度:一个是拉近(zoom in),例如十八世纪人们使用的显微镜和现在用来观察粒子的粒子加速器;另一个则是拉远(zoom out),就像从卫星的角度看地球那样。通过这些设备,我们便能把握可以想到的最小和最大的东西。然而,以这种方式增强感官是为了提高这些感官的能力,但能够发展我们与其他存在以及世界本身关系的其他感官尚未被开发。科学思维希望提高感官的能力,而哲学思维希望开发其他感官。正是在艺术中这两者可以获得统一。因此,艺术与技术的关系尚未确定。对艺术体验之多样性的探索只是一份邀请,它邀请人们共同来思考艺术的任务及其可能性,迂回并继续前行。

(本文译者:李仁杰)

参考文献

《节奏与技术:论海德格尔对兰波的评论》:

BAMBACH C. Thinking the poetic measure of justice Hölderlin-Heidegger-Celan[M]. New York: SUNY Press, 2013.

BEAUFRET J. In Frankreich[M]//NESKE G, KETTERING E. Martin Heidegger im Gespräch. Pfullingen: Neske, 1988.

BEAUFRET J, WISSER R. Martin Heidegger im Gespräch mit Richard Wisser[M]//NESKE G, KETTERING E. Martin Heidegger im Gespräch. Pfullingen: Neske, 1988.

BENVENISTE E. Problems in general linguistics [M]. Miami: University of Miami Press, 1973.

BOEHM R. Pensée et technique. Notes préliminaires pour une question touchant la problématique heideggerienne[J]. Revue Internationale de Philosophie, 1960, 52 (2): 194-220.

DREYFUS H. Heidegger on gaining a free relation to technology[M]// DREYFUS H, WRATHALL M. Heidegger reexamined, Vol. 3: art, poetry, and technology. New York: Routledge, 2003.

FORTIER A M. René Char et la métaphore Rimbaud[M]. Montréal: Les presses de l'université de Montréal, 1999.

GARELLI J. Rhythmes et mondes: au revers de l'identité et de l'altérité [M]. Grenoble: Jérôme Millon, 1991.

GOSETTI-FERENCEI J A. Heidegger, Hölderlin, and the subject of poetic language: toward a new poetics of Dasein[M]. New York: Fordham University Press, 1994.

HEIDEGGER M. Discourse on thinking[M]. Trans. ANDERSON J M, FREUND E H. New York: Harper, 1969.

HEIDEGGER M. Question concerning technology and other essays[M]. Trans. LOVITT W. New York: Garland, 1977.

HEIDEGGER M. GA 5. Holzwege (1935-1946)[M]. Frankfurt am Main: Klostermann, 1977.

HEIDEGGER M. GA 52. Hölderlins hymne "Andenken" (Winter semester 1941/42)[M]. Frankfurt am Main: Klostermann, 1982.

HEIDEGGER M. GA 54. Parmenides (Winter semester 1942/43)[M]. Frankfurt am Main: Klostermann, 1982.

HEIDEGGER M. GA 40. Einführung in die Metaphysik (Summer semester 1935)[M]. Frankfurt am Main: Klostermann, 1983.

HEIDEGGER M. GA 13. Aus der Erfahrung des Denkens (1910 – 1976) [M]. Frankfurt am Main: Klostermann, 1983.

HEIDEGGER M. GA 53. Hölderlins hymne "Der Ister" (Summer semester 1942) [M]. Frankfurt am Main: Klostermann, 1983.

HEIDEGGER M. GA 12. Unterwegs zur Sprache (1950 – 1959) [M]. Frankfurt am Main: Klostermann, 1985.

HEIDEGGER M. Early Greek thinking [M]. Trans. KRELL D F, CAPUZZI F A. San Francisco: Harper, 1985.

HEIDEGGER M. GA 65. Beiträge zur Philosophie (Vom Ereignis) (1936 – 1938) [M]. Frankfurt am Main: Klostermann, 1989.

HEIDEGGER M. Parmenides [M]. Trans. SCHUWER A, ROJCEWICZ R. Indianapolis: Indiana University Press, 1992.

HEIDEGGER M. Poetry, language, thought [M]. Trans. HOFSTADTER A. San Francisco: Harper, 2001.

HEIDEGGER M. GA 76. Leitgedanken zur Entstehung der Metaphysik, der neuzeitlichen Wissenschaft und der modernen Technik [M]. Frankfurt am Main: Klostermann, 2009.

HEIDEGGER M. GA 74. Zum Wesen der Sprache und Zur Frage nach der Kunst [M]. Frankfurt am Main: Klostermann, 2010.

HÖLDERLIN F. Poems and fragments [M]. Trans. HAMBURGER M. London: Carcanet, 2004.

LEROI-GOURHAN A. Speech and gesture [M]. Cambridge: MIT Press, 1993.

MESCHONNIC H. Critique du rhythme: anthropologie historique du langage[M]. Lagrasse: Verdier, 1982.

RIMBAUD A. Rimbaud complete: poetry and prose[M]. Translated and edited by MASON W. New York: Modern Library, 2003.

ROJCEWICZ R. The gods and technology: a reading of Heidegger[M]. New York: SUNY Press, 2006.

SIMONDON G. Du mode d'existence des objets techniques[M]. Paris: Aubier, 1989.

SIMONDON G. L'individuation à la lumière des notions de forme et d'information[M]. Grenoble: Jérôme Millon, 2005.

STIEGLER B. Technics and time, vol. 2: disorientation[M]. Stanford: Stanford University Press, 2009.

VALÉRY P. Cahiers 1: Poétique et poésie[M]. Paris: Gallimard, 1975.

VIDLER A. The architectural uncanny[M]. Cambridge: MIT Press, 1994.

《个体化的视差:西蒙东与谢林》:

BARTHÉLÉMY J H. Penser l'individuation: Simondon et la philosophie de la nature[M]. Paris: L'Harmattan, 2005.

BARTHÉLÉMY J H. Simondon[M]. Paris: Les Belles Lettres, 2014.

BLOCH E. Die Lehren von der Materie[M]. Frankfurt am Main: Suhrkamp, 1978.

BORGMANN A. Broken symmetries: the romantic search for a moral cosmology [M]//KOMPRIDIS N. Philosophical romanticism.

London: Routledge, 2006: 238-264.

DELEUZE G. Difference and repetition[M]. Trans. PATTON P. New York: Columbia UP, 1994.

DERRIDA J. The Transcendental "Stupidity"("Bêtise") of man and the becoming-animal according to Deleuze [M]//SCHWAD G. Derrida, Deleuze, psychoanalysis. New York: Columbia UP, 2007: 35-60.

GUCHET X. Pour un humanisme technologique in culture, technique et société dans la philosophie de Gilbert Simondon[M]. Paris: PUF, 2010.

HEIDEGGER M. GA 42. Schelling: Vom Wesen der menschlichen Freiheit[M]. Frankfurt am Main: Klostermann, 1988.

HUI Y. Simondon et la question de l'information [J]. Cahiers Simondon, 2015(6): 29-47.

KANT I. Kritik der Urteilskraft [M]. Frankfurt am Main: Suhrkamp, 1790.

KANT I. Metaphysical foundations of natural science [M]. Trans. FRIEDMAN M. Cambridge: Cambridge UP, 2004.

LENOIR T. Kant, Blumenbach, and vital materialism in German biology[J]. ISIS, 1980, 71.256: 77-108.

MATTHEWS B. Schelling's organic form of philosophy: life as the schema of freedom[M]. Albany: SUNY Press, 2012.

MONTEBELLO P. Métaphysiques cosmomorphes: la fin du monde

humain[M]. Dijon: du réel, 2015.

SAUVAGNARGUES A. Deleuze in L'Empirisme trans-cendantal[M]. Paris: PUF, 2010.

SCHELLING F W J. First outline of a system of the philosophy of nature[M]. Trans. PETERSON K R. Albany: SUNY Press, 2004.

SCHELLING F W J. Ideas for a philosophy of nature[M]. Trans. HARRIS E E, HEATH P. Cambridge: Cambridge UP, 1989.

SCHELLING F W J. Sämmtliche Werke[M]. Ed. SCHELLING K F A. Stuttgart: Cotta, 1856-1861.

SCHELLING F W J. Timaeus. 1794 [M]. Stuttgart: Frommann-Holzboog, 1994.

SCHELLING F W J. Von der Weltseele. Eine Hypothese der höheren Physik zur Erklärung des allgemeinen Organismus[M]. Hamburg: Tredition, 2011.

SIMONDON G. Du mode d'existence des objets techniques[M]. Paris: Aubier, 2012.

SIMONDON G. L'individuation à la lumière des notions de forme et d'information[M]. Grenoble: Millon, 2005.

TILLIETTE X. La philosophie de Schelling et le problème de l'individuation [M]// MAYAUD P J. Le problème de l'individuation. Paris: Vrin, 1991: 123-134.

TOSCANO A. The theatre of production: philosophy and individuation between Kant and Deleuze[M]. London: Palgrave Macmillan, 2006.

WHISTLER D. Schelling on individuation[J]. Continental and Comparative Philosophy, 2016, 8.3: 1-16.

《自动化之后的哲学》:

ARENDT H. Lectures on Kant's political philosophy[M]. Chicago: University of Chicago Press, 1989.

ARISTOTLE. Metaphysics [M]//BARNES J. Trans. ROSS W D. Complete works of Aristotle, vol. 2. Princeton: Princeton University Press, 1995.

BERTALANFFY L. General system theory: foundations development applications[M]. Harmondsworth: Penguin, 1973.

CANGUILHEM G. Knowledge of life[M]. Trans. GEROULANOS S, GINSBURG D. New York: Fordham University Press, 2008.

CANNON W B. The wisdom of the body[M]. New York: Norton, 1939.

CASSIRER E. The philosophy of the enlightenment [M]. Trans. KOELLN F C A. Ed. PETTEGROVE J P. Princeton: Princeton University Press, 1951.

DESCARTES R. Discourse on method and meditations on first philosophy[M]. Trans. GRESS D A. Indianapolis: Hackett, 1998.

FRIEDMANN G. Industrial society: the emergence of human problems of automation[M]. Glencoe: Free Press, 1955.

GÜNTHER G. Das Bewußtsein der Maschinen: Eine Metaphysik der Kybernetik[M]. Baden-Baden: Agis-Verlag, 1963.

HEIDEGGER M. What are poets for? in poetry, language, thought [M]. Trans. HOFSTADTER A. New York: Harper & Row, 1971.

HUI Y. Recursivity and contingency [M]. London: Rowman and Littlefield, 2019.

KANT I. The only possible argument in support of a demonstration of the existence of god in theoretical philosophy 1755-1770[M]. Trans. WALFORD D, MEERBOTE R. Cambridge: Cambridge University Press, 1992.

KANT I. Critique of judgement[M]. Trans. MEREDITH J C. Oxford: Oxford University Press, 2007.

KANT I. Idea for a universal history with a cosmopolitan aim[M]// RORTY A O, SCHMIDT J. Kant's idea for a universal history with a cosmopolitan aim: a critical guide. Cambridge: Cambridge University Press, 2009.

KRZYKAWSKI M. Towards idiodiversity: retranslating cybernetics[J]. Philosophy Today, 2021, 65(2): 265-287.

MATTHEWS B. Schelling's organic form of philosophy: life as the schema of freedom[M]. Albany: SUNY Press, 2012.

MELI D B. Mechanism: a visual, lexical, and conceptual history[M]. Pittsburgh: University of Pittsburgh Press, 2019.

MENSCH J. Kant's organicism: epigenesis and the development of critical philosophy[M]. Chicago: University of Chicago Press, 2015.

NEEDHAM J. Science and civilization in China, vol. 2: history of scientific thought [M]. Cambridge: Cambridge University Press, 1991.

NG K. Hegel's concept of life: self-consciousness, freedom, logic[M]. Oxford: Oxford University Press, 2020.

SIMONDON G. On the mode of existence of technical objects[M]. Trans. MALASPINA C, ROGOVE J. Minneapolis: Univocal, 2017.

SIMONDON G. Sur la philosophie[M]. Paris: PUF, 2016.

SIMONDON G. Technical mentality[J]. Parrhesia, 2009 (7): 17-27.

TEILHARD C P. The future of man[M]. Trans. DENNE N. New York: Image Books, 2004.

WIENER N. Cybernetics: or control and communication in the animal and the machine[M]. Cambridge: MIT Press, 1985.

WIENER N. The human use of human beings [M]. London: Free Association Books, 1989.

《一个宇宙技术事件:致敬唐·伊德和贝尔纳·斯蒂格勒》:

BEAUFRET J, WISSER R. Martin Heidegger im Gespräch mit Richard Wisser[M]//NESKE G, KETTERING E. Martin Heidegger im Gespräch. Pfullingen: Neske, 1988: 21-28.

BERQUE A. Recosmiser la terre-quelques leçons péruviennes[EB/OL]. (2017-04-19)[2018-12-01]. http://ecoumene.blogspot.ch/2017/04/recosmiser-la-terre-quelques-lecons.html.

CRISTIN R. Heidegger and Leibniz: reason and the path [M].

Dordrecht, The Netherlands: Springer, 1998.

DASTUR F. Heidegger et Trakl: le site occidental et le voyage poétique[J]. Noesis, 2014(7).

FEENBERG A. Making the gestalt switch[M]//ROSENBERGER R, VERBEEK P P. Postphenomenological investigations: essays on human-technology relation. Lanham: Lexington Books, 2015: 229-236.

HEIDEGGER M. Sein und zeit [M]. Tübingen: Max Niemeyer Verlag, 1927.

HEIDEGGER M. On the way to language[M]. Trans. HERTZ P D.. New York: Harper and Row, 1971.

HEIDEGGER M. The question concerning technology in the question concerning technology and other essays[M]. Trans. LOVITT W. New York: Garland, 1977a: 3-35.

HEIDEGGER M. The age of world picture in the question concerning technology and other essays[M]. Trans. LOVITT W. New York: Garland, 1977b: 115-154.

HEIDEGGER M. My way to phenomenology in on time and being[M]. Trans. STAMBAUGH J. New York: Harper & Row, 1977c: 74-82.

HEIDEGGER M. Schelling's treatise on the essence of human freedom [M]. Athens: Ohio University Press, 1985.

HEIDEGGER M. The principle of reason [M]. Trans. LILLY R. Bloomington: Indiana University Press, 1991.

HEIDEGGER M. Europa und die Deutsche Philosophie [M]// GANDERS H H. Europa und die Philosophie. Frankfurt am Main: Viktorio Klostermann, 1993: 31-41.

HEIDEGGER M. GA 61. Phänomenologische Interpretationen zu Aristoteles[M]. Frankfurt am Main: Vittorio Klotermann, 1994.

HEIDEGGER M. Poetry, language, thought [M]. Trans. HOFSTADTER A. San Francisco: Harper, 2001.

HEIDEGGER M, Eugen F. Heraclitus seminar[M]. Trans. SEIBERT C H. Chicago: Northwestern University Press, 1993.

HERF J. Reactionary modernism: technology, culture, and politics in Weimar and the third Reich[M]. Cambridge: Cambridge University Press, 1984.

HUI Y. The question concerning technology in China: an essay in cosmotechnics[M]. Falmouth: Urbanomic, 2016.

HUI Y. On the unhappy consciousness of the neo-reactionaries[J]. E-Flux, 2017a, 81(04).

HUI Y. Rhythm and technics: on Heidegger's commentary on Rimbaud [J]. Research in Phenomenology 2017a, 47(1): 60-84.

HUI Y. Recursivity and contingency [M]. London: Rowman and Littlefield International, 2019.

IHDE D. Technology and the lifeworld: from garden to earth[M]. Bloomington: Indiana University Press, 1990.

IHDE D. Postphenomenology and technoscience [M]. The Peking

University lectures. New York: SUNY Press, 2009.

IHDE D. Heidegger's technologies: postphenomenological perspectives [M]. New York: Fordham University Press, 2010.

SIMONDON G. On the mode of existence of technical objects[M]. Minneapolis: Univocal Press, 2017/1958.

SLOTERDIJK P. Im Weltinnenraum des Kapitals[M]. Frankfurt am Main: Suhrkamp Verlag, 2005.

STIEGLER B. Technics and time, vol. 1: the fault of Epimetheus[M]. Stanford: Stanford University Press, 1998.

STIEGLER B. The magic skin; or, the Francoeuropean accident of philosophy after Jacques Derrida[J]. Qui Parle, 2009, 18(1): 97-110.

STIEGLER B. Philsophising by accident [M]. Trans. DILLET B. Edinburgh: Edinburgh University Press, 2017.

WIENER N. Cybernetics: or control and communication in the animal and the machine[M]. Cambridge: MIT Press, 1949/1961.

ZIMMERMAN M. Heidegger's confrontation with modernity: technology, politics, and art[M]. Bloomington: Indiana University Press, 1990.

ZWIER J, VINCENT B, PIETER L. Phenomenology and the empirical turn: a phenomenological analysis of postphenomenology[J]. Philosophy and Technology, 2016, 29(4): 313-333.

《论宇宙技术：人类世中技术与自然的关系重建》：

BRAGUE R. The wisdom of the world: the human experience of the universe in Western thought [M]. Chicago, CHI: University of Chicago Press, 2006.

BRAND S. Whole Earth catalog fall 1968[EB/OL]. (1968)[2017]. http://www.wholeearth.com/ index. php.

CRUTZEN P J. The Anthropocene [M]//EHLERS E, KRAFFT T. Earth System Science in the Anthropocene. Berlin: Springer, 2006: 13-18.

DANOWSKI D, CASTRO E V. The ends of the world[M]. London: Polity, 2016.

DELEUZE G. Postscript on the societies of control[J]. October. 1992, 59: 3-7.

DESCOLA P. Beyond nature and culture [M]. Trans LLOYD J. Chicago: University of Chicago Press, 2013.

DESCOLA P. La composition des mondes: entretiens avec Piere Charbonier[M]. Paris: Flammarion, 2014.

DESCOLA P. Humain, trop humain[EB/OL]. https://www.youtube.com/watch?v=_EKlazkW-ls. 2015.

DUHEM L. La tache aveugle et le point neuter (Sur le double « faux départ » de l'esthétique de Simondon) [J]. Cahiers Simondon, 2009 (1): 115-135.

FOUCAULT M. The order of things [M]. New York: Pantheon

Books, 1970.

HARAWAY D. Staying with the trouble: making kin in the Chthulucene[M]. Durham: Duke University Press, 2016.

HEIDEGGER M. The thing in poetry, language, thought[M]. Trans. HOFSTADTER A. New York: Harper & Row, 1950/1971: 163-180.

HEIDEGGER M. Question concerning technology and other essays[M]. Trans. LOVITT W. New York: Garland, 1977.

HUI Y. Modulation after control[J]. New Formations, 2015: 84-85, 74-91.

HUI Y. On the existence of digital objects[M]. Minneapolis: University of Minnesota Press, 2016a.

HUI Y. The question concerning technology in China: an essay in cosmotechnics[M]. Falmouth: Urbanomic, 2016b.

HUI Y. Rhythm and technics: on Heidegger's commentary on Rimbaud [J]. Research in Phenomenology 2017, 47(1): 60-84.

HUI Y, Halpin H. Collective individuation: the future of the social web [M]//LOVINK G. Unlike us reader. Amsterdam: Institute of Network Cultures, 2013: 103-116.

INGOLD T. A circumpolar night's dream [M]//CLAMMER J, POIRIER S, SCHWIMMER E. Figured worlds: ontological obstacles in intercultural relations. Toronto: University of Toronto Press, 2014: 25-57.

KOHN E. Anthropology of ontologies[J]. Annual Review of Anthropology, 2015(44): 311-327.

KOYRÉ A. From the closed world to the infinite universe [M]. Baltimore: Johns Hopkins University Press, 1957.

LATOUR B. We have never been modern[M]. Trans. PORTER C. Cambridge: Harvard University Press, 1993.

LATOUR B. Politics of nature: how to bring the sciences into democracy[M]. Trans. PORTER C. Cambridge: Harvard University Press, 2004.

LATOUR B. An inquiry into modes of existence: an anthropology of the moderns[M]. Trans. PORTER C. Cambridge: Harvard University Press, 2013.

LATOUR B. Faceà Gaïa: huit conférences sur le nouveau régime climatique[M]. Paris: La Découverte, 2015.

LÉVI-STRAUSS C. Tristes tropiques[M]. Trans. WEIGHTMAN J, WEIGHTMAN D. New York: Penguin Books, 1992.

LOVINK G. Unlike us reader[M]. Amsterdam: Institute of Network Cultures, 2013.

LYOTARD J-F, BRÜGGER, N. Examen oral: entretien avec Jean-François Lyotard [M]//BRÜGGER N, FRANDSEN F, PIROTTE D. Lyotard: les déplacements philosophiques Brussels. BE: De boeck-Wesmael, 1993: 137-153.

MAUSS M. Sociologie et anthropologie[M]. Paris: PUF, 2013.

MCLUHAN M. At the moment of Sputnik the planet became a global theatre in which there are no spectators but only actors[J]. Journal of Communication, 1974, 24(1): 48-58.

NORTHCOTT M. Eschatology in the Anthropocene: from the chronos of deep time to the kairos of the age of humans [M]//HAMILTON C, BONNEUIL C, GEMENNE F. The Anthropocene and the global environmental crisis: rethinking modernity in a new epoch. London: Routledge, 2015: 100-112.

PICKERING A. The ontological turn: taking different worlds seriously [J]. Social Analysis, 2017, 61(2), 134-150.

SIMONDON G. L'individuation à la lumière des notions de forme et d'information[M]. Grenoble: Jérôme Millon, 2005.

SIMONDON G. Entretien sur la méchanologie[J]. Revuede synthèse, 2009a, 130(1): 103-132.

SIMONDON G. Technical mentality[J]. Parrhesia. 2009b, 7: 17-27.

SIMONDON G. Du mode d'existence des objets techniques[M]. Paris: Aubier, 2012.

SIMONDON G. Surla technique[M]. Paris: PUF, 2014.

SIMONDON G. Sur la philosophie[M]. Paris: PUF, 2016.

SKAISH P. Anthropological metaphysics/philosophical resistance[EB/OL]. (2014)[2017]. https://culanth.org/fieldsights/anthropological-metaphysics-philosophical-resistance.

STIEGLER B. Sortir de l'anthropocène[J]. Multitudes, 2015, 3(60):

137-146.

STIEGLER B. Dans la disruption [M]. Paris: Les liens qui libèrent, 2016.

STIEGLER B, During E. Philosopher par accident [M]. Paris: Galilée, 2004.

CASTRO E V. Cannibal metaphysics [M]. Minneapolis: Univocal Publishing, 2014.

《机器与生态学》:

ARENDT H. The human condition[M]. Chicago: Chicago University Press, 1998.

BERTALANFFY L. General system theory[M]. New York: George Braziller, 2015.

BERQUE A. Thinking through landscape[M]. London: Routledge, 2014.

DELEUZE G, GUATTARI F. What is philosophy? [M]. Trans. TOMLINSON H, BURCHELL G. New York: Columbia UP, 1994.

FOUCAULT M. Power: essential works of Foucault, 1954-1984[M]. Ed. FAUBION J D. Trans. HURLEY R, et al. New York: New Press, 2001.

GRAHAM A C. Studies in Chinese philosophy and philosophical literature[M]. New York: SUNY, 1990.

GÜNTHER G. Das Bewußtsein der Maschinen Eine Metaphysik der Kybernetik[M]. Baden-Baden und Krefeld: Agis, 1963.

HAECKEL E. Generelle Morphologie der Organismen [M]. Berlin: Georg Reimer, 1866.

HEIDEGGER M. Ponderings XⅡ–XV: Black notebooks 1939–1941 [M]. Trans. ROJCEWICZ. Indianapolis: Indiana University Press, 2017.

HEIDEGGER M. The question concerning technology and other essays [M]. Trans. LOVITT W. New York: Garland, 1977.

HEIDEGGER M. The Ister in Hölderlin's hymn[M]. Trans. MCNEILL W, DAVIS J. Indianapolis: Indiana University Press, 1996.

HEIDEGGER M. Beiträge zur Philosophie (vom Ereigni) [M]. Frankfurt am Main: Vittorio Klostermann, 1989.

HUI Y. On the existence of digital objects[M]. Minneapolis: Unversity of Minnesota Press, 2016.

HUI Y. The question concerning technology in China: an essay in cosmotechnics[M]. Falmouth: Urbanomic, 2016.

HUI Y. Recursivity and contingency [M]. London: Rowman and Littlefield International, 2019.

JONAS H. The phenomenon of life: toward a philosophical biology[M]. Evanston: Northwestern University Press, 2001.

LEROI-GOURHAN A. Milieu et technique [M]. Paris: Albin Michel, 1973.

LEROI-GOURHAN A. L'homme et la matieère [M]. Paris: Albin Michel, 1973.

LOVELOCK J. Gaia: a new look at life on Earth[M]. Oxford: Oxford University Press, 2000.

MCLUHAN M. At the moment of Sputnik the planet became a global theatre in which there are no spectators but only actors[J]. Journal of Communication, vol. 24, no. 1, 1974: 48-58.

NEEDHAM J. The grand titration: science and society in East and West[M]. London: Routledge, 2013.

SIMONDON G. On the mode of existence of technical objects[M]. Trans. MALASPINA C, ROGOVE J. Minneapolis: Univocal, 2017.

SLOTERDIJK P. Not saved: essays after Heidegger [M]. Trans. MOORE I A, TURNER C. Cambridge: Polity, 2017

RICHARDS R J. The tragic sense of life: Ernst Haeckel and the struggle over evolutionary thought [M]. Chicago: University of Chicago Press, 2009.

UEXKÜLL J. A foray into the worlds of animals and humans: with a theory of meaning [M]. Minneapolis: University of Minnesota Press, 2010.

WATSUJI T. Climate and culture: a philosophical study[M]. Trans. BOWANS G. Westport: Greenwood Press, 1961.

WIENER N. Cybernetics: or control and communication in the animal and the machine[M]. Cambridge: MIT Press, 1985.

《想象力与无限:人工想象力的批判》:

CHAITIN G. Leibniz, information, math and physics[EB/OL]. (2003-05-21)[2023-06-24]. http://arxiv.org/abs/math/0306303.

DREYFUS H. What computers still can't do: a critique of artificial reason[M]. New York: Harper & Row, 1972.

HEIDEGGER M. Kant and the problem of metaphysics[M]. Trans. TAFT R. Bloomington: Indiana University Press, 1990.

HUI Y. On the existence of digital objects[M]. Minneapolis: University of Minnesota Press, 2016.

HUI Y. Recursivity and contingency [M]. London: Rowman & Littlefield, 2019.

HUI Y. Art and cosmotechnics [M]. Minneapolis: University of Minnesota Press, 2021.

HUI Y. On the varieties of experience of art[J]. Theory Culture and Society, 2023. DOI: 10.17.7/02632764221147673

KANT I. Critique of pure reason [M]. Trans. PLUHAR W S. Indianapolis: Hackett, 1996.

KANT I. Critique of judgment[M]. Trans. MEREDITH J C. Oxford: Oxford University Press, 2007.

LEIBNIZ G W. Monadology [M]//STRICKLAND L. Leibniz's monadology: a new translation and guide. Edinburgh: Edinburgh University Press, 2014.

LEIBNIZ G W. Discourse on metaphysics and other essays[M]. Trans.

GARBER D, ARIEW R. Indianapolis: Hackett, 1989.

LYOTARD J-F. The inhuman: reflections on time [M]. Trans. BENNINGTON G, BOWLBY R. Stanford: Stanford University Press, 1991.

NIETZSCHE F. The gay science [M]. Trans. NAUCKHO J. Cambridge: Cambridge University Press, 2001.

SCHILLER J C F. On the aesthetic education of man in a series of letters[M]. Trans. WILKINSON E M, WILLOUGHBY L A. Oxford: Oxford University Press, 1983.

STIEGLER B. Technics and time vol. 3: cinematic time and the question of malaise[M]. Stanford: Stanford University Press, 2010.

牟宗三. 智的直觉与中国哲学[M]. 台北:台湾商务印书馆,2006.

《论艺术体验的多样性》:

BILLIOUD S. Thinking through Confucian modernity: a study of Mou Zongsan's moral metaphysics[M]. Leiden: Brill, 2011.

FÖRSTER E. The twenty-five years of philosophy: a systematic reconstruction[M]. Cambridge: Harvard University Press, 2012.

HEGEL G W F. Hegel's science of logic[M]. Trans. MILLER A V. London: George Allen and Unwin, 1969.

HEIDEGGER M. On time and being[M]. Trans. STAMBAUGH J. New York: Harper & Row, 1972.

HEIDEGGER M. The question concerning technology and other essays

[M]. Trans. LOVITT W. New York: Garland, 1977.

HEIDEGGER M. Nietzsche, vol.1: the will to power as art[M]. Trans. KRELL D F. San Francisco: Harper, 1991.

HEIDEGGER M. Off the beaten path[M]. Trans. YOUNG J, HAYNES K. Cambridge: Cambridge University Press, 2002.

HEIDEGGER M. The origin of the work of art in Martin Heidegger: the basic writings[M]. Trans. KRELL D F. New York: Harper Collins, 2008: 143-212.

HUI Y. The question concerning technology in China: an essay in cosmotechnics[M]. Falmouth: Urbanomic, 2016.

HUI Y. Recursivity and contingency [M]. London: Rowman and Littlefield, 2019.

HUI Y. Machine and ecology[J]. Angelaki, 2020, 25(4): 54-66.

HUI Y. Art and cosmotechnics [M]. Minneapolis: University of Minnesota Press. 2021.

JULLIEN F. The impossible nude: Chinese art and Western aesthetics [M]. Trans. GUARDIA M D L. Chicago: University of Chicago Press, 2007.

JULLIEN F. The great image has no form: on the nonobject through painting[M]. Trans. TODD J M. Chicago: University of Chicago Press, 2009.

JULLIEN F. This strange idea of the beautiful [M]. Trans. FIJALKOWSKI K, RICHARDSON M. Calcutta: Seagull Books, 2014.

KANT I. Critique of pure reason [M]. Trans. PLUHAR W S. Indianapolis: Hackett, 1996.

KANT I. Critique of judgement[M]. Trans. MEREDITH J C. Oxford: Oxford University Press, 2007.

NISHIDA K. The form of culture of the classical periods of East and West seen from a metaphysical perspective in Sourcebook for modern Japanese philosophy[M]. Translated and edited by DILWORTH D A, VIGLIELMO V H, ZAVALA A J. London: Greenwood, 1998.

PIPPIN R. Art after the beautiful: Hegel and the philosophy of pictorial modernism[M]. Chicago: Chicago University Press, 2014.

SCHOPENHAUER A. The world as will and representation, vol. 1[M]. Trans. PAYNE E F J. New York: Dover, 1969.

STEINER G. The death of tragedy[M]. New Haven: Yale University Press, 1996 [1961].

牟宗三.现象与物自身[M].台北:学生书局,1975.

牟宗三.周易哲学演讲录[M].台北:联经出版社,2003.

牟宗三.智的直觉与中国哲学[M].台北:台湾商务印书馆,2006.

汤用彤.魏晋玄学论稿[M].上海:上海古籍出版社,2001.

王葆玹.玄学通论[M].台北:五南图书出版有限公司,1996.

大学问，广西师范大学出版社学术图书出版品牌，以"始于问而终于明"为理念，以"守望学术的视界"为宗旨，致力于以文史哲为主体的学术图书出版，倡导以问题意识为核心，弘扬学术情怀与人文精神。品牌名取自王阳明的作品《〈大学〉问》，亦以展现学术研究与大学出版社的初心使命。我们希望：以学术出版推进学术研究，关怀历史与现实；以营销宣传推广学术研究，沟通中国与世界。

截至目前，大学问品牌已推出《现代中国的形成(1600—1949)》《中华帝国晚期的性、法律与社会》等100余种图书，涵盖思想、文化、历史、政治、法学、社会、经济等人文社会科学领域的学术作品，力图在普及大众的同时，保证其文化内蕴。

"大学问"品牌书目

大学问·学术名家作品系列

朱孝远　《学史之道》
朱孝远　《宗教改革与德国近代化道路》
池田知久　《问道：〈老子〉思想细读》
赵冬梅　《大宋之变，1063—1086》
黄宗智　《中国的新型正义体系：实践与理论》
黄宗智　《中国的新型小农经济：实践与理论》
黄宗智　《中国的新型非正规经济：实践与理论》
夏明方　《文明的"双相"：灾害与历史的缠绕》
王向远　《宏观比较文学19讲》
张闻玉　《铜器历日研究》
张闻玉　《西周王年论稿》
谢天佑　《专制主义统治下的臣民心理》
王向远　《比较文学系谱学》
王向远　《比较文学构造论》
刘彦君　廖奔　《中外戏剧史(第三版)》
干春松　《儒学的近代转型》
王瑞来　《士人走向民间：宋元变革与社会转型》
罗家祥　《朋党之争与北宋政治》

大学问·国文名师课系列
龚鹏程 《文心雕龙讲记》
张闻玉 《古代天文历法讲座》
刘　强 《四书通讲》
刘　强 《论语新识》
王兆鹏 《唐宋词小讲》
徐晋如 《国文课：中国文脉十五讲》
胡大雷 《岁月忽已晚：古诗十九首里的东汉世情》
龚　斌 《魏晋清谈史》

大学问·明清以来文史研究系列
周绚隆 《易代：侯岐曾和他的亲友们（修订本）》
巫仁恕 《劫后"天堂"：抗战沦陷后的苏州城市生活》
台静农 《亡明讲史》
张艺曦 《结社的艺术：16—18世纪东亚世界的文人社集》
何冠彪 《生与死：明季士大夫的抉择》
李孝悌 《恋恋红尘：明清江南的城市、欲望和生活》
李孝悌 《琐言赘语：明清以来的文化、城市与启蒙》
孙竞昊 《经营地方：明清时期济宁的士绅与社会》
范金民 《明清江南商业的发展》
方志远 《明代国家权力结构及运行机制》
严志雄 《钱谦益的诗文、生命与身后名》
严志雄 《钱谦益〈病榻消寒杂咏〉论释》
全汉昇 《明清经济史讲稿》

大学问·哲思系列
罗伯特·S.韦斯特曼　《哥白尼问题：占星预言、怀疑主义与天体秩序》
罗伯特·斯特恩　《黑格尔的〈精神现象学〉》
A.D.史密斯　《胡塞尔与〈笛卡尔式的沉思〉》
约翰·利皮特　《克尔凯郭尔的〈恐惧与颤栗〉》
迈克尔·莫里斯　《维特根斯坦与〈逻辑哲学论〉》
M.麦金　《维特根斯坦的〈哲学研究〉》

G·哈特费尔德 《笛卡尔的〈第一哲学的沉思〉》
罗杰·F.库克 《后电影视觉:运动影像媒介与观众的共同进化》
苏珊·沃尔夫 《生活中的意义》
王浩 《从数学到哲学》
布鲁诺·拉图尔 尼古拉·张 《栖居于大地之上》
罗伯特·凯恩 《当代自由意志导论》
维克多·库马尔 里奇蒙·坎贝尔 《超越猿类:人类道德心理进化史》
许煜 《在机器的边界思考》

大学问·名人传记与思想系列
孙德鹏 《乡下人:沈从文与近代中国(1902—1947)》
黄克武 《笔醒山河:中国近代启蒙人严复》
黄克武 《文字奇功:梁启超与中国学术思想的现代诠释》
王锐 《革命儒生:章太炎传》
保罗·约翰逊 《苏格拉底:我们的同时代人》
方志远 《何处不归鸿:苏轼传》
章开沅 《凡人琐事:我的回忆》

大学问·实践社会科学系列
胡宗绮 《意欲何为:清代以来刑事法律中的意图谱系》
黄宗智 《实践社会科学研究指南》
黄宗智 《国家与社会的二元合一》
黄宗智 《华北的小农经济与社会变迁》
黄宗智 《长江三角洲的小农家庭与乡村发展》
白德瑞 《爪牙:清代县衙的书吏与差役》
赵刘洋 《妇女、家庭与法律实践:清代以来的法律社会史》
李怀印 《现代中国的形成(1600—1949)》
苏成捷 《中华帝国晚期的性、法律与社会》
黄宗智 《实践社会科学的方法、理论与前瞻》
黄宗智 周黎安 《黄宗智对话周黎安:实践社会科学》
黄宗智 《实践与理论:中国社会经济史与法律史研究》
黄宗智 《经验与理论:中国社会经济与法律的实践历史研究》
黄宗智 《清代的法律、社会与文化:民法的表达与实践》

黄宗智　《法典、习俗与司法实践：清代与民国的比较》
黄宗智　《过去和现在：中国民事法律实践的探索》
黄宗智　《超越左右：实践历史与中国农村的发展》
白　凯　《中国的妇女与财产（960—1949）》

大学问·法律史系列
田　雷　《继往以为序章：中国宪法的制度展开》
北鬼三郎　《大清宪法案》
寺田浩明　《清代传统法秩序》
蔡　斐　《1903：上海苏报案与清末司法转型》
秦　涛　《洞穴公案：中华法系的思想实验》
柯　岚　《命若朝霜：〈红楼梦〉里的法律、社会与女性》

大学问·桂子山史学丛书
张固也　《先秦诸子与简帛研究》
田　彤　《生产关系、社会结构与阶级：民国时期劳资关系研究》
承红磊　《"社会"的发现：晚清民初"社会"概念研究》

大学问·中国女性史研究系列
游鉴明　《运动场内外：近代江南的女子体育（1895—1937）》

其他重点单品
郑荣华　《城市的兴衰：基于经济、社会、制度的逻辑》
郑荣华　《经济的兴衰：基于地缘经济、城市增长、产业转型的研究》
拉里·西登托普　《发明个体：人在古典时代与中世纪的地位》
玛吉·伯格等　《慢教授》
菲利普·范·帕里斯等　《全民基本收入：实现自由社会与健全经济的方案》
王　锐　《中国现代思想史十讲》
简·赫斯菲尔德　《十扇窗：伟大的诗歌如何改变世界》
屈小玲　《晚清西南社会与近代变迁：法国人来华考察笔记研究（1892—1910）》
徐鼎鼎　《春秋时期齐、卫、晋、秦交通路线考论》
苏俊林　《身份与秩序：走马楼吴简中的孙吴基层社会》
周玉波　《庶民之声：近现代民歌与社会文化嬗递》

蔡万进等 《里耶秦简编年考证(第一卷)》
张　城 《文明与革命:中国道路的内生性逻辑》
洪朝辉 《适度经济学导论》
李竞恒 《爱有差等:先秦儒家与华夏制度文明的构建》
傅　正 《从东方到中亚——19世纪的英俄"冷战"(1821—1907)》
俞　江 《〈周官〉与周制:东亚早期的疆域国家》
马嘉鸿 《批判的武器:罗莎·卢森堡与同时代思想者的论争》
李怀印 《中国的现代化:1850年以来的历史轨迹》